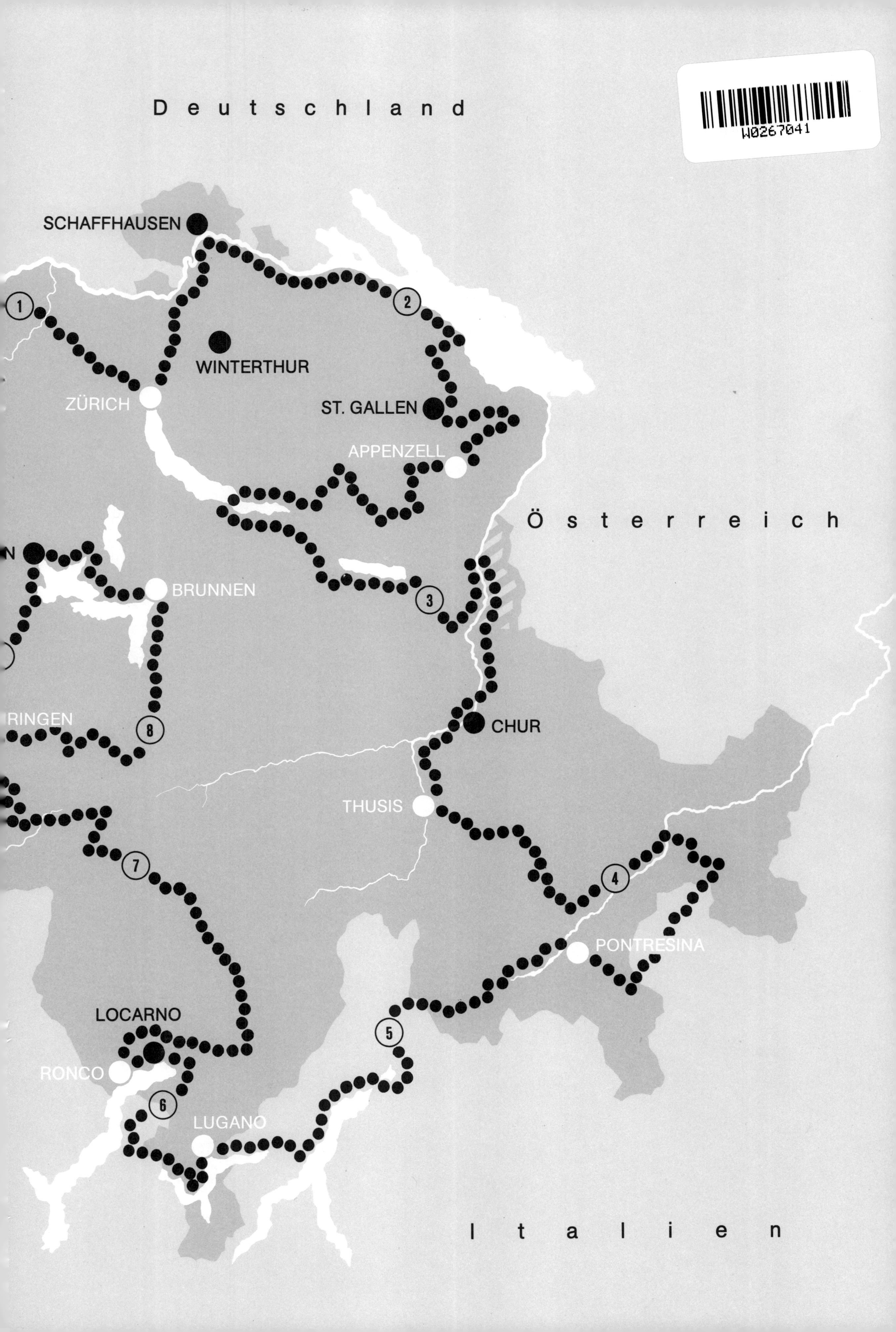
Deutschland
SCHAFFHAUSEN
WINTERTHUR
ZÜRICH
ST. GALLEN
APPENZELL
Österreich
BRUNNEN
CHUR
RINGEN
THUSIS
PONTRESINA
LOCARNO
RONCO
LUGANO
Italien
1
2
3
4
5
6
7
8

Traumstraßen der Schweiz

Robert Löbl
Hubert Neuwirth

Traumstraßen der Schweiz

Süddeutscher Verlag

Mit 109 Farbabbildungen nach Fotos von Robert Löbl, davon 19 doppelseitige sowie 10 Schwarzweiß-Abbildungen im Text

Gestaltung des Schutzumschlags: Rudolf Miggisch, Lenggries

Die Vorderseite des Schutzumschlags zeigt Lauterbrunnen im Berner Oberland, die Rückseite einen Bauern aus dem Urner Land

2. Auflage 1977

ISBN 3-7991-5816-2

Printed in Germany. Schrift: Helvetica
Reproduktion und Druck: Karl Wenschow GmbH, München
Bindearbeit: Grimm + Bleicher, München

Inhalt

Die Schweiz

Es könnte am achten Schöpfungstag gewesen sein, als dem göttlichen Weltengestalter die Idee kam, Kostproben von allen Schönheiten und Eigenheiten eines Erdteils in einem Musterzimmer zu präsentieren. Weil der Raum klein war, setzte er alles wie in einem kunterbunten Album nebeneinander: himmelstürmende Felsgiganten und tintenblaue Seenbecken, smaragdgrüne Wildbäche und liebliche Wiesentäler, arktische Gletscherwüsten und sonnendurchglühte Weinberge, den frostigen Hauch des Nordens und die wohlige Wärme des Südens. Schließlich garnierte er sein Modell mit der Vielfalt seiner Pflanzen und Blumen, vom dürftigen Steppengras bis zu üppigen Mandelblüten, von knorrigen Krüppelarven bis zu graziösen Pinien.
So mag die Landschaft entstanden sein, die wir heute die *Schweiz* nennen – seit jeher das klassische Reise- und Urlaubsland im Herzen Europas. Der Name wurde zum Begriff, den man sogar anderwärts zur Bezeichnung naturbegünstigter Landstriche entlehnte; man erfand eine sächsische, eine fränkische, eine holsteinische »Schweiz«. Doch nirgends reicht die Kopie an das Original heran, nirgendwo bietet sich auf begrenztem Raum eine ähnliche Mannigfaltigkeit landschaftlicher Ausdrucksformen.
Ebenso erstaunlich wie die Landschaft ist das politische Gefüge der Schweiz. Innerhalb der Landesgrenzen leben mehrere Volksgruppen mit vier verschiedenen Sprachen, höchst unterschiedlich nach Abstammung, Kulturkreis, Lebensart und Temperament, und praktizieren allen Gegensätzen zum Trotz die älteste und bestfunktionierende Demokratie der Welt. Der »Staat« ist nicht bevormundendes Obrigkeitsorgan, sondern mehr ein notwendiger Zweckverband freier Bürger, einer Genossenschaft ähnlicher als einer Hierarchie. Gegenseitige Toleranz ist angeborene Selbstverständlichkeit und läßt Minderheitenprobleme, die anderswo schon manchen Staatenbund zerstört haben, erst gar nicht aufkommen. Dabei herrscht zwischen den 25 Kantonen und Halbkantonen keinesfalls ideale friedliche Eintracht; jeder hütet eifersüchtig die Belange seiner autonomen Selbstbehauptung, die von der Brotsorte bis zur Strafprozeßordnung reichen. Doch Konflikte und Auseinandersetzungen wirkten nie trennend, sondern stärkten stets die Einheit.
Seit 1815 wahrt die Eidgenossenschaft, verbürgt von den Großmächten, absolute politische Neutralität; sie gilt seitdem als Insel des Friedens inmitten einer Welt der Kriege, der wirtschaftlichen und ideologischen Machtkämpfe, als Hort der Zuverlässigkeit, Beständigkeit und Ordnung.
Was auf solchem Fundament gedeihen kann, demonstriert die ökonomische Entwicklung der Schweiz. Das Fehlen landeseigener Rohstoffe zwang die Wirtschaft zur Spezialisierung auf hochwertige Fertigwaren und bewirkte die Entstehung einer exportorientierten Qualitätsindustrie, deren Erzeugnisse, wie Textilien, chemisch-pharmazeutische Produkte, Maschinen, Genußmittel, Uhren und Schmuck einen weltweit anerkannten Ruf genießen. Die politische und wirtschaftliche Stabilität schließlich förderte die Bildung eines internationalen Geld- und Finanzzentrums, die Einnahmen aus dem hochentwickelten Fremdenverkehr sorgten stets für reichlichen Devisenzufluß.
Es wäre ein Trugschluß, aus all dem zu folgern, die Schweiz käme einem Paradies gleich. Heute ist auch »Helvetien« nicht mehr der weltentrückte Stern, das traumumsponnene Wolkenkuckucksheim unserer Großväter, sondern einbezogen in die globalen, komplexen Verflechtungen dieser Zeit. Auch in diesem Land gibt es Spannungen und Schwierigkeiten, gären Probleme wie Inflation, Überfremdung, Umweltschutz, politisch-wirtschaftliche Isolierung, staatliche Funktionseinbußen durch zu engherzigen Föderalismus, Zersiedelung der Landschaft, Kontroversen zwischen dem Bewahren der Werte des Gestern und den Lebensinteressen des Heute. Doch die Schweiz hat es immer verstanden, zwischen den Extremen Brücken zu schlagen. In den Industriezonen hat vielerorts die Zukunft schon begonnen, doch in den Altstadtgassen von Bern und Lausanne, von Basel und Murten hat die Vergangenheit nie aufgehört.
Freuen wir uns am Vorhandenen, am Bestehenden, das in diesem Land wie kaum anderswo gepflegt wird; an der Fülle der Naturschönheiten, am Reichtum der kulturellen Schätze, der Vielfalt von Städtebildern, Brauchtum, Volkskunst und Trachten.
Trotz einiger Schatten ist es im Land der Eidgenossen nach wie vor um die meisten Dinge des täglichen Lebens besser bestellt als in den Nachbarländern ringsherum; sei es nun die Präzision der Uhren, die sprichwörtlich königliche Pünktlichkeit der Bahnen, die Sauberkeit der Straßen, die Einhaltung getroffener Vereinbarungen; seien es Kostenehrlichkeit, Service und Leistung im Fremdenverkehr, Zustand und Beschilderung der Straßen und Autobahnen oder auch nur – last but not least – der Wohlgeschmack eines »Geschnetzelten« und das Aroma eines »Pflümlis«.

1 Basel – Zürich

Klassische Rheinlandschaft zwischen den großen Städten

Basel als Ausgangspunkt einer Rundreise durch die Schweiz zu wählen, enthält Symbolik. Das lebendige Stadtwesen, seiner zweitausendjährigen Tradition genauso verbunden wie dem modernen Industriemanagement zugeneigt, ist das Schweizer »Tor zur Welt«. Kulturstadt, Handelsstadt, Industriestadt voller Substanz und Kraft, großräumig zwischen Schwarzwald, Vogesen und Jura am südlichen Abschluß in die oberrheinische Tiefebene eingebettet, eine Großstadt zwar, doch – wie alle großen Städte der Schweiz – nicht ausgewuchert, sondern auf menschliche Funktion zugeschnitten.
Und überdies gibt es hier immer noch alljährlich, weit entfernt von den kommerziellen Begriffen Fasching und Karneval, das Volksfest-Spektakulum der »Basler Fasnacht«, eine totale surrealistische Verzauberung.
Der kulturelle Kern, rund um den Münsterhügel gelegen, ist für den Besucher rasch überschaubar und erfaßbar. Von der »Pfalz«, einem balkonartigen Vorplatz des Münsters zwanzig Meter über dem Rhein, bietet sich eines der schönsten Städtebilder im ganzen Stromverlauf. Auf der anderen Seite der Kirche, rings um den stilvollen Münsterplatz, öffnet sich eine Kleinstadtwelt voll biedermeierlicher Idylle.
Daß moderne Architektur auch ästhetisch gute Lösungen hervorzubringen vermag, beweist der Bautrakt des Kunstmuseums, das mit Werken von Hans Holbein d. J., Konrad Witz, Matthias Grünewald, Ferdinand Hodler, Giovanni Segantini u. a. zu den bedeutendsten Gemäldesammlungen Europas zählt.
Den Freunden der Vergangenheit wird die Basler Altstadt eine kaum ausschöpfbare Fundgrube von Kostbarkeiten sein, doch der Tag mahnt zur Weiterreise.
Zehn Kilometer östlich von Basel, zwischen Wiesen und Maisfeldern, sind die Reste der Römerstadt »Augusta Raurica« erhalten: Eindrucksvoll das Freilichttheater, aus dessen steinernen Rängen die Bäume wachsen, monumentale Freitreppen, Fragmente von Tempeln und Umfassungsmauern – ein Hauch von Zeitlosigkeit mitten im rastlosen Heute.
Dem Rhein flußaufwärts folgend, meiden wir das schnelle Band der Autobahn; die verkehrsarme Landstraße dankt es uns mit lauschigen Laubwaldpassagen und wiederholten überraschenden Ausblicken auf den Strom, der sich bald träge dahinwälzt, bald quicklebendig über Felsstufen und Steingeröll springt. Bunt und kurzweilig das Landschaftsmosaik: Äcker, Wälder, Wiesen, fruchtbares Bauernland. Hüben und drüben am Horizont in Aquarelltönen die Höhenrücken von Schwarzwald und Jura. Anregende Gemütskulissen, wie Knoten am schlangenförmigen Rheinband, die mittelalterlichen Brückenstädtchen: Rheinfelden, Säckingen, Laufenburg, mit alten Toren und Türmchen, Kirchen und Burgen, gewundenen, schindelgedeckten Holzbrücken, jedes eines Besuches wert.
Bei Etzgen verlassen wir das Rheintal, bummeln durch schmucke Dörfer über einige Kehren zu den aussichtsreichen Rebenhängen hinauf, rollen jenseits des Höhenkammes durch dichte Buchenforste zur Aare hinunter.
Ein Juwel ist das alte Bäderstädtchen Baden, das sich terrassenförmig an das Hangband über der Limmatschleife schmiegt. Meisterlich, zuweilen verblüffend sind die baulichen Lösungen, die man erzielte, um den altrenommierten Kurortstil mit dem Image eines modernen Besucherzieles zu verbinden.
Von Baden nach Zürich ziehen wir ausnahmsweise die Autobahn vor, deren vorbildliche Beschilderung uns bis zur City in die Nähe des Hauptbahnhofs leitet.
Zürichs Bahnhofstraße zählt, wie etwa die Rue de la Paix in Paris oder die »Kö« in Düsseldorf, zu den exklusivsten Geschäftsstraßen Europas; kein Einkaufscenter mit Kaufhauspalästen, sondern eine schillernde Präsentation des auserlesensten, individuellsten Warenangebotes aus aller Welt. Ein paar Schritte daneben die spitzwegartigen Motive der Altstadt; winkelige, krumme Gassen, putzige Häuschen mit Gucklochfenstern, schiefen Wänden und hochgiebeligen Dächern. Die Gästetafeln an den Hausfronten sind ein Sammelsurium von Visitenkarten berühmter Leute aus den letzten fünf Jahrhunderten.
Schließlich, Paradestück der Stadtansichten, das Panorama von der Quaibrücke. Flußabwärts zwischen dem Giebellabyrinth die Silhouetten der drei großen alten Kirchen, Großmünster, St. Peter und Fraumünster, in entgegengesetzter Richtung die blendende Lichtfülle des Seespiegels, das Ganze umkränzt von den sanft hochsteigenden Hügelbändern des Zürich- und Ütliberges, der abgerückten Folie der Albiskette und den fernen Konturen der Glarner und Schwyzer Alpen.
Zürich schmückt sich auch gern mit dem Beinamen »Limmat Athen«, denn es zieht seit Jahrhunderten Künstler und Wissenschaftler, Literaten und Theatermacher magisch an. Die Liste der Gäste, die in der »großen Kleinstadt« gelebt und gewirkt haben, reicht von Goethe bis Friedrich Dürrenmatt, von Kleist bis Max Frisch. Geben wir Gottfried Keller, einem der größten Söhne der Stadt, das Schlußwort: »Zu den schönsten von allen in der Schweiz gehören diejenigen Städte, welche an einem See und an einem Fluß zugleich liegen, so daß sie wie ein weites Tor am Ende des Sees unmittelbar den Fluß aufnehmen, welcher mitten durch sie hin in das Land hinauszieht ...«

HERREN GLOBUS

Reise-Lexikon

Das Kurstädtchen Baden am Uferhang der Limmat

1 **Basel,** 277 m, mit 203 000 Einwohnern zweitgrößte Stadt der Schweiz; liegt am großen Rheinknie an beiden Ufern des Stromes, durch die geographisch exponierte Lage in der Dreiländerecke Schweiz-Frankreich-Deutschland am Schnittpunkt der internationalen Verkehrswege bedeutendstes Handelszentrum des Landes. Drittgrößter Rheinhafen; erstrangiger Finanz-, Bank- und Börsenplatz; Sitz einer weltbekannten chemisch-pharmazeutischen Industrie; Schweizer Mustermesse.
Die ältesten Besiedelungsspuren stammen aus der Bronzezeit um 1000 v. Chr.; Kelten, Römer und Alemannen formten ursprünglich die Stadt, die bereits im 4. Jahrhundert Bischofssitz war. Hier ältester Sitz einer Schweizer Universität, von Papst Puis II. 1460 gegründet; weltweit ausstrahlender Hort des Humanismus: Es lehrten u. a. Erasmus von Rotterdam, Jakob Burckhardt und Friedrich Nietzsche. Nach wechselvoller Geschichte unter burgundischer und deutscher Herrschaft schloß sich die Stadt 1501 der Eidgenossenschaft an, 1529 wurde die Reformation eingeführt. 1225 erster Brückenschlag über den Rhein im Stromabschnitt zwischen dem Bodensee und der Mündung in die Nordsee, heute überspannen sechs imposante Brücken den Fluß und verbinden das historische Groß-Basel am linken Ufer mit dem rechtsrheinischen, industriellen Klein-Basel. Auf einem Hügel über dem Rheinufer das aus rotem Sandstein erbaute romanische Münster (1185–1225) mit schlanken gotischen Türmen, sehenswertem spätgotischem Kreuzgang und dem berühmten Hauptportal, der »Galluspforte«. Weitere bedeutende Kirchenbauten: St. Martin, St. Peter, St. Leonhard, Deutschordenskapelle und Kartause in Klein-Basel.
Eindrucksvolle Profanbauten, wie das rote Sandsteingebäude des spätgotischen Rathauses (1421) und das als schönstes Stadttor der Schweiz geltende Spalentor; ästhetisch ansprechend die moderne Architektur des Kunstmuseums, das mit Werken von Hans Holbein d. J., Konrad Witz, Matthias Grünewald, Ferdinand Hodler, Giovanni Segantini u. a. zu den bedeutendsten Gemäldesammlungen Europas zählt; Historisches Museum; viele kunstvolle Brunnen; der Zoo, einer der schönsten Tiergärten Europas.

2 **Hochrhein,** Abschnitt des Rheins vom Bodensee bis Basel, wird auf den beiden ersten Etappen unserer Fahrt mehrmals berührt. Klassisch-schöne, eindrucksvolle Flußlandschaft zwischen den Südhängen des Schwarzwaldes und den Ausläufern des Jura mit vielen malerischen Uferorten.

3 **Augst,** 274 m, das römische »Augusta Raurica«, eine der bedeutendsten Römersiedlungen auf Schweizer Boden, von Cäsar 44 v. Chr. gegründet. Freigelegte und teilweise rekonstruierte Ruinen des Amphitheaters (10 000 Personen), der Stadtmauer, der Thermen und einiger Tempel; Römermuseum.

4 **Rheinfelden,** 285 m, 7000 Einwohner, malerisches historisches Städtchen mit gut erhaltenen Mauern, Toren und Türmen; beliebter Badekurort. Martinskirche (1408), Rathaus von 1530; außerhalb des idyllischen Altstadtkerns moderne Kurviertel; Ende der Großschiffahrtsstraße des Rheins.

5 **Stein–Säckingen;** die gedeckte Holzbrücke verbindet das schweizerische Dorf Stein über den Rhein hinweg mit dem badischen »Trompeterstädtchen« Säckingen, einer historischen Ufersiedlung mit kulturell interessanten Bauten, wie der um 1700 barockisierten gotischen Basilika und dem heute als Museum dienenden »Trompeterschlößle«.

6 **Laufenburg,** 318 m, 2300 Einwohner, idyllisches altes Brückenstädtchen an einer Rheinschleife; Ruine der Habsburger Burg; spätgotische Pfarrkirche von 1489; Gerichtsgebäude von 1525. Im Mittelalter strategische Bedeutung für die Umgehung der (inzwischen durch Kraftwerkbau beseitigten) Stromschnellen des Rheins.

7 **Brugg,** 352 m, 8000 Einwohner, altertümliches Städtchen; bereits zur Römerzeit strategisch bedeutsamer Flußübergang über die hier verengte Aare. Rathaus mit dem »Schwarzen Turm«, der den Aareübergang beherrschte; spätgotische Pfarrkirche (1481/1518); Heimatmuseum; Vindonissa-Museum mit frühgeschichtlichen Funden; Sterbehaus Pestalozzis. In Ortsnähe das Stammschloß der Habsburger, unweit davon vereinigen sich Aare, Reuß und Limmat.

8 **Baden,** 382 m, 16 000 Einwohner, reizvolles altes Städtchen an der Limmat, mit den Nachbarorten **Ennetbaden** (4000 Einwohner) und **Wettingen** (21 000 Einwohner) zu einem Siedlungsgebiet zusammengewachsen. Bedeutender Badekurort mit Thermalquellen (18 Quellen, 48° C, 1 Million Liter pro Tag), schon zur Römerzeit geschätzt, im Mittelalter berühmtestes Heilbad nördlich der Alpen. Sehenswert die Altstadt mit historischem Stadttor, Rathaus mit Tagsatzungssaal der Eidgenossen, spätgotische, klassizistisch ausgestaltete Pfarrkirche, Landvogteischloß, Ruine der Burg Stein; schöne Kur- und Promenadenanlagen über der tief eingeschnittenen Limmat. In der Nachbarstadt Wettingen das ehemalige Zisterzienserkloster (1227), heute Lehrerseminar, mit wertvollem geschnitztem Chorgestühl und berühmtem gotischem Kreuzgang (182 Glasgemälde).

Basel	0 km	277 m
Rheinfelden	17 km	285 m
Laufenburg	39 km	318 m
Baden	66 km	382 m
Zürich	91 km	408 m

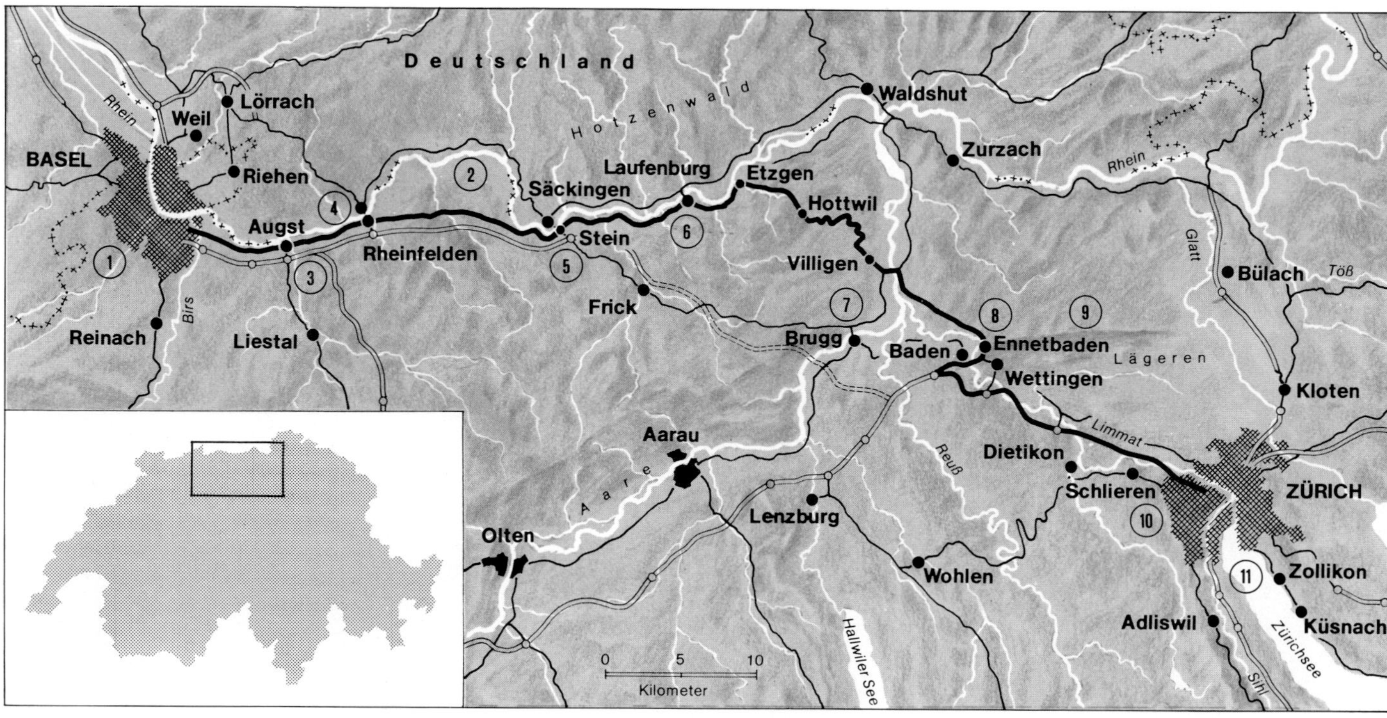

9 **Lägeren,** 859 m, östlichster Höhenkamm des Jura, Ziel unserer Wanderung.

10 **Zürich,** 408 m, 410 000 Einwohner, die größte Stadt der Schweiz, umrahmt hufeisenförmig das nördliche Buchtende des Zürichsees am Ausfluß der Limmat; zählt mit seiner atmosphärischen Mischung aus weltstädtischem Flair und bürgerlichen Idyllen zu den liebenswertesten Großstädten des Kontinents. Rings um die Straßenzeilen der Innenstadt, wo verschwiegene Gäßchen und Winkel mit modernen Geschäftsfassaden um den Schönheitspreis wetteifern, ziehen sich Villenterrassen und Parkanlagen zu bewaldeten Hängen hinauf und runden das Bild ab zur harmonisch mit der Landschaft verschmolzenen Gartenstadt.

Die Ursprünge Zürichs gehen bis in die Pfahlbauzeit zurück, Römer und Alemannen siedelten hier, Karl der Große förderte die Entwicklung der Stadt, die 1218 freie Reichsstadt wurde und 1351 dem Bund der Eidgenossen beitrat. Unter dem Reformator Ulrich Zwingli (1484–1531) wurde Zürich zu einem Mittelpunkt des Geisteslebens; mit der Stadt verbinden sich bedeutende Namen, wie Gottfried Keller, Heinrich Pestalozzi, Conrad Ferdinand Meyer, Ferdinand Sauerbruch, Thomas Mann und viele mehr. Im Stadtkern beiderseits der Limmat eine Ansammlung berühmter Kulturbauten: Das romanische Großmünster (11. Jh.) mit den charakteristischen Spitzhelm-Türmen (15./18. Jh.); das in fünf Bauperioden entstandene Fraumünster; St. Peter mit Turmunterbau aus dem 13. Jh. und den größten Zifferblättern Europas (8,70 m Durchm.); Wasserkirche; Augustinerkirche; Rathaus (17. Jh.); Opernhaus; Universität; Techn. Hochschule; Schweiz. Landesmuseum; Schweizer Nationalbank; viele Theater und Museen. Zürich ist außerdem die wirtschaftlich bedeutendste Stadt der Schweiz und tonangebendes Zentrum des Bank-, Börsen- und Versicherungswesens.

11 **Zürichsee,** 406 m, 38 km lang, 3,8 km breit, 99 qkm Flächeninhalt; liegt eingebettet in einer sanft geschwungenen, fruchtbaren Hügellandschaft; an allen Ufern dicht besiedelt.

Touristische Tips

Die schönsten **Campingplätze** liegen bei Möhlin am Rhein (zwischen Rheinfelden und Säckingen), in Baden und am Zürichsee in Wollishofen (Südende Zürich in Richtung Zug).

Wohnwagengespanne begegnen auf dieser Route keinen nennenswerten Schwierigkeiten. Wer die etwas gewundenen Steigungsstraßen von Etzgen über Hottwil und Villingen nach Baden scheut, wählt die Strecke entlang des Rhein- und Aaretals.

Wer die **Quartier**suche in der Großstadt Zürich vermeiden will, bleibt entweder bereits in Baden oder weicht auf die Uferorte des Zürichsees, wie Zollikon oder Küsnacht, aus.

Kulinarische Spezialitäten: »Würstchen im Schlafrock« aus dem Aargau, in Zürich die bekannten Gerichte »Geschnetzeltes Kalbfleisch«, »Zürcher Ratsherrentopf«, »Zürcher Leberspießli« und vielfältige Fischgerichte. Empfehlenswert sind die spritzigen »Ostschweizer« Weine, die vom Bodensee bis Basel wachsen.

Seite 9: Im Rathaus von Basel, einem roten Sandsteinbau aus dem 16. Jahrhundert, vereinigen sich Stilelemente der Gotik und der Renaissance. Originelle Details der Außenfront sind das grazile, aus Holz und Kupfer gefertigte Glockentürmchen und die mit Figuren geschmückte Uhr von Meister Wilhelm aus dem Jahr 1512.

Rheinuferweg in Basel. Im Vordergrund die Mittlere Rheinbrücke, die erste der Basler Brücken über den Strom, dahinter die Silhouette des Münsters.

Das romantische Brückenstädtchen Laufenburg am Ufer des Hochrheins. Wie Küken um die Glucke scharen sich die mittelalterlichen Häuser um die spätgotische Pfarrkirche. Hinten rechts die Turmruine des Habsburger Schlosses. ►

Seite 14/15: Das Zürcher Limmatufer mit seinen charakteristischen Kirchen: Links Fraumünster, St. Peter mit dem riesigen Zifferblatt, rechts (zwischen den Bäumen) die Wasserkirche und das Großmünster.

ZH 13852

PHILIPS
ZH 15831
ZH 15821
ZH 15826

Wanderung

Das Limmattal aus der Vogelschau
Baden – Wettingen – Lägerenkamm – Hochwacht

Stünde der Jura, dessen fast symmetrisch ausgerichtete Gebirgsfalten sich in großem Bogen vom Genfer See bis zum Hochrhein spannen, nicht in der Schweiz, wäre er zweifelsfrei eine bedeutende Touristenattraktion; immerhin übertreffen seine höchsten Gipfel jene des Schwarzwaldes um runde 200 Meter. Hierzulande wird er durch die berühmtere Konkurrenz der Alpen in Graubünden, im Berner Oberland und im Wallis zum »Stiefkind« degradiert. Doch dies bewahrt ihm seine Ursprünglichkeit, seine stellenweise melancholische Stille, und gerade die Natur- und Wanderfreunde haben ihn in ihr Herz geschlossen. Die östlichste Rippe des Jura, der Lägerenkamm, der sich gleich einem aufgestellten Wiegemesser schnurgerade elf Kilometer lang von Baden bis Diefsdorf spannt, ist unser Wanderziel. Zugegeben, vom Tal aus wirkt der über und über bewaldete Höhenrücken nicht besonders einladend und interessant. Doch der flüchtige Eindruck täuscht. Der Lägerenkamm ist, vor allem im westlichen Teil, so schmal wie ein spitzwinkliger Dachgiebel, auf dem man wie auf einem Sattel reiten kann; ganz zu schweigen von seinen ungewöhnlichen Qualitäten als exzellenter Aussichtsthron.

Ausgangspunkt ist die Burg Schartenfels, von deren Restaurantterrassen man den Badenern in die Kochtöpfe gucken kann. Man zweigt von der Hauptroute etwa einen Kilometer nach der durch ihre Verkehrsstaus nicht zu übersehenden Limmatbrücke links ab in den Ort Wettingen, hält sich weiter links und findet bald Wegweiser, die über wenige Kehren zum Burgrestaurant leiten. Wenn nicht gerade Wochenende ist, findet man in der Nähe schnell einen Parkplatz.

Direkt hinter dem Schloß beginnt der Aufstiegsweg; eine schnurgerade, doch recht eigenwillig unregelmäßige Steinplattentreppe, ein von Laubgehölz flankierter, steiler Korridor. Bei Sonnenschein ist das dichte Blätterdach ein angenehmer Schattenspender, bei Regennässe sind die glatten, oft schräg geschichteten Steinplatten recht unangenehm rutschig; für diesen Fall weicht man auf einen nördlich unter dem Kamm verlaufenden parallelen Promenadeweg aus.

Unser Weg führt ständig den Kamm entlang, zwischendurch öffnen sich hüben und drüben prachtvolle Durchblicke nach Süden vom dunstverschleierten Zürichsee bis zum Alpenkamm und nach Norden über das hügelige Zürcher Weinland bis zu Rhein und Schwarzwald. Nach einer guten Stunde wird der Kamm rundlicher, man erreicht die Kuppe 802 und über eine Sattelmulde das 859 Meter hohe Burghorn. Von einem »Horn« ist allerdings wenig zu sehen, man ist einfach auf dem höchsten Punkt eines gleichförmigen Grates. Zwei alte Eisenbänke laden zur Rast. Die Aussicht ist umfassend, die Stille Balsam für die Nerven. Nicht lautlos, doch die Geräusche der Talregion sind weit entrückt, werden zum Insektengesumm, man fühlt sich beglükkend erhaben über das Gewimmel in der Tiefe.

Wer es eilig hat, quert gleich südwärts hinunter zu der nach Wettingen führenden Waldstraße, doch amüsanter ist es, eine weitere Stunde den Kamm entlang in schattigen Waldpartien zum Berggasthaus »Hochwacht« zu spazieren.

Zum Heimweg gehen wir zunächst auf der Anmarschroute eine Viertelstunde lang zurück, nach der Flugsicherungsanlage zweigt ein gut erkennbarer Weg nach links hinunter. Nach einer Kehrenfolge und einigem Auf und Ab mündet der Steig in eine breite Waldstraße, die sich leicht fallend als Hangtraverse bis Wettingen zieht. Am Büßberg, wo sich überraschend der Wald über Wettingen öffnet, queren wir am Baumrand rechts nach Schartenfels hinüber; unter uns die Rebhänge des »Wettinger Herrenbergs«, eines vorzüglichen Tropfens, der uns anschließend bestimmt gut munden wird.

Start- und Zielpunkt: Burgrestaurant Schartenfels über Baden und Wettingen, 464 m.

Abzweigung von der Reiseroute: In Ennetbaden etwa 1 km nach der ersten Limmatbrücke links nach Wettingen, dort der Beschilderung nach weitere 2 km leicht ansteigend zum Schloß Schartenfels.

Charakter: Ausgedehnte Gratwanderung auf dem aussichtsreichen Lägerenkamm; überwiegend auf bequemen, gut markierten Wegen, der (umgehbare) Startanstieg etwas mühsam und heikel.

Kinder: Ab 6 Jahren, wenn trittsicher und ausdauernd.

Dauer: Bis Burghorn und zurück 3 Stunden; bis Hochwacht und zurück 4½ Stunden.

Zeitbedarf ab Abzweigung Reiseroute: 3½ bzw. 5 Stunden.

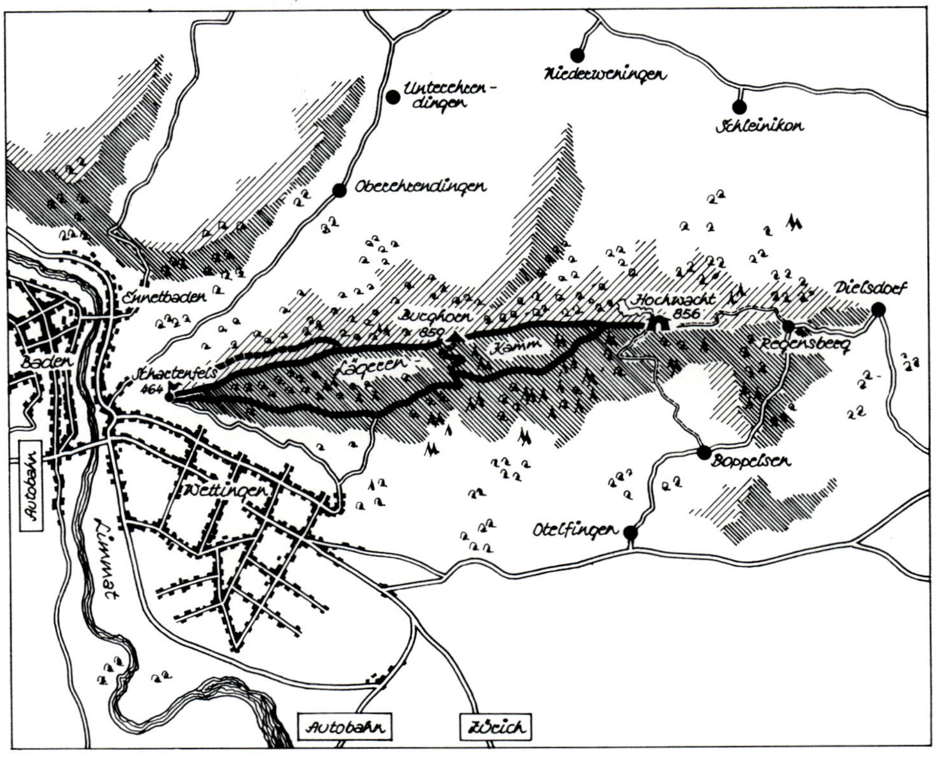

Zürich, Blick auf Limmat und Zürichsee. Im Mittelgrund rechts das burgartige Gebäude des Schweizerischen Landesmuseums, dahinter der Hauptbahnhof. Am Horizont erkennt man die dunstverschleierte Albiskette.

2 Zürich – Appenzell

Buntes Mosaik Nordostschweiz

Von Zürich nach Schaffhausen stehen zwei Wege zur Wahl, beide auf Teilstücken autobahnartig ausgebaut: über Winterthur oder über Kloten – Eglisau. Wir wählen einen dritten, der sich verspielt durch das Zürcher Weinland windet und ungleich mehr an Reiseerleben bringt. Um die Route über Kloten, Embrach, Rorbas, Freienstein, Teufen, Flaach und Rheinau nicht zu verfehlen, ist etwas Kartenstudium angebracht.
Hinter dem Dorf Teufen, auf der Kehrenstraße an den Ausläufern des waldkuppigen Gräslikon, erwartet uns die erste Überraschung: ein Rastplatz auf dem Hochbord des Rheins, der fünfzig Meter unter uns sein steilwandiges Bett in den Schotterfels gegraben hat. Von Menschenhand unberührt, leise und geheimnisvoll, zieht der Strom zwischen dichtbewaldeten Hangflanken südwärts. Wenig später, am Schaffhausener Rheinfall, zeigt er ein ganz anderes Temperament. Da zischen, tosen und brodeln die Wassermassen über Felsstufen mit solcher Gewalt in die Tiefe, daß ringsherum die Erde dröhnt. Den scharenweise anrückenden Touristen werden alle möglichen Perspektiven geboten: Andenkenläden, Treppenwege, Balkone, Kanzeln, deren unterste, das »Fischetz«, hautnah an die tobende Gischt vorspringt; außerdem gibt es Kahnfahrten zum Felsinselblock inmitten des dramatischen Naturschauspiels und schließlich einen einstündigen Fußrundweg.
Doch nicht erst in der Aera des Fremdenverkehrs, schon im Mittelalter brachte der Rheinfall klingende Münze. Graf Eberhard von Nellenburg ließ im 12. Jahrhundert die Waren auf ihrem Wasserweg vom Bodensee nach Basel von den Schiffen ausladen und auf dem Land um die Fälle herumtransportieren. Aus dieser Handels- und Speditionsfunktion entstand die Stadt Schaffhausen, das »schweizerische Nürnberg«, die ihre wirtschaftliche Machtposition mit der mächtigen Feste Munot gegen feindlichen Zugriff absicherte.
Nach Diessenhofen entfaltet die Bilderbuchlandschaft des Rhein- und Bodenseeufers ihre anmutige Schönheit. Umkränzt von sanftgeschwungenen Hangkulissen eine bunte Palette der heiteren Farben und fröhlichen Stimmungen: blumengeschmückte Fachwerkhäuser, ländliche Idylle an Bach und Rain, Rebenhänge, Obstwälder, deren frisches Grün zur Frühlingszeit ein weißer Schleier überspannt, Burgen und Schlösser auf den Hangkuppen, lauschige Kleinstädtchen, wie Stein am Rhein und Steckborn, in deren Gassen die Zeit vor 300 Jahren stehengeblieben zu sein scheint. Kaum wahrnehmbar ist der Übergang vom Rhein zum Bodensee, der an diesem (Untersee genannten) Teil seine lieblichsten Pastellpanoramen präsentiert, mit Blicken auf die Insel Reichenau und die jenseitigen Uferhöhen des Hegaus. Schließlich, nach Kreuzlingen, öffnet sich das »Schwäbische Meer« zur lichterfüllten, kaum mehr überschaubaren Weite.
In Romanshorn verlassen wir die Uferstraße, steigen gemächlich die ersten Stufen der großen Geländetreppe hinauf, die sich vom Bodensee bis zum Alpstein emporzieht. Zwischen den Feldern und Obstkulturen nun Wiesenflecken, vereinzelt dunkle Nadelwälder, weidendes Fleckvieh. Mitten in der behäbigen Agrarlandschaft ein allerliebstes historisches Kleinod: die Wasserburg von Hagenwil. Mit wuchtigen Mauern, Schießscharten und einer Zugbrücke über den Goldfischteich. In unserer Zeit ist die einstige Funktion solcher Wehrbauten kaum mehr ernsthaft vorstellbar – doch welch ein Schauplatz für kindliche Indianerspiele!
Unsere nächste Station ist das ehrwürdige St. Gallen, eine Keimzelle der europäischen Kulturgeschichte, wo einst Mönche die Notenschrift lesbar machten, Paracelsus die Heilmittellehre begründete und Tausende fleißiger Mädchenhände die Stickerei zur Kunstform entwickelten, auf der eine weltweit angesehene Textilindustrie aufbaute.
Eine weitere Treppenstufe höher das Appenzellerland, eine originelle, in sich geschlossene Welt aus dem Modellbaukasten. Nirgend anderswo scheinen die Farben so kräftig und rein zu sein; das satte Wiesengrün, das Blauweiß von Himmel und Wolken, das Ocker der »putzigen« Häuslein, die aussehen, als wären sie eine Nummer zu klein geraten. Ein Motivparadies für kindlich-naiven Sonntagsmalerstil. Ein witziges, stets zu Musik, Gesang und Tanz aufgelegtes Völklein lebt hier. Kaum anderswo sind Sitten, Gebräuche und Trachten so rein erhalten wie im Sennenland unter dem Alpstein. Wenn der Lebensstil auch bescheiden ist, die prachtvollen Trachten der Frauen und Mädchen, jedes Appenzellers Stolz, kosten nicht selten bis zu viertausend Franken.
Eine kleine Randfloskel zur liebenswert-konservativen Mentalität der Appenzeller: Im Tal von Urnäsch beginnt das Jahr, wie in grauer Vorzeit, erst am 14. Januar. Man traut dem vor 300 Jahren eingeführten Gregorianischen Kalender immer noch nicht so recht.

DAMENSALON
28
BVRT
CRISTI

Reise-Lexikon

1 **Kloten,** 460 m, 17 000 Einwohner; spätbarocke Querkirche (1785); in Ortsnähe der internationale Großflughafen Zürich-Kloten, größter Flugplatz der Schweiz.

2 **Teufen,** kleines Dorf über dem malerischen unteren Tösstal, nördlich des Orts nach Straßensteigung prächtiger Blick auf das tief eingeschnittene Rheintal.

3 **Rheinau,** 379 m, in der großen Rheinschleife auf einer Insel die ehemalige Benediktinerabtei (seit 778) mit prächtiger zweitürmiger Klosterkirche (1704–1710, Barock) von Franz Beer.

4 **Laufen,** 400 m, mächtige Schloßanlage (seit 1123, im 19. und 20. Jh. erneuert) mit Gaststätte, auf einem Felshügel über dem **Rheinfall** gelegen. Ein Treppenweg führt auf eine ausladende Aussichtsterrasse hinunter, die direkt über den tosenden Wasserfällen liegt. Über seine ganze Breite von 150 m stürzt der Rhein, von Kalkfelsriffen in mehrere Ströme gespalten, 23 m tief in das Rheinfallbecken. Mit der maximalen Wassermenge von 1080 cbm pro Sekunde mächtigster Wasserfall Europas.

5 **Schaffhausen,** 404 m, 40 000 Einwohner, traditionsreiche Stadt am rechten Rheinufer und Hauptstadt des gleichnamigen Kantons, Pforte der Nordostschweiz. Blickbeherrschend der imposante Festungsbau Munot mit 36 m hohem Plattformturm; mittelalterlicher Stadtkern mit Allerheiligenmünster (1104), einer klassisch-schönen, frühromanischen Säulenbasilika; spätgotische Pfarrkirche St. Johann (1515); stattliche, mit Erkern und Portalen geschmückte Zunft- und Bürgerhäuser; Rathaus im Renaissancestil; mehrere Bibliotheken und Museen; bedeutende Industrie.

6 **Dießenhofen,** 400 m, mittelalterliches Rheinstädtchen mit charakteristischem Uhrtorturm und gedeckter Holzbrücke; Pfarrkirche St. Dionysius (um 1200); mehrere Profanbauten aus der Spätgotik; Ortsmuseum.

7 **Stein am Rhein,** 402 m, 3000 Einwohner, ehemals freie Reichsstadt; zählt neben Murten und Gruyères zu den besterhaltenen mittelalterlichen Städtchen der Schweiz; sehenswerte Fachwerkhäuser, mit Erkern und Fresken reich verzierte Gebäudefronten; Kloster St. Georgen mit romanischer Kirche (1060) und Klostermuseum.

8 **Bodensee,** 396 m, mit 540 qkm zweitgrößter See der Schweiz und drittgrößter Europas, bis 252 m tief; vom Rhein durchflossen; gliedert sich in den großen Obersee (zwischen Bregenz und Konstanz), den schmalen Überlinger See (zwischen Meersburg und Bodman) und den buchtenreichen Untersee (zwischen Konstanz und Stein am Rhein). Von der 265 km langen Uferlinie gehören 169 km zu Deutschland, 70 km zur Schweiz und 26 km zu Österreich. Sanfthügelige, klimatisch begünstigte Uferregionen mit fruchtbarem Obst- und Weinbauterrain.

9 **Mammern,** kleiner Kur- und Badeort mit Schloß von 1668, heute Sanatorium.

10 **Steckborn,** 4000 Einwohner, mittelalterliches Städtchen mit schönen Fachwerkhäusern; direkt am See die Burg »Turmhof« (1432), heute Heimatmuseum des Untersees mit prähistorischen Funden.

11 **Insel Reichenau,** 5 km lang und 2 km breit, zum deutschen Baden gehörend, Gärtnerparadies mit großen Freiland- und Treibhauskulturen, die jährlich mehrere Ernten ermöglichen. Die Insel ist durch einen Fahrdamm mit dem Festland verbunden. Frühmittelalterliche Kirchen: Stiftskirche von Oberzell (gegr. 888) mit Wandgemälden aus dem 10. Jh.; Münster (916) in Mittelzell mit wertvollen Fresken und reichem Kirchenschatz; Peter- und Paul-Stiftskirche (9. Jh.) in Unterzell.

12 **Kreuzlingen,** 17 000 Einwohner, thurgauische Grenzstadt, über den Rheindurchfluß hinweg eng mit dem deutschen **Konstanz** verbunden. Sehenswert die barocke St.-Ulrichs-Kirche des einstigen Augustinerstifts, in der Heiligkreuzkapelle berühmte Ölberggruppe mit über 300 holzgeschnitzten Figuren.

13 **Romanshorn** 9000 Einwohner, mit dem größten Hafen des Bodensees; Eisenbahn- und Autofähre zum gegenüberliegenden deutschen Friedrichshafen; auf vorspringender Landzunge Park mit Schloß und alter Kirche (779, erweitert im 11. und 13. Jh.).

14 **Amriswil,** 437 m, 9000 Einwohner, thurgauisches Industrie- und Gewerbestädtchen.

15 **Hagenwil,** kleines Bauerndorf; am Ortsrand eine der besterhaltenen Wasserburgen in der Schweiz. Der im 13. Jh. angelegte und mehrmals umgebaute, wehrhafte Bau mit spätgotischem Saal, Fachwerkaufsätzen und Burgkapelle beherbergt heute eine rustikale Schloßgaststätte.

16 **St. Gallen,** 670 m, 82 000 Einwohner, Hauptstadt des gleichnamigen Kantons und wirtschaftlicher Mittelpunkt der Ostschweiz. Die Stadt liegt eingebettet in das grüne Hügelland zwischen Bodensee und Alpsteingebirge. Ihre Gründung geht auf den irischen Glaubensboten Gallus zurück, der 612 hier in einer Einsiedelei den Alemannen die Lehre Christi verkündete. Aus diesen Anfängen entwickelte sich 720 eine Benediktinerabtei, in der Folgezeit eines der bedeutendsten Kulturzentren des Abendlandes, das die geistige Struktur Europas maßgebend mitformte. In der Renaissance- und Barockzeit erlebte die Stadt einen neuen Aufschwung; aus dieser Periode stammen die Stiftskirche (1756–1769), das schönste barocke Gotteshaus der Schweiz, und die weltberühmte Stiftsbibliothek mit über 100 000 Bänden und zahlreichen Original-Handschriften aus karolingischer und ottonischer Zeit. Weltgeltung besitzt auch die Textilindustrie, die sich aus dem Stickerei-Gewerbe entwickelte. Zahlreiche Museen und Galerien; Hochschule; Wildpark »Peter und Paul«.

17 **Heiden,** 794 m, 3800 Einwohner, entzückender Klimakurort auf einer Hangterrasse über dem Bodensee. Der Ort wurde nach einem Brand im Jahr 1838 vollständig neu im Biedermeierstil aufgebaut. Am geometrischen Dorfplatz protestantische Kirche (1840 von Kubli erbaut, 1937 renoviert); stattliches Rathaus; Heimatmuseum; prächtige Aussicht auf den Bodensee und die Uferregionen; schöne Parkanlagen; Zahnradbahn ab Rorschach.

18 **Trogen,** 915 m, 2100 Einwohner, Sommer- und Winterferienort mit typisch Appenzeller Charakter; eindrucksvoll die architektonische Geschlossenheit des Dorfplatzes mit prächtigen Patrizierhäusern, Rathaus und Kirche; hier findet jedes zweite Jahr (wechselnd mit Hundwil) im April die Ausserrhoder Landsgemeinde statt, ein kantonales Bürgerparlament mit Abstimmung durch Handaufheben. Am südlichen Ortsrand das Pestalozzi-Kinderdorf, in dem Kriegswaisen aus aller Welt erzogen werden.

19 **Gais,** 915 m, 2500 Einwohner, schmuckes Appenzeller Dorf mit schönen Fachwerkhäusern; Klimakurort.

20 **Appenzell,** 785 m, 5400 Einwohner, der blitzsaubere Modellort des Appenzeller Landes im Sittertal an den Nordausläufern des Alpsteingebirges; Luftkurort und Wintersportplatz; malerische Gassen mit prächtigen, reich geschmückten Holzhäusern; jährlich am letzten Aprilsonntag Innerrhoder Landsgemeinde. Pfarrkirche St. Mauritius; Schloß von 1570; Rathaus (1561–1563) mit wertvollen Wandmalereien; Heimatmuseum. Rings um Appenzell reizvolles Erholungsgelände.

Zürich	0 km	408 m
Schaffhausen	52 km	404 m
Stein am Rhein	71 km	402 m
Kreuzlingen	98 km	402 m
Romanshorn	117 km	399 m
St. Gallen	144 km	670 m
Appenzell	183 km	785 m

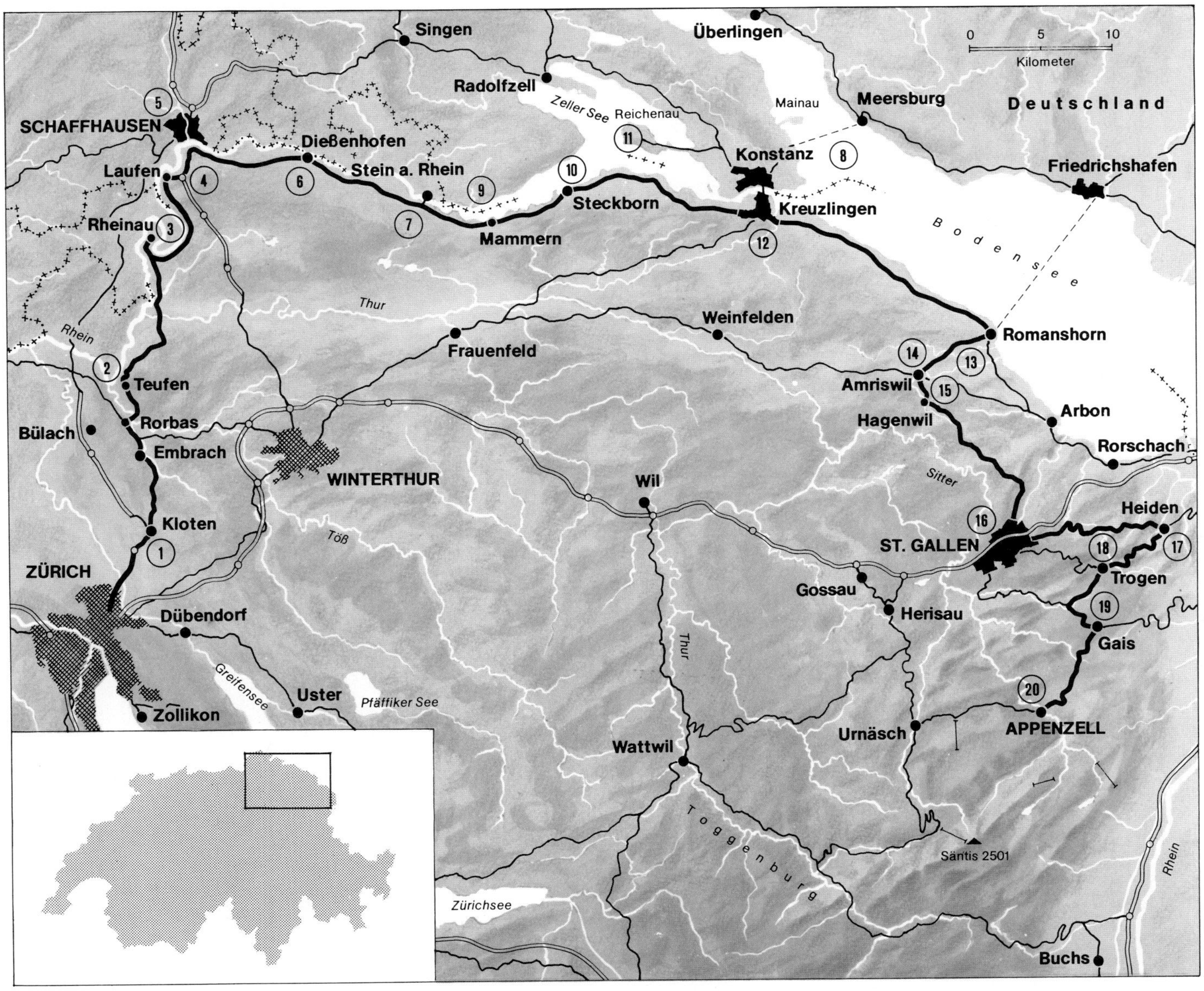

Touristische Tips
Die schönsten **Campingplätze** liegen östlich von Schaffhausen, entlang des Unterseeufers um Steckborn, und in Jakobsbad westlich von Appenzell.

Für **Wohnwagen**gespanne entstehen auf der Route keine größeren Schwierigkeiten, allenfalls kann man die enge Straße von Trogen nach Bühler durch die Strecke Trogen–Teufen–Bühler umgehen.

Quartier nimmt man in einem der schmucken, einladenden Hotelgasthöfe Appenzells, wo man für wenig Geld vortrefflich aufgehoben ist.

Kulinarische Spezialitäten: Im Raum um Schaffhausen die frischen Rhein- und Bodenseefische, besonders die Felchen, außerdem Zwiebelkuchen und die süßen »Schaffhauser Züngli«; im Appenzeller Land der »St. Galler Schüblig« und die »St. Galler Bratwurst«, schließlich die verschiedenen Fladen und die mit Mandeln gefüllten »Biber«.

Seite 19: Von Schaffhausens Tradition als Stadt der Zünfte und des Handels zeugen viele herrschaftliche Bürgerhäuser, wie hier in der Vordergasse die reich mit Stuck verzierte Zieglerburg.

Seite 22: Der Rheinfall bei Schaffhausen, mächtigster Wasserfall Europas. Am Bildrand oben rechts Schloß Laufen, darunter, dicht über dem tosenden Wasser, die auf einem Treppenweg erreichbaren Panoramakanzeln.

Seite 23: Einem mittelalterlichen Freilichtmuseum gleicht Stein am Rhein. Mittelpunkt des idyllischen Städtchens ist der Marktplatz mit seinen pittoresken Brunnen und Hausfassaden.

Seite 24: Beim Ausfluß aus dem Untersee windet sich der Hochrhein durch schlichtes Bauernland.

Seite 25: Wo Rhein und Bodensee ineinander verschmelzen, bieten sich stimmungsvolle Motive mit südländischen Akzenten, wie hier bei Gottlieben an der Wassertaille zwischen Boden- und Untersee.

Seite 26: Die Wasserburg von Hagenwil im Thurgau, romantisches Relikt aus dem Mittelalter.

Seite 27: St. Gallens Stiftsbibliothek ist gleichermaßen berühmt durch die prunkvolle Ausstattung und den wertvollen Buchbestand.

Seite 28: Wie hier in Trogen, so zeugen überall im Appenzeller Land reich und bunt verzierte Hausfronten von der ornamentalen und kunsthandwerklichen Begabung dieses Volksstammes.

Seite 29: Des Appenzellers Stolz sind die kostbaren Trachten der Frauen und Mädchen, die auch heute noch zu allen festlichen Anlässen getragen werden.

Gasthof zur Sonne
Scheffel's Weinstube
Confiserie

HOTEL
KRONE

Wanderung

Himmelssteig über Rheintal und Appenzeller Land
Hoher Kasten – Stauberenfirst – Sämtisersee – Brülisau

Wie ein gewaltiges Riff reckt sich das Felsbollwerk des Alpsteingebirges über den Niederungen von Rhein und Bodensee in die Höhe. Eine Besonderheit dieser Berggruppe ist ihre klare und formenreiche Gliederung, die den erdgeschichtlichen Aufbau anschaulich demonstriert. Dies bewirkte die Anlage eines geologischen Wanderweges, dem unser Wandervorschlag über ein Teilstück folgt. Auf vierzehn großen, über den Verlauf des Weges verteilten Tafeln werden die Schichtungen, Faltungen und Abstufungen der Bergketten ausführlich erklärt. Wer sich für Geologie interessiert, erhält einen sehr informativen Anschauungsunterricht; für den Laien ist die Instruktion vielleicht eine Spur zu wissenschaftlich.

Deutlich ausgeprägt verlaufen die drei Hauptketten des Alpsteins parallel von Südwest nach Nordost. Auf dem am weitesten nach Nordosten zum Rheintal vorgeschobenen Eckpfeiler, dem Hohen Kasten (1794 m), beginnt unsere Wanderung, führt in lustigem Auf und Ab längs des Bergfirstes und senkt sich über den Sämtisersee zum Ausgangspunkt ab.

Von Brülisau, einem kleinen Dorf im weiten, verspielt geformten Wiesental, hebt uns die Seilbahn in wenigen Minuten auf den Aussichtssöller des hohen Kastens. Der Blick von dieser exponierten Kanzel ist überwältigend. Tief unter uns das Rheintal mit den spielzeugartig verstreuten Dörfern und Städten, gegenüber Rätikon und Silvretta. Im Norden erkennen wir den dunstumhüllten Bodensee, im Süden stehen die Schneegrate der Glarner Alpen gegen den Horizont. Direkt vor uns wie ein Teppich die anmutige Mosaiklandschaft der Wiesenhügel und Talmulden des Appenzeller Landes, aus der die Felsriegel emporwachsen und nach Südwesten hin der Felsburg des Säntis zustreben.

Paradoxerweise beginnt unsere Wanderung nach Nordosten, dem Rheintal zu, schwenkt aber bald über den Kastensattel nach Norden und Südwesten und umrundet den wirklich kastenförmigen Felsgipfelblock. Dann schreiten wir ein respektables Stück längs des Bergkammes, stets auf reizvollem Höhenweg, der immer wieder prächtige Ausblicke auf das Rheintal öffnet. Der Weg ist insgesamt leicht abfallend, doch drei erkleckliche Gegenanstiege von jeweils zehn Minuten – die übrigens schwieriger aussehen, als sie sind – fördern einige Schweißtropfen und einen gehörigen Appetit. Die Stauberenhütte kommt für eine Rast- und Stärkungspause gerade zur rechten Zeit.

Der nächste Abschnitt führt abrupt abwärts, man traversiert nordwestwärts die Hangfront auf einem Treppensteig mit Felsplatten, Grasnarben und Latschengeäst. Die Knie sind dankbar, wenn dieser Abstieg in das Wiesenband der Rainalpe ausklingt. Doch wenig später folgt ein weiterer Talmarsch, diesmal auf Treppenwegen durch den urtümlichen Rhodwald. Schließlich öffnet sich die Sohle der Talmulde mit dem romantischen Sämtisersee. Interessant ist, daß der Sämtisersee (wie auch der taleinwärts liegende Fälensee) keinen Oberflächenabfluß hat, er entwässert unterirdisch durch ein Kanal- und Kammernsystem. Je nach Wasseranfall unterliegen Größe und Höhe der Seenspiegel laufend Veränderungen. Die Terrasse der Berggaststätte »Plattenbödeli« lockt noch einmal zur Einkehr, dann senkt sich ein abschüssiger Fahrweg durch das schluchtartige Brüeltobel in das Brülisauer Tal hinaus.

Eine wesentliche Steigerung der Eindrücke bringt die ausgedehnte Variante über die Saxer Lücke, vorbei am Kletterparadies der grazilen Kreuzberge und am malerischen Fälensee, doch zählt diese Version schon zu den tagfüllenden Wanderunternehmen und bedingt ein gehöriges Maß an Übung und Kondition.

Start- und Zielpunkt: Brülisau, 922 m, bei Appenzell.
Abzweigung von der Reiseroute: Appenzell; 6 km steigungsfreie Anfahrt nach Brülisau.
Charakter: Seilbahnauffahrt; gut ausgebauter Gratweg mit einigen exponierten Passagen, längerer Talabstieg; schönste Kammwanderung in der Alpsteingruppe.
Kinder: Ab 8 Jahren, wenn trittsicher, diszipliniert und ausdauernd.
Dauer: 4 Stunden; mit Variante über Saxer Lücke 6 bis 7 Stunden.
Zeitbedarf ab Abzweigung Reiseroute: 5½ Stunden; über Saxer Lücke 8 Stunden.

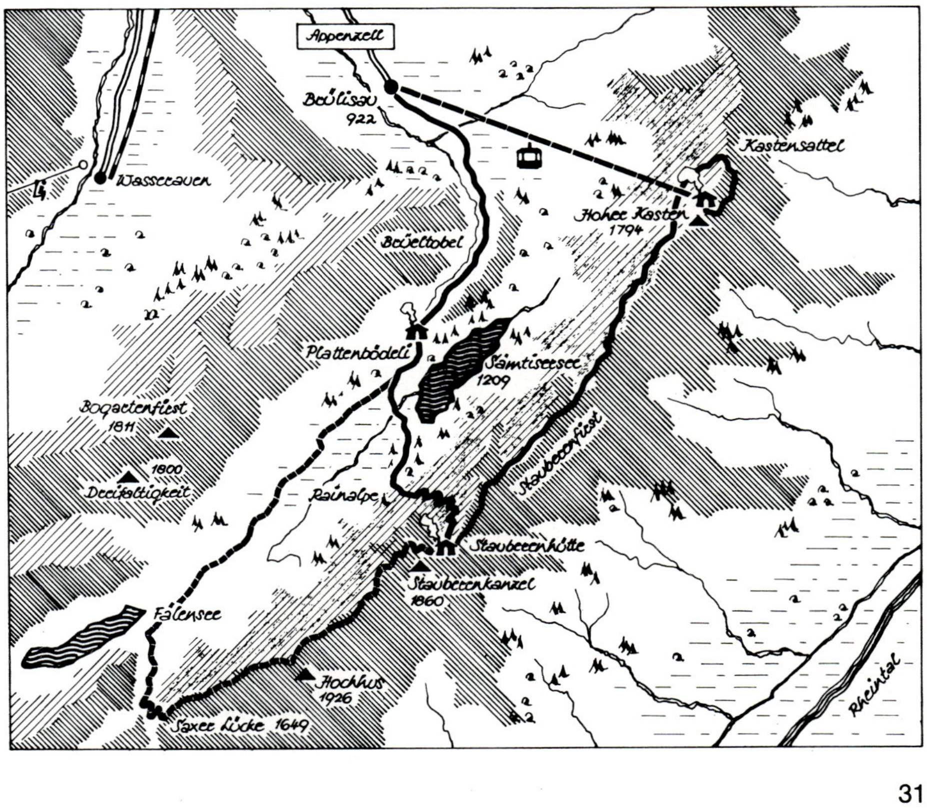

Weitgespannte grüne Hangteppiche mit verstreuten Bauernhäusern, überragt von den klaren Formen des Alpsteingebirges, sind die vorherrschenden Elemente der Appenzeller Landschaft.

3 Appenzell – Thusis

Vom Säntis zur Via Mala

Wir verlassen das Appenzellerland und damit auch den Halbkanton Innerrhoden, den mit 14000 Bewohnern kleinsten der Schweizer Kantone. In Urnäsch, einer der ältesten Gemeinden des Bereichs, gefällt der schöne, stilgerecht renovierte Dorfplatz, dann wandelt sich bald die »Landschaft aus der Spielzeugschachtel« zur herben Bergregion. Über ein halbes Dutzend Kehren kurvt man hoch zum Chräzerenpaß und zur Schwägalp, der Talstation der Säntis-Seilbahn. Ungeheuer effektvoll setzt sich hier die lotrecht hochstrebende, geschichtete und gebänderte Nordwestwand des Säntis in Szene. Ein Besuch des Gipfels mit der Seilbahn ist sehr lohnend, vor allem dann, wenn die gestrige Wanderung am Hohen Kasten unterblieben ist.
Durch weite, sattgrüne, stille Wälder, unterbrochen von hellen Alptupfen, rollen wir abwärts ins Toggenburg.
In uralter Vorzeit, so erzählt die Sage, hauste im Alpsteingebirge ein Riese, der oft über das grüne, aber menschenleere Toggenburg blickte. Weil er drüben an Rhein und Bodensee viele tätige Menschen sah, erwachte in ihm der Wunsch, ins stille Tal der Thur eine Stadt hineinzustellen. Flugs eilte er über den Rhein hinüber zu den Zwergen im Montafon und ließ sich von diesen viele schöne Häuser zimmern. Die packte er alle in einen großen Sack und eilte damit heimwärts. Doch in der Eile streifte sein Sack eine Felskante, der Sack zerriß, und die Häuser wirbelten wie Schneeflocken auf Hänge und Hügel, auf Wiesenmatten und in die Bachtäler. Erschrocken wollte der Riese all die Häuser einsammeln, doch vorher verschnaufte er zu kurzer Rast auf einem der Churfirsten. Da sah er plötzlich mit Entzücken, wie gut die Häuser in die Obertoggenburger Landschaft paßten, und er ließ sie alle stehen bis zum heutigen Tag.
Zwar biegt unsere Route bei Neu St. Johann in Richtung Wattwil ab, doch lohnt es sich, ein wenig hinaufzubummeln nach Unterwasser und Wildhaus ins Obertoggenburg, in die Landschaft mit den »verlorenen Berghäusern« und den hübschen Kontrasten und Übergängen zwischen großartiger Gebirgsszenerie und heiteren Idyllen.
Eine schnelle Straße führt nach Wattwil; mit einer großen Schleife hinauf zum Rickenpaß verlassen wir das Thurtal. Der kleine Umweg über Gommiswald und Uznach belohnt mit prächtiger Aussicht über Linthebene und Glarner Alpen.
Eindrucksvoll präsentiert sich mit wehrhafter, mittelalterlicher Silhouette die »Rosenstadt« Rapperswil am Nordostufer des Zürichsees. Von entscheidender Bedeutung für die Entwicklung der Stadt, die oftmals Mittelpunkt kriegerischer Auseinandersetzungen war, erwies sich der historische Brückenübergang über den Zürichsee, dessen Geschichte von vielen Zerstörungen und Neubauten erzählt, bis schließlich 1878 der heutige Damm entstand, der Zürich- und Obersee voneinander trennt.
Kunstfreunde legen an diesem Punkt der Route einen Abstecher ein zum 16 Kilometer entfernten Einsiedeln, einem der bedeutendsten Wallfahrtsorte nördlich der Alpen, dessen Platzanlage und Klosterkirche ein Denkmal barocker Baukunst von europäischer Bedeutung darstellt.
An der Ausfahrt Glarus verlassen wir die Autobahn Zürich – Chur, fahren über Näfels den Kerenzerberg hinauf und gewinnen damit eine prachtvolle, verkehrsarme Panoramastraße hoch über dem Walensee. Von der Paßhöhe am Café Römerturm oder vom kleinen Flecken Obstalden bietet sich der schönste Blick über den »romantischsten See der Schweiz«, der, fjordartig unter dem Felsmassiv der Churfirsten liegend, sich nach Wetter und Jahreszeiten in vielerlei phantastischen Farbspielen zu präsentieren vermag.
Über Sargans und Sevelen erreichen wir Liechtenstein, die letzte Monarchie im deutschen Sprachgebiet. Den Besucher erinnert wenig an die Eigenstaatlichkeit, praktisch ist hier alles schweizerisch. Nur die Herausgabe eigener Briefmarken hat sich der Fürst klugerweise vorbehalten.
Durch den Engpaß des mit Befestigungsanlagen gespickten Luziensteiges mündet die Route in den Kanton Graubünden, in die »Terra Grischuna«. Ab Maienfeld, wo übrigens eine vorzügliche Burgunderrebe gedeiht, benützt man die Autobahn nach Süden.
Rechts setzt sich das schroffe, abweisende Felsgemäuer der Calanda ins Blickfeld. Kurios, daß dieser graue, unwirtliche Steinhaufe zu Anfang des 19. Jahrhunderts einmal Zielobjekt eines »Goldrausches« war. Weil einige herabstürzende Felsbrocken Goldadern enthielten, grassierte bald ein spektakuläres Goldfieber, das jedoch außer Enttäuschungen nichts brachte.
Im letzten Talkessel vor dem Aufstieg zu den Pässen berührt man die Kantonshauptstadt Chur, wahrscheinlich die älteste Stadt auf Schweizer Boden, mit vielen kulturhistorisch interessanten Bauwerken.
An der Gabelung von Vorder- und Hinterrhein schlüpfen wir durch die Pforte von Rhäzüns in das burgenreiche Domleschg. Die verspielt angelegte, gewundene Höhenstraße bietet reizvolle Ausblicke auf die durch Stufen und Schluchten merkwürdig geformte Landschaft des Hinterrheintals und die effektvolle Bergpyramide des Piz Beverin, die hoch über dem Etappenziel Thusis in den Himmel zielt.

Reise-Lexikon

1 **Jakobsbad,** 876 m, kleiner Kurort mit Mineralquelle. Luftseilbahn auf den flachkuppigen Kronberg, 1663 m, mit beliebtem, gemütlichem Wander- und Skigebiet.

2 **Säntis,** 2501 m, höchste Erhebung des **Alpsteingebirges,** der blickbeherrschenden Berggruppe der Nordostschweiz. Die Alpsteingruppe zählt wegen ihres klaren Aufbaus zu den schönsten und geologisch anschaulichsten Gebirgen der Erde. Ab Schwägalp, 1352 m, Luftseilbahn auf den Gipfel; berühmte Panoramaschau in 17 Kantone. Der Blick reicht vom Schwarzwald über die Zugspitze bis in die Berner Alpen. Sehr attraktive, doch anstrengende Bergtouren verbinden den Säntis mit Wasserauen, Brülisau und dem Obertoggenburg.

3 **Toggenburg,** Tallandschaft längs des Oberlaufes der Thur, nach Südosten hin aufsteigend zum **Obertoggenburg,** einem weiten Hochtal, zu dem die Kalksteinmassive des Alpsteins und der Churfirsten einen großartigen Rahmen bilden. Das Obertoggenburg mit den Hauptorten **Wildhaus,** Unterwasser und Alt St. Johann ist ein beliebtes Erholungs- und Wandergebiet, im Winter eine prächtige, gut erschlossene Skiregion. In Wildhaus Geburtshaus des Schweizer Reformators Ulrich Zwingli (1484 bis 1531).

4 **Wattwil,** 614 m, 8500 Einwohner, Mittelpunkt des Toggenburgs. Franziskanerinnenkloster St. Maria zu den Engeln (17. Jh.), Schloßruine Iberg (13. Jh., restauriert). Die paritätische Kirche (1845—1848), das Hauptwerk des St. Galler Architekten Felix Wilhelm Kubli (1802—1872), genießt Bedeutung in der Geschichte des reformierten Kirchenbaus als eine vom traditionellen Langhausbau abweichende Querkirche.

5 **Lichtensteig,** 616 m, 2200 Einwohner, reizvolles altertümliches Städtchen mit Laubengängen und stolzen Bürgerhäusern, malerisch auf einem Felshügel über der Thur gelegen. Toggenburger Heimatmuseum, Loretokapelle (1677).

6 **Libingen,** 769 m, kleines Dorf in einem stillen Seitental der Thur; berühmt durch den »Albert-Schweitzer-Gedächtnisturm« mit dem größten Glockenspiel der Schweiz (60 Glocken von 8 bis 3600 kg Gewicht). Täglich Geläute durch automatisch betriebene Schlaghämmer, regelmäßig Glockenspiel-Konzerte des Schöpfers Walter Meierhans sowie der besten Glockenspieler aus aller Welt.

7 **Rapperswil,** 409 m, 8500 Einwohner, historische Stadt am Nordostufer des Zürichsees, überragt vom wuchtigen Schloß der Freiherren von Rapperswil (um 1200), heute Museum für Burgenkunde. Sehenswert das freskengeschmückte Rathaus (teils 15., teils 19. Jh.), die doppeltürmige Pfarrkirche (1491—1496), mehrfach umgebaut), das Kapuzinerkloster (1603—1605). Heute ist Rapperswil mit attraktiven Hotels und Gaststätten, Seepromenade, Badestrand und Kinderzoo des Nationalzirkus Knie ein beliebtes Ausflugsziel der Zürcher. Abstecher per Schiff zu den Inseln Lützelau und **Ufenau**; auf letzterer verstarb 1523 der streitbare Humanist Ulrich von Hutten.

8 **Einsiedeln,** 881 m, 9000 Einwohner, weltberühmter Wallfahrtsort mit der wundertätigen Statue der »Schwarzen Madonna«. Das Benediktinerkloster (seit 947) wurde viermal durch Feuer zerstört; die heutige Klosteranlage stammt aus der Zeit von 1704—1777. Besonders eindrucksvoll ist die auf Monumentalwirkung ausgerichtete Architektur des Klosterplatzes mit der prachtvollen barocken Stiftskirche (1719—1753), ein Werk des Laienbruders und genialen Baumeisters Caspar Moosbrugger (1656—1723). Die Kirche, deren Ausmalung und Stuckierung die Münchner Brüder Asam schufen, gilt als bedeutendstes Barockbauwerk der Schweiz. Unser Farbbild auf Seite 33 vermittelt einen Eindruck von den großartigen Raum- und Lichteffekten im Kircheninnern.

9 **Walensee,** 419 m, 15 km lang und 2 km breit, prächtiger Alpensee, liegt umklammert von der bis 2000 Meter über dem Seeufer senkrecht hochsteigenden Kette der Churfirsten im Norden und bewaldeten, zum Mürtschenstock hochziehenden Felssteilborden im Süden.

10 **Walenstadt,** 426 m, 3500 Einwohner, freundliches Städtchen am Ostufer, Hauptort am Walensee; **Walenstadtberg,** 807 m, terrassenförmig über dem See ansteigender Luftkurort; Wahlheimat des Zürcher Malers, Bildhauers und Markenstechers Karl Bickel. Im höchstgelegenen Ortsteil das »Pax-Mal«, ein imposantes Mosaik-Relief des Künstlers.

11 **Churfirsten,** 2309 m, skurril geformte Berggruppe mit 13 aneinandergereihten Gipfeln, die nach Süden abrupt zum Walensee abstürzen, nach Norden sanft ins Obertoggenburg ausklingen. Beliebte Bergtourenziele; auf den Hinterrugg, einen der Hauptgipfel, Bergbahn ab Unterwasser.

12 **Flumserberge,** bis 2500 Meter, ausgedehntes Wander- und Skigebiet, mehrere Bergbahnen und Lifte. Zentrale Höhenstation Tannenbodenalp, 1400 m, wird erreicht durch schmale Bergstraße ab Flums oder mit Luftseilbahn ab Unterterzen (Walensee).

13 **Sargans,** 482 m, 4000 Einwohner, altes Städtchen am Fuß des Gonzen im Taldreieck von Rhein und Seez. Auf einer Felskuppe Schloß aus dem 12. Jh., heute Museum mit lokalgeschichtlicher Sammlung. Überreste römischer Bauten.

14 **Pizol,** 2844 m, einer der bekanntesten Berge der Nordostschweiz, weithin beliebtes Bergsteiger- und Wintersportziel mit Marathon-Skiabfahrten nach Wangs und Bad Ragaz. Von beiden Orten erschließen Bergbahnsysteme das Gelände vor dem Gipfel bis zur Pizolhütte, 2230 m. Ins Pizolgebiet führt auch unser Wandervorschlag zu dieser Etappe.

15 **Rheintal,** das durch den Rheingletscher geformte, bedeutendste Alpenquertal der Schweiz; zieht sich fast steigungslos vom Bodensee 70 Kilometer südwärts bis Chur. Von den Randbergen grüßen Burgen und Schlösser, an den Hängen wächst Wein. Das Rheintal war früher häufig Überschwemmungsgebiet (deshalb keine Siedlungen in Ufernähe), Stromkorrekturen und Kanalisation schufen fruchtbares Ackerland.

16 **Werdenberg,** 447 m, idyllisches, mittelalterliches Miniaturstädtchen am Rand von **Buchs,** mit wehrhaftem Schloß (16./17. Jh.) und alten, originellen Holzhäusern.

17 **Liechtenstein,** 160 qkm, 22 000 Einwohner, selbständiges Fürstentum, einer der kleinsten Staaten Europas. Wirtschaftlich, zoll- und währungstechnisch, teilweise auch politisch an die Schweiz angeschlossen. Landeshauptstadt **Vaduz,** 455 m, 4000 Einwohner, überragt von Schloß Vaduz (1300, mehrfach renoviert), heute Wohnsitz des regierenden Fürsten Franz Joseph II. Beachtenswertes Postmuseum; Staatl. Kunstsammlung und fürstl. Gemäldegalerie (mit Werken von Rembrandt, Rubens u. a.).

18 **Bad Ragaz,** 502 m, 4100 Einwohner, einer der bedeutendsten Badekurorte der Schweiz. Die Heilquelle (37° C, bis 10 000 Liter pro Minute) entspringt in der nahen, wildromantischen Taminaschlucht bei Bad Pfäfers und wird nach Bad Ragaz geleitet. Zahlreiche Kur- und Erholungseinrichtungen, Kurhaus, zwei Hallen-Thermalschwimmbäder. Katholische Kirche mit neubarockem Turm; auf dem Friedhof Büstengrabmal des Philosophen Friedrich Wilhelm von Schelling, der 1854 verstarb.

19 **Chur,** 585 m, 32 000 Einwohner, Hauptstadt des Kantons Graubünden, das »Curia Raetorum« der Römer, dominie-

Appenzell	0 km	785 m
Chräzerenpaß	22 km	1278 m
Wattwil	45 km	614 m
Rapperswil	73 km	409 m
Sargans	138 km	482 m
Vaduz	150 km	455 m
Chur	185 km	585 m
Thusis	213 km	697 m

rend im weiten Talbecken des Rheins gelegen. Schon vor 2000 Jahren hatte Chur eine Schlüsselposition zur Beherrschung der großen Alpenpässe in den Süden, später entwickelte sich aus dieser Situation ein bischöflicher Feudalstaat. Chur ist heute eine lebendige Industrie- und Fremdenstadt mit sehenswertem, historischem Altstadtkern. Rote Fußspuren führen zu den interessantesten Bauwerken, wie zur romanischen Kathedrale (12./13. Jh.), zum Rathaus (15. Jh.), zur protestantischen Stadtkirche St. Martin (8./15. Jh.) mit Glasfenstern von Augusto Giacometti, zum bischöfl. Schloß mit Barockfassade (1733), zu weiteren Kirchen, Museen und bedeutenden Sammlungen.

20 **Rheinschlucht** bei Versam, wurde vom Vorderrhein durch die Schuttmassen des vorgeschichtlichen Flimser Bergsturzes gegraben. Die Straßen nördlich und südlich des Flusses weichen in höhergelegenes Gelände aus, nur die Bahn fährt am Ufer entlang durch die 15 Kilometer lange Schlucht.

21 **Flims-Waldhaus,** 1100 m, erstrangiger Kurort und Wintersportplatz, auf windgeschützten Sonnenterrassen unter dem Felsblock des »Flimsersteins« gelegen. Erschließt gemeinsam mit dem Nachbarort **Laax** durch 24 Bahnen und Lifte das bedeutende Skigebiet der »Weißen Arena« unter dem Bündner Vorab.

22 **Oberalppaß,** 2044 m, 10%, 32 km lang, verbindet das Tal des Vorderrheins mit der Paßdrehscheibe Andermatt; empfiehlt sich als Abkürzung für jene Teilnehmer an unserer Schweiz-Rundreise, die Graubünden und das Tessin ausklammern wollen. Sie erreichen über den Oberalppaß in Hospental Anschluß an unsere 7. Etappe.

23 **Domleschg,** der östliche Teil des Hinterrheintals zwischen Reichenau und Thusis, eine sanft ansteigende Terrassenlandschaft, überstreut mit Kirchen und Kapellen, Schlössern und Ritterburgruinen, welche die frühere Schlüsselstellung des Domleschg als Pforte zu den großen Alpenpässen dokumentieren.

24 **Thusis,** 697 m, 2600 Einwohner, Hauptort des Hinterrheingebiets, Ausgangspunkt zu den Pässen San Bernardino und Splügen, durch die Schynschlucht Übergang ins Engadin. Evangelische Pfarrkirche (spätgotisch, 1506); nach dem Dorfbrand von 1845 einheitliche Gestaltung der Hauptstraße mit dreigeschossigen und fünfachsigen Häusern.

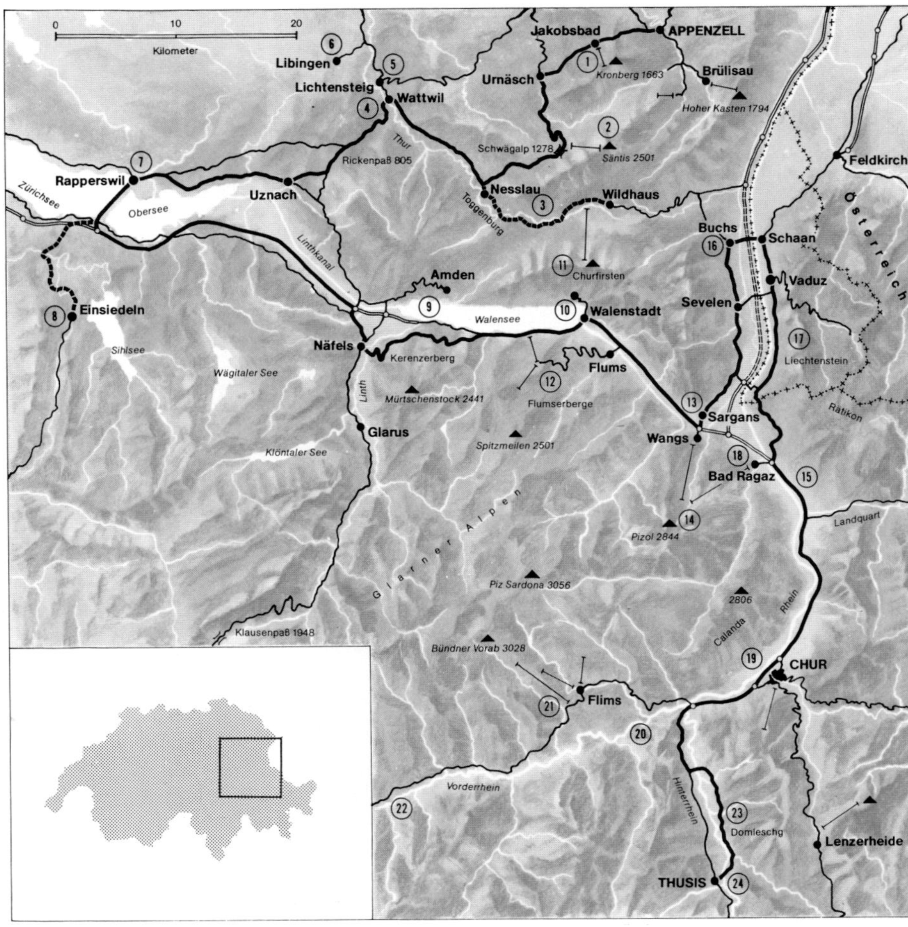

Touristische Tips

Die schönsten **Campingplätze** fanden wir in Murg (Walensee), Oberterzen (Walensee) und Thusis.

Für **Wohnwagen** ungeeignet ist die Burgenstraße durch das Domleschg zwischen Rothenbrunnen und Thusis; sie benützen besser die direkte Hauptstraße (E 61) Reichenau – Thusis.

Quartiernahme am Ende der Etappe erfolgt am besten in Thusis; in umliegenden Orten wenig Möglichkeiten. Da in Thusis die meisten Hotels an der Hauptstraße stehen, sollte man darauf achten, daß die Zimmer nicht zur lauten Vorderfront hin liegen.

Kulinarische Spezialitäten: Im Appenzeller Land der rezente Appenzeller Käse und »Pantli«, luftgetrocknete Dauerwürste; im Walenseegebiet der Glarner »Schabzieger«, ein Kräuterkäse, das schwere »Birnenbrot« und die Glarner Patisserie; im Rheintal die feinen »Herrschäftler-Weine« Malanser und Maienfelder, in Chur »Churer Kuchen« und »Churer Pfirsichsteine«.

Seite 33: Zu jubilierender Freude steigern sich Raumwirkung und Formenreichtum in der Klosterkirche von Einsiedeln, einem der bedeutendsten Barockbauwerke der Schweiz.

Seite 36/37: Die Bilderbuchlandschaft bei Alt St. Johann im Obertoggenburg, dahinter die Kalksteinfelsen des Alpsteingebirges mit dem 2501 Meter hohen Säntis.

Seite 38: Unter dem mächtigen Bergkoloß des Gonzen wacht die wehrhafte Burg Sargans über das von Rhein und Seez gebildete Taldreieck.

Seite 39: Vaduz am Rand der fruchtbaren Rheinebene, überragt von Schloß Liechtenstein, dem Stammsitz der letzten Monarchie im deutschen Sprachraum.

Wanderung

Alpinweg mit fünf Seen und drei Sternen
Wangs – Pizolhütte – Wildseelücke – Schwarzsee – Gaffia

Bei den Skifreunden steht der 2844 Meter hohe Pizol, blickbeherrschender Eckpfeiler über den tiefgelegenen Niederungen von Rhein und Seez, mit seinen Marathonpisten nach Wangs und Bad Ragaz hoch im Kurs. Doch was den Brettlrutscher entzückt, nämlich gleichförmig langgezogene Hangfolgen, ist für den Bergwanderer sehr oft langweilig. Sein Revier liegt am Pizol eine Etage höher als jenes der Pistenfans, nämlich zwischen 1800 und 2500 Meter.
Um es vorwegzunehmen: Die Fünf-Seen-Wanderung ist eine der schönsten, bestimmt aber die prominenteste Wanderung im St. Galler Land. Ein Spaziergang ist sie allerdings nicht, man braucht gutes Schuhzeug und zweckmäßige Kleidung und vor allem etwas Ausdauer und Kondition. Es gilt, knappe fünf Stunden in hochalpiner Region über der Baumgrenze mit beträchtlichen Höhenunterschieden herumzustapfen, und wer an den Start geht, findet unterwegs keine bequemen Abkürzungen, sondern muß geduldig das ganze Pensum absolvieren. Doch mit etwas Trittsicherheit begegnet man, zumal bei gutem Wetter, kaum ernsthaften Gefahren.
Den langatmigen Aufstieg über die gigantische Alpen- und Waldpyramide erspart uns die Bergbahn ab Wangs; sie entläßt uns bei der Pizolhütte, an der Grenze zwischen Wiesen- und Felsregion. Auf dem gerölldurchsetzten Grasplateau liegt linkerhand der erste der fünf Seen, der kleine, unscheinbare Wangsersee. In genau entgegengesetzter Richtung starten wir auf unsere Route. Der erste Akt beschert einen recht ungemütlichen Dreihundert-Meter-Anstieg über Steinplatten und Felsschutt durch ein riesiges Kar hinauf zur Wildseelücke. Heroisch-strenges Hochalpensujet: Zwischen Steinwüstenei der blaue Spiegel des Wildsees, darüber schmutzigweiß der Pizolgletscher und die Gipfelgarde von Pizol, Grauen Hörnern und Hochwart. Eine Wegtraverse leitet nordwestwärts hinüber zur nächsten Felsschafte; auf abschüssiger Serpentinenfolge gehts über Schotterhalden hinunter zum 2335 m hohen Schottensee. Die dürftigen Grasnarben am Ufer des smaragdgrünen Wassers laden zur ersten Rast; dabei bietet sich Gelegenheit, mit den Augen das Wandgemäuer der Grauen Hörner nach Gemsen und Steinböcken abzusuchen, mitunter zieht sogar ein Adler seine Kreise.
Dann geht es wieder bergan, langgezogen und ständig steigend, nordwärts die steilen Grasbänder querend. Prächtig die Aussicht ins nahe Weißtannental und über die dunstverhangene Kerbe des Walensees zur Staffel der Churfirsten. Auf der Jochhöhe des Schwarzkopfs öffnet sich im Osten eine neue Alpenkammer: tief unten in der Ödlandschale, stumpf und flaschengrün, der Schwarzsee; gegenüber unser folgendes Ziel, ein mächtiger Bergrückenkoloß, hingelagert gleich einem riesigen Elefanten, dessen Rüssel in den See taucht. Kurz und lustig ist der Abstieg zum Schwarzsee, lang und mühsam der Aufstieg über den »Elefantenrücken«, dessen höchster Punkt mit aufgeschichteten Steinpyramiden gekennzeichnet ist.
Wechsel der Szenerie. Statt weitgezogener, einförmiger Hangformen nun ein unübersichtlicher Felsgarten mit skurrilen Steinbildung, Schluchten, Kaminen und Durchlässen. Unbeschwerlich windet sich unser Pfad, nunmehr ständig fallend, durch das Labyrinth zum kleinen Baschalvasee hinunter, dem letzten unserer Seenziele.
Das Finale ist ein kniestrapazierender Talmarsch kreuz und quer durch die langgezogene Hangfront, die das Muggtäli im Westen flankiert, bis der Weg schließlich auf dem Hochboden von Gaffia und Furt ausklingt. Nach den vielen weltenfernen Eindrücken wird der aus dem Tal hochgeschobene Vorposten der Zivilisation mit seinen hübschen Gasthausterrassen freudig begrüßt. Nur sollte man über dem gehörig angestauten Durst und Appetit die letzte Bergbahn ins Tal nicht versäumen.

Start- und Zielpunkt: Wangs, 500 m, im Taldreieck von Rhein und Seez.
Abzweigung von der Reiseroute: Ausfahrt Sargans-Wangs an der Autobahn Zürich–Chur; ca. 2 km ins Dorf und zur Gondelbahn.
Charakter: Auf- und Abfahrt mit Bergbahn; großartige, ausgedehnte Bergrundwanderung im hochalpinen Felsterrain über der Baumgrenze; wegen Schneeresten erst ab Juli empfehlenswert; mehrere respektable Zwischenauf- und abstiege mit Höhendifferenzen von insgesamt 1300 m.
Kinder: Ab 8 Jahren, wenn trittsicher und genügend ausdauernd.
Dauer: 4½ bis 5 Stunden.
Zeitbedarf ab Abzweigung Reiseroute: 6 bis 6½ Stunden.

Ausschnitt aus dem großen Portal der Kathedrale von Chur. Die romanische Kirche aus dem 12./13. Jahrhundert ist wegen ihres unregelmäßigen Grundrisses und der Stileinflüsse aus der Lombardei und der Provence kulturhistorisch besonders bedeutend.

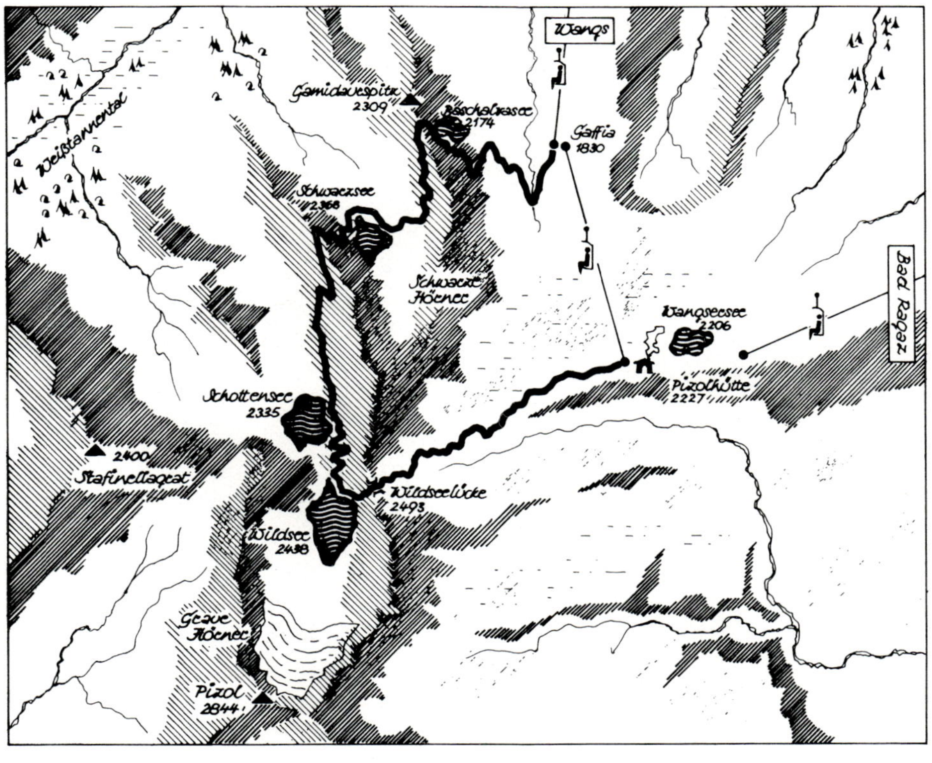

4 Thusis – Pontresina

Auf großen Pässen zum Festplatz der Alpen

Nun sind wir schon mitten in Graubünden, dem Alpenland der 150 Täler. Der größte Kanton der Schweiz umfaßt ein Sechstel der Landesfläche, doch leben innerhalb seiner Grenzen nur drei Hundertstel der Schweizer Einwohner. Wer Graubünden auf der Julier- oder Engadinstraße durchhastet, kennt dieses Land ebensowenig wie der Feriengast von Arosa, Davos oder St. Moritz, der allenfalls ein paar Glanzlichter erhascht. Die heutige Tagesetappe nötigt uns mit sanftem Zwang ein weniges von der Zeit ab, die man zum Erleben dieses alpinen Kernlandes bräuchte.
Der Beginn ist effektvoll. Unter der Burg Hohenrätien schlüpft die Straße in die düstere, gigantisch-beklemmende Felsspalte der »Via Mala« die der tosende Hinterrhein in Jahrtausenden durch den Fels gesägt hat. Das »Gruselkabinett der Naturgewalten« mit seinen phantastisch geformten Felsbildungen scheint einst selbst Goethe die Sprache verschlagen zu haben, denn von einer Reise durch die Via Mala brachte er 1788 zwar eine exakte Skizze mit, aber keine Schilderung.
Versöhnlich heiter empfängt uns nach diesem Spuk das weite Schamser Tal, wo wir die Kirche in Zillis besuchen. Auf der planen Holzdecke des schlichten Kirchenraumes hat vor 800 Jahren ein unbekannter Künstler auf 153 Feldern Bild an Bild gemalt, damit jeder die Bibel begreife. Mich beeindruckte besonders die rührende Einfalt der bildlichen Darstellung, in der ich ebenso Anklänge an Henri Rousseaus Sonntagsmalerbilder wie an die Bildergeschichten der Jugendhefte unserer Tage fand.
Der »Via Mala« folgt die Schynschlucht. Anders als dort taucht man hier nicht in den dunklen Grund, sondern bewegt sich gleichsam eine Etage höher, auf Straßen in Galerien und Felsgesimsen, die tief unten tobende Albula mehr ahnend als sehend, mehr zugeneigt dem überwirklichen Licht, in dem Alpkuppen und Bergkirchlein stehen. Malerisch im Talgrund schließlich Tiefencastel, Sammelpunkt der Straßen- und Flußbänder.
Von den drei Gebirgspässen, die auf Schweizer Boden das Hauptland mit dem Engadin verbinden, wählen wir den schönsten und umständlichsten: den Albulapaß. Aus dichten Laubwäldern und romantischen Schluchten schraubt sich die Straße, vorbei an blitzsauberen Dörfern, Stufe um Stufe höher, über arvendekorierte Wiesenmulden bis in die grelle Lichtfülle der Paßhöhe mit den gigantisch weitgespannten Geröllhalden, die blanker, heller Fels überragt.
Auf der Ostseite eilt man auf wenigen Kehren hinunter zum grünen Band des Inns, der dem Engadin (Inn = romanisch En) seinen Namen gab. Madulain, Zuoz, S-chanf, Brail – da reiht sich im weiten ebenmäßigen Talzug Dorf an Dorf, zusammengekuschelte Siedlungen mit gedrungenen Engadiner Häusern, alle säuberlich herausgeputzt, reich verziert und blumengeschmückt, eine wohlhabende Üppigkeit präsentierend, die in dieser herben, ernsten Hochgebirgsregion überrascht.
In Zernez, wo mit dem Piz Linard der höchste Silvrettagipfel ins Blickfeld rückt, verlassen wir das Tal in Richtung zum Ofenpaß, streben zügig durch die dichten Wälder des Nationalparks bergwärts, schlüpfen bei Punt la Drossa in ein Tunnelloch – und finden uns drei Kilometer weiter in einer norwegischen Fjordlandschaft wieder. Lago di Livigno nennt sich der erst vor wenigen Jahren geborene Stausee in der nordwestlichsten Ecke Italiens. Ich kannte dieses Alpenödland lange vor dieser Zeit und finde, daß ihm die Schönheitsoperation recht gut zu Gesicht steht. Da stört mich schon eher die »mustergültige« Formation der neuen Ferienhäuser in Livigno, die sich gegen die ehemals wahllos über die Talsohle verstreuten graubemoosten Steinhütten ähnlich ausnehmen wie Treibhauskulturen gegen eine Blumenwiese. Doch andererseits – man kann diesem Dorf nicht gram sein, solange man hier so preiswert seine Vorräte an Zigaretten, Alkoholika und Benzin ergänzen kann.
Durch das weltverlorene Livignotal geht es südwärts, den 2472 m hohen Paß »la Stretta« nimmt man in dieser asiatisch anmutenden Urlandschaft kaum wahr, schließlich münden wir, knapp vor dessen Scheitelpunkt, in den Berninapaß ein. Hier setzt das große Crescendo der hochalpinen Berninaschau ein: Grünblau schillernde Gletscherwände, von Eiswülsten gerahmt, infernalisches Chaos der Farben und Formen, dazwischen und darüber versöhnliche, gelöste Harmonie sanft geschwungener weißer Matten und fein ziselierter Schneegrate. Lago Bianco, Piz Palü, Lagalb, Diavolezza – welchem Skifan schlägt bei solchen Namen nicht das Herz höher? Doch fast noch eindrucksvoller ist die Szenerie ohne das uniforme weiße Kleid. Ein Stück unterhalb des Passes, am Auslauf des Morteratschgletschers, öffnet sich an einer Straßenkehre noch einmal kurz der Vorhang zur großen alpinen Bühne, dann rollen wir gemütlich hinaus nach Pontresina, das immer noch Noblesse ausstrahlt, dessen altersgraue Mauern von mittelalterlichen Sarazenenfürsten erzählen, während die Araberfürsten unseres Jahrhunderts schon an die Tür klopfen.

Reise-Lexikon

1 **Via Mala** (= Böser Weg), die berühmte, bis 600 Meter tiefe Schlucht des Hinterrheins südlich von Thusis. Eindrucksvolle, teilweise unheimliche Szenerie. Empfehlenswert die neben der neuen Durchgangsroute benützbare alte Touristenstraße mit Parkplatz und Treppenweg bis auf den Schluchtgrund, dort u. a. interessante Gletschermühle mit Strudeltopf.

2 **Zillis,** 945 m, freundliches Dorf im sagenumwobenen Schamser Tal. Von einzigartiger Bedeutung für die europäische Kunstgeschichte die romanische Martinskirche (12. Jh.). Über dem schmucklosen Innenraum die berühmte Felderdecke, die in 153 Quadraten einen Bilderzyklus über das Leben und Wirken Christi zeigt. Der Schöpfer dieser Holzdeckenbemalung (1130–1140) ist unbekannt, nach letzten Forschungen ordnet man sie dem Churer Maler Lopicinus zu.

3 **San-Bernardino-Paß,** 2065 m, 12%, 69 km lang, verbindet das Rheintal mit dem Tessin. Eine der bedeutendsten, schon zur Römerzeit benützten Nord-Süd-Verbindungen durch die Alpen; in jüngster Zeit großzügig, teilweise autobahnartig ausgebaut; auf dem Scheitel, 400 m unter der Paßhöhe, der 1967 eröffnete, 6,6 km lange Straßentunnel. Eindrucksvolle landschaftliche Szenerie, besonders auf dem Südabstieg durch das Val Misox.

4 **Schynschlucht,** wildromantischer Talzug zwischen Thusis und Tiefencastel mit prächtiger Szenerie über dem von der tosenden Albula tief eingefrästen Flußbett.

5 **Tiefencastel,** 884 m, malerisch im Taldreieck von Albula und Julia gelegenes Bündner Dorf, Schnittpunkt der Verkehrsadern Lenzerheide – Julier – Albula – Schyn. Die barocke Pfarrkirche St. Ambrosius (1653–1660) blickbeherrschend auf einen Felshügel gebaut, vertritt nördlich der Alpen den Typ der italienischen Dorfkirche. Nordwestlich des Orts über der Schynschlucht die freistehende Kirche St. Peter in Mistail (um 800). Das aus der Karolingerzeit stammende Bauwerk zählt zu den ältesten schweizerischen Kirchen, deren Mauerwerk noch im ursprünglichen Zustand erhalten ist.

6 **Bergün,** 1373 m, 600 Einwohner, stattliches Bündner Alpendorf in reizvoller Lage an der Nordwestrampe des Albulapasses, klimatischer Kurort und Wintersportplatz. Im Mittelalter strategische Bedeutung als Station der Albulastraße, im 16./17. Jh. Bergbauzentrum mit Eisengewinnung; aus dieser Zeit sehenswerte Häuser im Engadiner Stil. Kirche mit gedrungenem römischen Turm (1188) und bemerkenswerten Fresken aus dem 15. Jh.

7 **Albulapaß,** 2312 m, 12%, 42 km lang, verbindet das Albulatal mit dem Engadin; relativ wenig benützte Straße durch interessante, abwechslungsreiche Landschaft; eindrucksvoll die karge, herbe Hochgebirgsregion um die Paßhöhe mit riesigen Geröllhalden; im Verlauf der Straße mehrere idyllische Bergseen; bemerkenswert die mit Viadukten und Tunnels kühn angelegte Albulabahn.

8 **Zuoz,** 1692 m, 1100 Einwohner, früher Hauptort des Oberengadins, heute klimatischer Kurort und Wintersportplatz; eines der stilreinsten Engadiner Dörfer mit vielen Brunnen und dem schönsten Dorfplatz des Tals. Viele Patrizierhäuser und Bauernpaläste mit Loggien, Türmchen, Erkern und Sgraffito-Schmuck (= Kratzmalerei; stellenweises Entfernen des Deckputzes von getönten Unterschichten). Stammhaus der Bündner Herrscherfamilie von Planta mit Turm und Plantabögen (siehe Foto Seite 52); in der spätgotischen Gewölbekirche (1507) Glasmalereien von Giacometti.

9 **Zernez,** 1471 m, Dorf im weiten Taldreieck von Inn und Spöl, Straßenknotenpunkt und Touristenzentrum. Schöne Engadiner Häuser; frühbarocke protest. Kirche (1607) mit reichem Stukkaturenschmuck und romanischem Turm; Schloß Planta-Wildenberg aus dem 17. Jh.

10 **Schweizer Nationalpark,** 170 qkm großes Naturreservat, in dem die gesamte Tier- und Pflanzenwelt seit 60 Jahren ganz ihrer freien, natürlichen Entwicklung überlassen wird. Der Tierbestand beträgt zirka 300 Steinböcke, 1500 Gemsen, 1500 Hirsche und weitere dreißig Arten von Säugetieren; Nationalpark-Haus in Zernez. Viele gut markierte Wanderwege, regelmäßige Führungen. Durch den Schweizer Nationalpark verläuft auch unser Wandervorschlag zu dieser Etappe.

11 **Ofenpaß** (Paß dal Fuorn), 2149 m, 12 %, 39 km lang; benannt nach einer früheren Eisenschmelze; verbindet das Engadin mit dem Münstertal; gut ausgebaut, mäßig frequentiert.

12 **Müstair** (Münster), 1247 m, 700 Einwohner, Ferienort im weiten, anmutigen Münstertal nahe der italienischen Grenze. Berühmt die Klosterkirche St. Johann Baptist (um 790) mit drei Apsiden und dem lebensgroßen Standbild Karls des Großen (vermutl. 12. Jh.), das unser Foto auf Seite 51 zeigt. Die 1896 entdeckten und später in das Schweizerische Landesmuseum Zürich verbrachten karolingischen Fresken gelten als ältestes Denkmal frühmittelalterlicher Malerei in der Schweiz.

13 **Lago di Livigno,** 1805 m, 12 km lang und im Durchschnitt 400 Meter breit, 1970

Die Bovalhütte in der Gletscherwelt der Bernina

Thusis	0 km	697 m
Zillis	6 km	945 m
Tiefencastel	26 km	884 m
Albulapaß	57 km	2312 m
Zernez	86 km	1471 m
Livigno	114 km	1811 m
Berninapaß	138 km	2323 m
Pontresina	153 km	1805 m

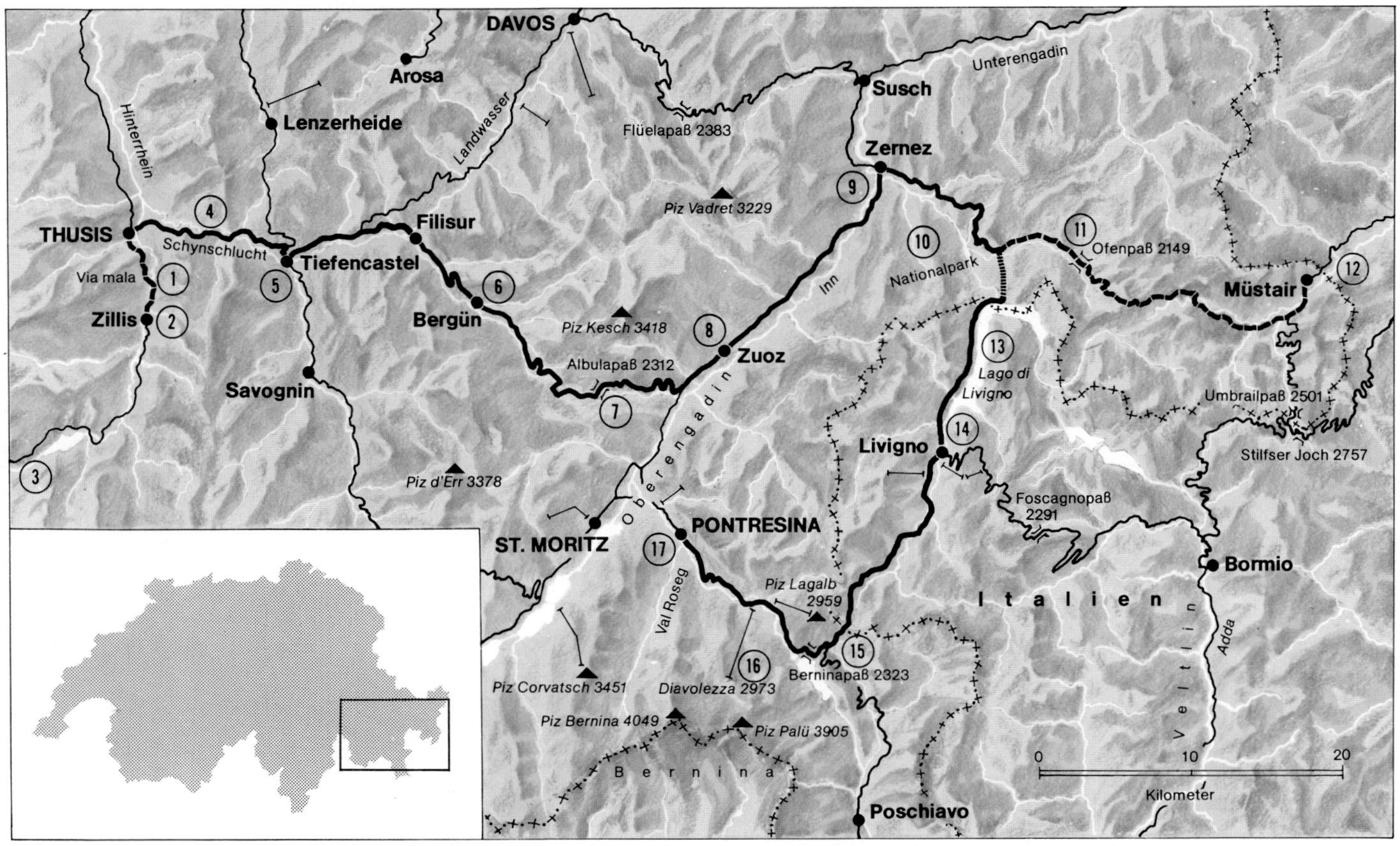

durch den Aufstau des Spöls bei Punt dal Gall geschaffener Stausee. Ein im Zug dieses Ausbaues gebohrter, 3 km langer Straßentunnel (signalgeregelter Einbahnverkehr, vier Franken Benützungsgebühr) verbindet den Ofenpaß mit See und Hochtal von Livigno (Italien).

14 **Livigno,** 1811 m, das »lombardische Tibet«, weltentlegenes, altersgraues italienisches Hochgebirgsdorf im alpinen Ödland nördlich der Bernina. Zollfreizone mit erheblich verbilligten Spirituosen, Zigaretten und Benzin. Die fortschreitende Erschließung der kahlen, skifreundlichen Berglandschaft mit Bahnen und Liften leitete Aufstieg zum beliebten Wintersportzentrum ein.

15 **Berninapaß,** 2323 m, 11 %, 39 km lang, verbindet das Oberengadin mit dem Puschlav (Val Poschiavo) und Italien; zählt zu den schönsten Alpenpässen. An der Nordrampe großartiger Blick auf den Morteratschgletscher und die westliche Berninagruppe, auf dem Südabstieg über Kehren und Galerien Wechsel in die südländische Klimazone mit prächtigen Panoramen.

16 **Diavolezza,** 2973 m, seilbahnerschlossener Hochgebirgskamm vor der großartigen, eisgepanzerten, fast 900 Meter hohen Wandfront des dreigipfeligen Piz Palü, einer der glanzvollsten Aussichtspunkte der Alpen. Gemeinsam mit dem nördlich der Berninapaßstraße liegenden Piz Lagalb (2959 m) erstrangiges Skifahrerziel.

17 **Pontresina** (Puntraschigna), 1805 m, 1200 Einwohner, international berühmtes Bergsteiger-, Fremdenverkehrs- und Wintersportzentrum. Sonnige, windgeschützte Lage am Eingang des Berninatals; zahlreiche Sport- und Wandermöglichkeiten. Alter Engadiner Ortskern (Haus Dr. Campell und das zum Restaurant umgebaute »Sarazena«), romanische Begräbniskirche St. Maria (um 1200) mit wertvollen Fresken und Wandmalereien; Burgruine Spaniola.

Touristische Tips
Die schönsten **Campingplätze** fanden wir in Filisur, Müstair und beim Hotel »Morteratsch« zwischen Pontresina und Berninapaß.
Für **Wohnwagengespanne** unangenehm ist die Strecke von Tiefencastel über den Albulapaß bis La Punt. Wer die stellenweise nur 4–5 m breite, auf kleinen Teilstücken auch nicht asphaltierte Straße scheut, benützt besser die Julierroute Tiefencastel–Silvaplana. Ohne Schwierigkeiten befahrbar ist dagegen die Strecke Zernez – Livigno – Berninapaß.

Quartier: Das Etappenziel Pontresina ist zuweilen während der Hauptsaison voll belegt. Man weicht dann in die Orte Samedan, Celerina, nötigenfalls auch nach Silvaplana oder Sils aus.

Kulinarische Spezialitäten: Längst in ganz Mitteleuropa bekannt sind »Bündner Fleisch« und »Bündner Schinken«, gebeiztes und luftgetrocknetes Rindfleisch. »Dolce-brusco«, süßsauere Leber mit Polenta und Rotweinsauce; »Engadiner Würste«, »Salsiz« und »Beinwurst«. Bündner Konditorei- und Konfiserierezepte haben in aller Welt besten Klang, wie »Pitta-Kuchen« oder »Engadiner Nußtorte«. Getrunken wird meist der »Veltliner« aus dem benachbarten italienischen Weingebiet.

Seite 43: Via Mala, ›böser Weg‹, ist der Name einer bis 600 Meter tiefen, schaurigen Schlucht, die der Hinterrhein in den Fels gesägt hat.

Seite 46: Die bemalte Holzdecke der Martinskirche in Zillis aus dem zwölften Jahrhundert illustriert auf 153 Bildtafeln die Bibel.

Seite 47: Eines der gedrungenen Häuser in Filisur in Graubünden.

Seite 48/49: Der Palpuognasee vor der Paßhöhe der bilderreichen Albulastraße.

Seite 50: Graubündner Bauernhaus in Bergün.

Seite 51: Standbild Karls des Großen in der Klosterkirche von Müstair/Münster.

Seite 52: Zuoz: die »Plantabögen« über der Hauptstraße.

Seite 53: Aufstieg zum 3905 Meter hohen Piz Palü.

ANO
Renov 1926
64

Wanderung

Rundgang durch eine Urlandschaft
Ova Spin – Schweizer Nationalpark – Alp Grimmels

In der nordöstlichen Ecke des Landes, zwischen Zernez und dem Ofenpaß, liegt der Schweizer Nationalpark. 170 Quadratkilometer groß ist dieses Naturreservat, in dem seit 1909 die gesamte Tier- und Pflanzenwelt ihrer freien Entwicklung überlassen ist. Ein Drittel des Nationalparks ist bewaldet, mit Bergföhren, Arven, Lärchen und Fichten, darüber dehnen sich weitgespannte Geröllhalden, aus denen sich die nackten Kalkfelsmauern der Unterengadiner Dolomiten emportürmen. Die abgeschiedene, weglose, siedlungsarme Bergregion war stets durch ihren Wildreichtum bekannt. Doch die Zeiten eines Giachem Küng, jenes sagenhaften Jägers aus S-chanf, der vor mehr als hundert Jahren hier 1500 Gemsen und elf Bären auf seine Abschußliste setzen konnte, sind glücklicherweise vorbei. Das absolute Jagdverbot führte zur Bildung eines recht stattlichen Tierbestandes mit rund 3000 Hirschen und Gemsen, mehreren hundert Steinböcken und einem Heer von Kleingetier.
Natur- und Tierfreunde, denen diese speziellen Fragen am Herzen liegen, werden sich gründlicher mit dem Nationalpark befassen wollen. Für sie gibt es von allen Orten zwischen St. Moritz und Scuol-Tarasp spezielle, oft vor Tagesanbruch beginnende Führungen und Exkursionen; detaillierte Information durch das Nationalparkhaus in Zernez (täglich 10–12 und 15–18.30 Uhr sonntags geschlossen).
Doch auch dem Gros unserer Wanderfreunde soll der Nationalpark nicht vorenthalten bleiben. Freilich, große Unternehmungen wie durch das Val Cluozza oder das Val Minger passen nicht in den Reiseplan, aber selbst unsere kleine Rundwanderung verschafft einige hübsche Eindrücke und Streiflichter.
Wer, durch Schweizer Alpenszenerie verwöhnt, im Nationalpark bilderreiche Landschaftsdramatik erwartet, muß zunächst seine Vorstellungen korrigieren. Statt prunkvoller Alpenschau finden wir eine stille, zivilisationsentrückte, in sich ruhende Gebirgswelt, erhaben, aber auch herbmelancholisch. Mit einsamen, verschlungenen Wegen, stellenweise mit einer fast unnatürlichen Ruhe, die Neurotikern psychische Beklemmungen zu bereiten vermag.
Auf unserem Reiseweg von Zernez via Ofenpaß fahren wir bis zum Punkt Ova Spin auf den offiziell gekennzeichneten Parkplatz 1. Gleich dahinter führt in einer Hangkerbe ein ausgewaschener Weg zügig ansteigend bergwärts. Es kostet einige Schweißtropfen, ehe wir zwischen Zwerggehölz, Alpenrosen- und Heidelbeergesträuch das 2000 Meter hoch liegende Bachtälchen von Champlönch erreichen. Da und dort öffnet sich der Wald zum Blick nach Norden auf die gewaltigen, langgezogenen Felshalden von Piz Laschadurella und Piz dal Fuorn. Wir trotten eine Weile den anmutig verspielten Bach entlang, wundern uns über das umgestürzte, ungeordnet herumliegende und vermodernde Gehölz. An der beschilderten Weggabelung wählen wir die nach rechts zur Alp Grimmels führende Spur.
Nach kurzem Schräghanganstieg im dichten Wald öffnet sich eine Wiesenlichtung mit überdachter Futterstelle, die Alp Grimmels. Wenn Sie etwas Glück haben, finden Sie das Rotwild bei der Vesper. Die Tiere sind, da sie die Furcht vor den Menschen abgelegt haben, sehr zutraulich. Ich begegnete hier kürzlich einer stattlichen Hirschkuh, die sich mit Hilfe von Brotresten geduldig in jede gewünschte Kameraposition dirigieren ließ. Solange, bis mir das Brot ausging; dann hatte ich Mühe, mich weiterer Honorarforderungen dieses Fotomodells zu erwehren.
Nach dem launigen Intermezzo gehts in lustigem Auf und Ab auf waldumschlungenen Pfaden langsam talwärts, tief unter uns das geheimnisvolle Spöltal, dessen Wasserlauf und Stausee man nur in Andeutungen wahrnimmt, gegenüber die öden Wandfluchten des brüchigen Kalksteins. Unser Weg mündet, etwa einen Kilometer südlich des Ausgangspunktes, in die gepflegte Ofenpaßstraße, der wir bis zum Parkplatz folgen.
Start- und Zielpunkt: Stützpunkt Ova Spin, 1838 m, an der Straße von Zernez zum Ofenpaß.
Abzweigung von der Reiseroute: Parkplatz Ova Spin, 8 km östlich von Zernez, direkt an der Reisestrecke.
Charakter: Rundwanderung im Nationalpark; gut angelegte Wege mit etwa 200 m Anstieg.
Kinder: Ab 4 Jahren, wenn etwas wandergeübt und ausdauernd.
Dauer: 2½ Stunden.
Zeitbedarf ab Abzweigung Reiseroute: 2½ Stunden.

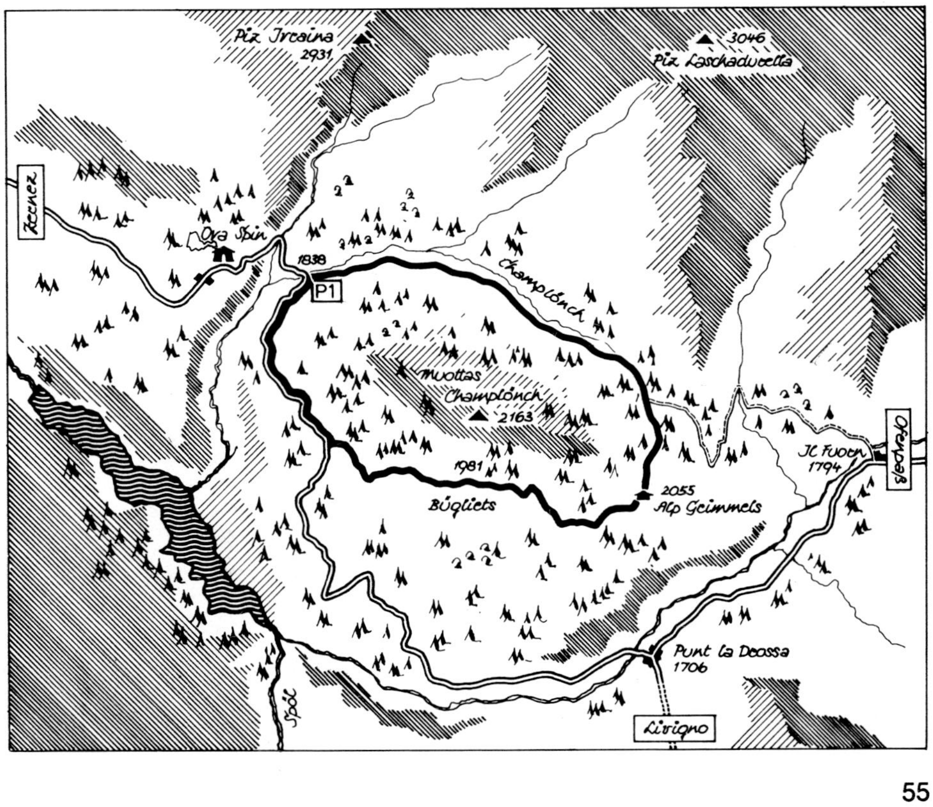

Im Schweizer Nationalpark an der Ofenpaßstraße, einem 170 qkm großen Naturreservat, bleiben Tier- und Pflanzenwelt ihrer natürlichen Entwicklung überlassen.

5 Pontresina – Lugano

Europas schönste Treppe in den Süden

Oberengadin – vielgerühmtes Reich der tausend faszinierenden Bilder. Doch wo bei dieser Fülle anfangen, wo aufhören? Keine Sorge, was immer wir hier unternehmen, alles wird überstrahlt von dem unvergleichlichen Zauber dieser Landschaft, in der sich der strenge Norden und der heitere Süden begegnen und vermählen, in der Eis und Rosen sich in Harmonie zusammenfinden.
Vielleicht spüren wir den possierlichen Murmeltieren zwischen den Blumenteppichen des Val dal Fain nach, vielleicht pirschen wir uns an die Steinböcke am Piz Albris heran, steigen von Pontresina zum Schafberg hinauf, wo einst Giovanni Segantini mitten im Schaffen vom Tod abberufen wurde, wandern weltentrückt über die Fuorcla Surlej auf einem Schwebebalken zwischen dem arktischen Eishauch der Bernina und den anmutigen, perlengleich aneinandergereihten Seenspiegeln im Talgrund, oder vielleicht spazieren wir auf Promenadewegen an den Ufern des Silser Sees, wo Nietzsche seinen »Zarathustra« schrieb.
Viele Möglichkeiten bieten sich an, doch unsere Zeit ist bemessen. Wenigstens sollte man per Bergbahn einen der drei Gipfel besuchen: Die Diavolezza mit der glanzvollen Gletscherschau, die Muottas Muragl mit der umfassend-prächtigen Talsicht oder den Piz Corvatsch, der beides zusammen präsentiert.
Danach schlendern wir durch das viel bewunderte und ebensoviel geschmähte St. Moritz, dessen Internationalität zeitlos zu sein scheint, freilich atmosphärisch näher bei Ascot als bei der Berner Altstadt angesiedelt. Über den freistehenden schiefen Turm lästern böse Zungen, jener habe sich einst vor einer des Wegs kommenden Jungfrau verneigt und verharre nun in dieser Stellung, bis abermals eine Jungfrau an ihm vorüberginge.
Längs der Seenplatte rollen wir südwärts, auf einer der großen europäischen Panoramastraßen, die ich gleichrangig mit der Axenstraße, der Gardesana, der Corniche über Monaco oder der Strandroute von Sorrent nach Amalfi einstufen möchte.
Maloja – letzter Söller auf dem Dach Europas, dann stürzt die Straße aus Wolkenhöhen mit engen Kehren in den schluchtartigen, felsflankierten Korridor des Bergells hinunter. Dreißig Kilometer lang ist Europas schönste Treppe in den Süden. Erst rauhe, düstere Enge, dann lichte Wiesentupfen in den Tannenwäldern, graubedachte Steinhütten, allmählich reiht sich Dorf an Dorf. Römertürme, Kapellen, Burgruinen, Campanile, Palazzi; Kastanien, Mais, Wein, Feigen; daneben und dazwischen die glucksende Mera.
Soglio ist nicht Wahlabstecher, sondern Pflichtziel. Wer ein wenig Zeit hat, läßt sein Gefährt auf halber Höhe stehen und wandert (der Geist geht stets zu Fuß) eine halbe Stunde empor an die »Schwelle zum Paradies«, wie Segantini dieses Dorf taufte. Majestätische Kastanienhaine, die aus elysäischen Gefilden zu stammen scheinen; der kleine, blumenüberwallte Friedhof; hinter dem als Hotel benützten Salis-Palast »Casa Battista« ein allerliebster Kaffeegarten, in dem die Äpfel und Pflaumen bis auf die Tische hängen. Man sitzt in einem von grauen Steinmauern eingefaßten Paradieswinkel und träumt über die farblosen, uralten Schieferdächer hinüber zu den von der Sonne vergoldeten Granitkronen der wilden Bondasca ... Augenblicke, in denen die ewige Sehnsucht des Menschen der Unendlichkeit am nächsten kommt.
In Chiavenna vereinen sich Maloja- und Splügenstraße zum großen Band in den Süden, das auf der flachen Sohle eines felsumrahmten Tales dem Comer See und der Lombardei zustrebt. Wir benützen die Westuferstraße des Comer Sees, ziehen vorbei an den malerischen Buchten von Domaso, Gravedona, Dongo, und zweigen mitten in Menaggio spitzwinkelig nach Westen ab. Durch ein zügig ansteigendes Hochtal erreichen wir bei Porlezza den Luganer See, wechseln über die Schweizer Grenze, passieren das seit Jahrzehnten als geduldiges Fotomodell eines typischen Tessiner Fischerdorfes bekannte Gandria und fahren über die Serpentinen von Castagnola wie über die Ränge eines Amphitheaters nach Lugano hinunter.
Die »italienischste« aller Schweizer Städte empfängt uns mit südländischer Turbulenz, die mit der Vorstellung von einer Ferienlandschaft nicht mehr so recht in Einklang zu bringen ist; manchmal scheint es, als würde die Stadt überquellen, als wäre ihr der geographische Anzug längst zu eng geworden. Trotzdem, Lugano ist immer noch eines der berühmtesten mitteleuropäischen Fremdenverkehrszentren, Treffpunkt der High-Society, bevorzugter Wohnsitz von etablierten Künstlern, erfolgreichen Geschäftsleuten, privatisierenden Millionären. Die Erholungslandschaft freilich liegt längst außerhalb der Stadt, in irgendeinem versteckten Tessiner Winkel, wie wir sie auf unserer morgigen Etappe kennenlernen. Wer das mit seinen prunkvollen Bauten, schillernden Einkaufsstraßen und liebenswerten Straßencafés nach wie vor stilvolle Lugano selbst erleben möchte, der stelle schleunigst sein Auto (in Lidonähe) ab – kaum irgendwo ist es so unpraktisch wie in dieser Stadt.

Reise-Lexikon

1 **Muottas Muragl,** 2453 m, Bergkuppe über dem Taldreieck von Inn- und Berninatal, klassischer Aussichtsberg mit prächtigem Blick auf die Oberengadiner Seenplatte und das Berninamassiv; ab Punt Muragl Funicolare (Schienenseilbahn) zum Gipfelrestaurant.

2 **St. Moritz** (San Murezzan), 1822 m, 5500 Einwohner, einer der berühmtesten Kurorte und Wintersportplätze der Welt; zweimal Austragungsort olympischer Winterspiele. Der Ort besteht aus dem mit seinen Hotelpalästen stadtähnlichen St. Moritz-Dorf und dem etwas tiefer am gleichnamigen See liegenden St. Moritz-Bad, dessen eisenhaltige Mineralquellen schon Paracelsus (1537) rühmte. Luxuriöse Geschäfte, jede Art von Sport-, Erholungs- und Vergnügungsmöglichkeit. Sehenswert der schiefe Turm, romanisch, Kuppel barock, Überrest der 1856 abgetragenen Mauritiuskapelle; Engadiner Museum mit bedeutenden kulturhistorischen und volkskundlichen Kostbarkeiten, u. a. Modell der 3000 Jahre alten bronzezeitlichen Quellfassung; Segantini-Museum mit umfassender Ausstellung von Gemälden des berühmten Engadiner Malers (1858–1899).

3 **Piz Nair,** 3057 m, bedeutender Aussichtsberg über St. Moritz; Schienenbahn bis Corviglia, 2486 m, Luftseilbahn auf den Gipfel. Im Winter Skizirkus über den riesigen Hangrücken von Marguns (Anschluß Celerina) über Corviglia bis Piz Nair.

4 **Oberengadin** und Oberengadiner Seenplatte. Das Oberengadin zieht sich entlang des weiten Inntals 40 Kilometer von Cinuos–chel bis Maloja. Bemerkenswert ist die mit 1700–1800 Meter ungewöhnlich hohe Tallage und die bis 2400 Meter hinaufreichende Baumgrenze. Das Engadin bewahrt eine Jahrtausende alte Kultur und pflegt neben der deutschen Sprache das melodisch klingende Rätoromanisch als vierte Landessprache der Schweiz. Herzstück der Talschaft ist die Oberengadiner Seenplatte (St. Moritz-See, Campfèr-See, Silvaplaner See, Silser See) überragt von der Bernina- und der Juliergruppe.

5 **Piz Bernina,** 4049 m, höchster Gipfel der Ostalpen und der gleichnamigen, vergletscherten Gebirgsgruppe. Erstbesteigung 1850 durch den Kantonsförster Coaz und zwei Führer; 1879 brachte man eine Katze auf den Gipfel, um zu testen, wie das Tier die Höhenluft vertrage.

6 **Julierpaß,** 2284 m, 12 %, 44 km lang, einzige ganzjährig freie Straßenverbindung zwischen dem Schweizer Mittelland und dem Engadin; wurde bereits von Rätern und Römern benützt; auf der Paßhöhe 2000 Jahre alter römischer Meilenstein.

7 **Piz Corvatsch,** 3451 m, berühmter Aussichts- und Skiberg zwischen der Engadiner Seenplatte und dem Gipfelmassiv der Bernina; Luftseilbahn ab Silvaplana-Surlej.

8 **Sils-Maria,** 1809 m, **Sils-Baseglia,** 1799 m, benachbarte Kurorte und Wintersportplätze inmitten der Engadiner Seenplatte; sehenswerte Kirchen, malerische alte Engadiner Häuser. Von 1881 bis 1888 Sommeraufenthalt von Friedrich Nietzsche in Sils-Maria; auf der Halbinsel Chastè Turmruine und Nietzsche-Gedenkstein.

9 **Maloja,** 1809 m, kleiner Luftkurort und Wintersportplatz am Südende der Engadiner Seenplatte; letzter Wohnsitz und Grab des Malers Giovanni Segantini; im Park des Schlosses Belvedere interessante Gletschermühlen. Unser Wandervorschlag führt von Maloja zum verträumten Cavloccio-See. **Malojapaß,** 1815 m, 13%, 52 km lang, bedeutender Alpenübergang, von Norden her ohne Aufstieg und kaum wahrnehmbar, nach Süden steiler Abstieg über 12 Kehren ins schluchtartige Bergell.

10 **Bergell** (ital. = Bregaglia), wildromantisches, tief eingeschnittenes Bündner Südtal, flankiert von gigantisch aufgetürmten Felsgruppen; zieht sich vom Malojapaß 30 Kilometer lang südöstlich bis Chiavenna und überbrückt dabei eine Höhendifferenz von 1500 Metern. Im Bergell spricht man italienisch.

11 **Septimerpaß,** 2300 m, alter Römerpaß, verläuft von der Julierroute ab Bivio südwärts nach Casaccia; wurde bis Mitte des 19. Jh. an Stelle des Julier- und Malojapasses benützt, heute aufgelassener, teilweise verfallener Saumweg.

12 **Vicosoprano,** 1067 m, Hauptort des schweizerischen Bergells, einzige protestantische Siedlung im italienischen Sprachraum; am Rathaus (1584) Prangerstein; westlich des Dorfes das Hochgericht mit zwei Galgenpfeilern; über eine Steinbrücke (1543) Weg zur Kirche San Cassiano (um 1000, mehrfach umgestaltet). Im benachbarten **Stampa** Geburtshaus der Maler Giovanni (1868–1933) und Alberto (1901–1966) Giacometti, Schöpfer zahlreicher Kirchenfenster.

13 **Bondo,** 763 m, altes Dorf am Eingang zum wilden Bondascatal; Kirche Santa Maria Nossa Donna (988, umgebaut 1482); Turmruine Castelmur (831 erwähnt); spätromanische Dorfkirche San Martino mit wertvollen Fresken (14. Jh.); ital. Palazzi der Familien Salis und Scartazzini.

14 **Soglio,** 1090 m, kleines Bergdorf über prächtigen Kastanienhainen in einzigartiger Hanglage gegenüber der trutzig-wilden Felsszenerie der Bondasca- und Scioragruppe, eines der schönstgelegenen Alpendörfer; Stammsitz des Herrschergeschlechts der Salis, das – im 12. Jh. aus der Lombardei kommend – sich über ganz Graubünden bis nach Deutschland und England verzweigte; vier prachtvolle Barockpaläste der Familie Salis-Soglio, einer davon (Casa Battista) ist heute Hotel.

15 **Castasegna,** 696 m, Grenzort zwischen der Schweiz und Italien.

16 **Villa di Chiavenna,** 625 m, Hauptort des ital. Bergells; ausgedehnte Edelkastanienwälder, bekannt durch die »Maroni di San Croce«; Beginn des Weinbaus.

17 **Piuro,** 410 m, kleines italienisches Weindorf. 1618 begrub ein gewaltiger Bergsturz vom Monte Cento den einstmals blühenden Ort; ein Bericht aus dieser Zeit nennt 930, ein anderer 2430 Tote; heute sind nur noch spärliche Reste der ehemaligen Siedlung feststellbar.

18 **Chiavenna,** 333 m, 7000 Einwohner, die »Schlüsselstadt« im lombardischen Raum zu den Alpenübergängen des Splügen- und Malojapasses; war oftmals Mittelpunkt kriegerischer Auseinandersetzungen. 1799 kam die Stadt durch Napoleon endgültig zu Italien, als diesem die Bündner Machthaber zu spät Hilfe geleistet hatten. Enge, malerische Altstadtgassen im typisch italienischen Stil, Kirche San Lorenzo mit schlankem Campanile.

19 **Lago di Mezzola,** 200 m, der »halbe See«, durch das Schwemmgut der Adda vom Comer See getrennt.

20 **Comer See** (Lago di Como), 198 m, 146 qkm groß, 50 km lang und mit 410 m tiefster See Europas; ringsum von Bergen eingefaßt, einer der schönsten Seen am Südrand der Alpen. Alte Kulturlandschaft mit vielen Herrschaftssitzen, Villen und Gärten an den Ufern, daher nur stellenweise frei zugänglich und überblickbar. Umsäumt von vielen Strand- und Badeorten, üppige Vegetation, lebhafter Touristenbetrieb.

21 **Menaggio,** 202 m, Hauptort am Westufer des Comer Sees, Touristenzentrum, Abzweigung der Straße zum Luganer See und in die Schweiz.

Pontresina	0 km	1805 m	Chiavenna	64 km	333 m
Maloja	24 km	1815 m	Menaggio	113 km	202 m
Soglio	46 km	1090 m	Lugano	141 km	273 m

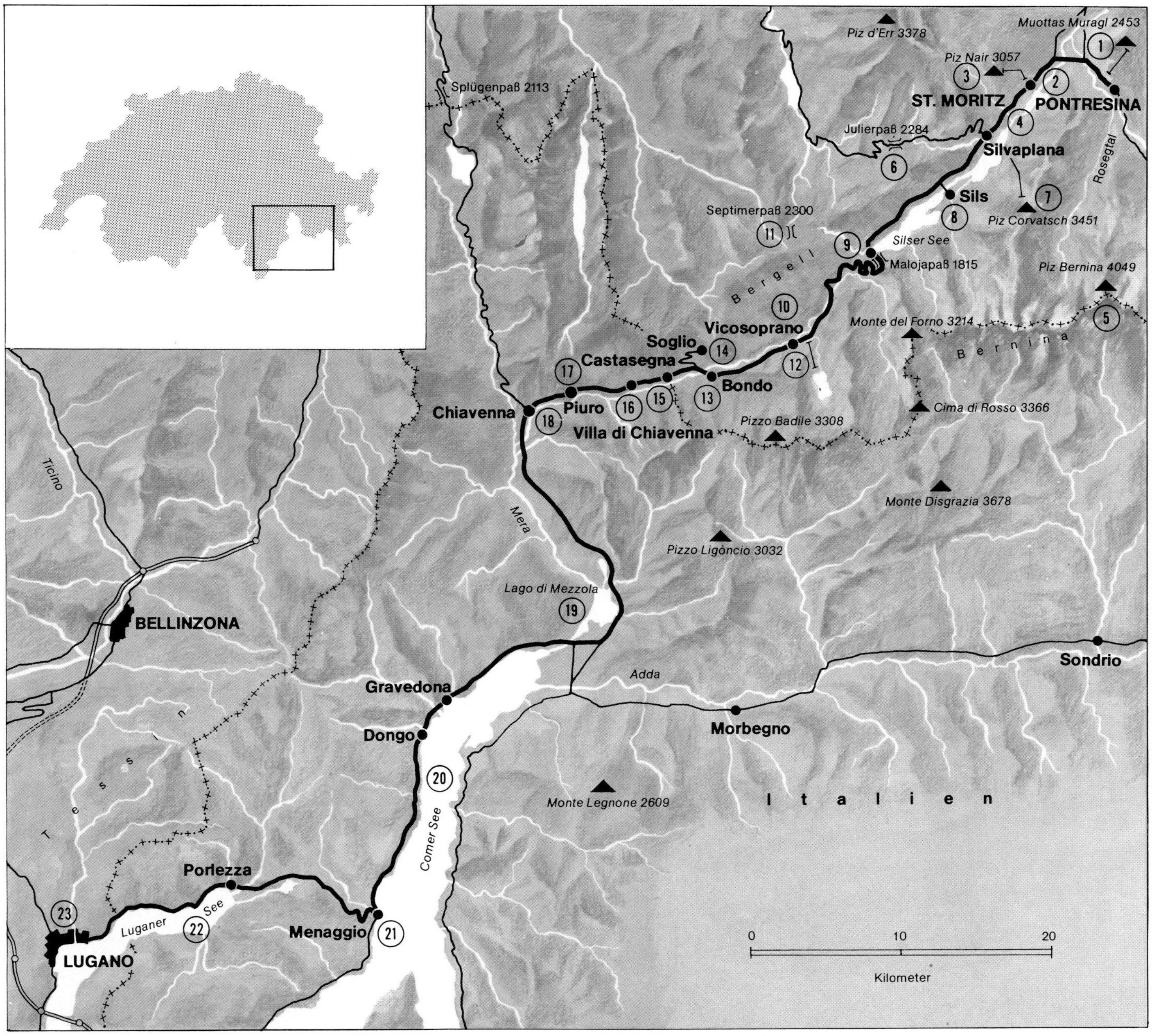

22 **Luganer See,** 271 m, 49 qkm groß, 288 m tief, vielfach verzweigter und verästelter, buchtenreicher Bergsee mit mediterranem Klima, zum größten Teil auf Schweizer Gebiet liegend. Alte, deutlich von der Lombardei geprägte Kulturregion, aber auch viele moderne Hotels und Ferienhäuser, die große Uferteile beanspruchen; parkähnliche Landschaft mit üppiger, subtropischer Vegetation; im See Badeverbot.

23 **Lugano,** 273 m, 28000 Einwohner, größte Stadt des Tessin und der italienischen Schweiz, malerisch angelegt entlang der halbkreisförmigen Bucht zwischen den beiden bahnerschlossenen Bergen Monte Brè, 925 m, und Monte San Salvatore, 912 m; berühmtes Touristenzentrum mit prächtigen Parkanlagen. Romanische Kathedrale San Lorenzo, während der Gotik umgebaut, mit prachtvoller, bildhauerisch ausgeschmückter Renaissancefassade; S. Maria degli Angioli (Ende 15. Jh.) mit bedeutenden Fresken; drei Paläste der Familie Riva; in Lugano-Castagnola berühmte Gemäldesammlung der Familie Thyssen-Bornemisza mit Werken von Tizian, Tintoretto, Frans Hals, Rembrandt, Rubens u. a. (von April bis Oktober zugänglich).

Touristische Tips
Die schönsten **Camping**plätze auf dieser Etappe entdeckten wir hinter St. Moritz am See von Champfèr, am Silser See in Maloja, an der Comer See-Westuferstraße im Bereich Domaso – Gravedona – Dongo, am Luganer See-Ostufer in Maroggia – Melano.
Mit Ausnahme der Auf- und Abfahrt Soglio bestehen für Wohnwagen auf dieser Etappe keine Behinderungen.

Quartiersuche kann in Lugano trotz oder gerade wegen der vielen Prunkhotels recht ungemütlich sein, zumal nicht jeder mit dem südländisch-quirligen Verkehr gleich zurechtkommt. Ich fuhr wiederholt über den Damm von Melide ans Ostufer, wo in den Stranddörfern von Melano bis Campione preiswerte kleine Hotels und Familienpensionen zu finden sind.

Kulinarische Spezialitäten: In den Touristenzentren des Oberengadins steht die internationale Hotelküche im Vordergrund, doch erfährt auch diese eine speziell schweizerische Abwandlung und Verfeinerung. Sehr beliebt sind die Käsegerichte Fondue und Raclette. Im Bergell ist die Küche schon weitgehend von Italien beeinflußt, man ißt viel Polenta, Spaghetti, Ravioli usw.

Seite 57: Das weltberühmte St. Moritz am Ufer des gleichnamigen Sees. Im Hintergrund, zum Bild querlaufend, das Berninatal mit den ersten Häusern von Pontresina und der wuchtigen Bergfront von Piz Muragl und Piz Languard.

Seite 60: Der langgestreckte Silser See bildet den südlichen Abschluß der Oberengadiner Seenplatte. Im Mittelgrund links die Halbinsel Chastè, darüber das unverkennbare Pultdach des Piz da la Margna.

Seite 61: Der Cavloccio See im Val Forno, einem von Maloja ausstrahlenden Oberengadiner Seitental, ist Ziel unseres Wandervorschlags.

Seite 62/63: Hochalpenszenerie großen Stils: Die Fuorcla Surlej am Piz Corvatsch mit Blick zum Tschiervagletscher und Piz Bernina (4049 m), dem höchsten Gipfel der Ostalpen.

Seite 64: Soglio im Bergell, die ›Schwelle zum Paradies‹, mit den Granitkronen der Sciora- und Bondascagruppe.

Seite 65: Am bischöflichen Feudalturm Castelmur im Bergelltal wird die Zone der Gletscherwinde abgelöst von der Wärme des Südens.

Seite 66/67: Blick über das abendliche Lugano, das ›Rio‹ des Tessin.

MAJESTIC
Firestone

RISTORANTE
BELLAVISTA

Wanderung

Kleinodien am Rand der großen Schaukulisse
Malojapaß – Bitabergsee – Val Forno – Cavloccio-See

Wanderungen mit drei Sternen bietet das Oberengadin gleich dutzendweise an; prominente Paradewege an Corvatsch, Muottas Muragl, Piz Nair und Diavolezza, exponierte Panoramabühnen vor der Eiswelt der Bernina und über der Seenpalette im Tal. Da wir den einen oder anderen dieser Gipfel wohl bereits per Bergbahn »bezwungen« und uns die eindrucksvolle Alpenszenerie ausreichend zu Gemüt geführt haben, wählen wir heute einen Weg, der abseits des Touristenrummels in eines jener stillen Seitentäler führt, die sich gleich Schatzkammern der Natur rings um das Seengebiet auftun.

Am Südwestende des Silser Sees, wo sich der blendend weiße Dom des Piz da la Margna ein letztes Mal auf der silbrigen Wasserfläche spiegelt, liegt das Paßdorf Maloja, Kippe zwischen nordischer Alpenwelt und mediterranem Süden. Wir fahren durch den Ort bis zu den Parkplätzen am südlichen Dorfausgang. Ein janusköpfiger topographischer Standort: man steht auf einem Gipfelthron, wenn man ins Bergell hinunterschaut; beim Blick in die Gegenrichtung, auf die Eisriesen der Bernina, wähnt man sich im Talgrund.

Über Moränenfelsplatten und freundliche Wiesenböden schlendern wir südostwärts in den Hochtalkessel des Val Forno. Wir bleiben auf dem Fahrsträßlein, biegen nach der Orlegnabrücke rechts ab und sind nach kurzem, zügigem Anstieg bald am kleinen, idyllischen Bitabergsee. Erster Rastpunkt mit eindrucksvollem Blick ins schluchtartige Bergell und auf die Felsbasteien des Piz Lunghin und Piz Grevasalvas. Der Bergbach, der direkt visavis wasserfallartig über das Felsgemäuer stäubt, ist übrigens der junge Inn.

Mann kann vom Bitabergsee auf gleicher Hanghöhe ostwärts hinüberqueren oder bequemer bis zur Bachbrücke zurücksteigen – so oder so erreicht man den gut ausgebauten Weg zum Cavloccio-See. Ständiger Begleiter ist der Orlegnabach, bald reißendes Wildwasser in tiefer Schlucht, bald verträumtes Stadtparkbächlein mit verspielten, riedgrasumsäumten Schleifen. Hinter einem Hangwall, von skurrilen Felsblöcken eingefaßt, der malerische Cavloccio-See. Eine Gaststätte lädt zur Einkehr, sehr vergnüglich ist auch die etwa halbstündige Rundwanderung um den See. Ein lustiges Auf und Ab, die kleinen Klippen und Sackgassen mehr erheiternd als beschwerlich. Zudem finden Sie in der richtigen Jahreszeit zwischen den Felsblöcken Heidelbeeren fast so groß wie Kirschen.

Südwärts des Cavloccio-Sees schiebt sich das Val Forno wie eine gewaltige Kerbe gegen den Berninastock vor, am Talende stiehlt der Gipfelgletscher des Piz dei Rossi dem dahinterliegenden, 3214 Meter hohen Monte del Forno die Schau. In erdgeschichtlicher Vorzeit war dieses Tal das Bett des gewaltigen Fornogletschers, der bis Oberitalien reichte. Im Raum um Varese fand man erratische Felsblöcke, die der Gletscher bis dorthin transportiert hat. Später schwemmten die Moränen den Geländedamm um Maloja auf und zwangen dadurch den Inn, der ursprünglich ins Bergell abgeflossen war, zu seinem Lauf nach Norden.

Wer genügend Zeit hat, kann bequem talaufwärts weiter wandern und erreicht nach einer guten halben Stunde den Punkt Pian Canin, 1968 m, am Fuß des Forno-Gletschers.

Für den Rückweg wählen wir der Abwechslung halber eine Variante, die (gut erkennbar) von der Promenadentrasse rechts abzweigt und in abschüssigen Serpentinen auf den Bachgrund führt. Über hübsche Gras- und Blumenmatten, vorbei an einem Ferienhof, spazieren wir zum Ausgangspunkt am Malojapaß hinüber.

Start- und Zielpunkt: Malojapaß, 1815 m.

Abzweigung von der Reiseroute: Malojapaß Parkplatz am südlichen Ortsende.

Charakter: Kurzweilige, bequeme Rundwanderung im landschaftlich reizvollen Val Forno.

Kinder: Ab 4 Jahren, wenn etwas wandergeübt und ausdauernd.

Dauer: 3 Stunden, mit Rundwanderung um den Cavloccio-See 3 ½ Stunden.

Zeitbedarf ab Abzweigung Reiseroute: 3 bzw. 3 ½ Stunden.

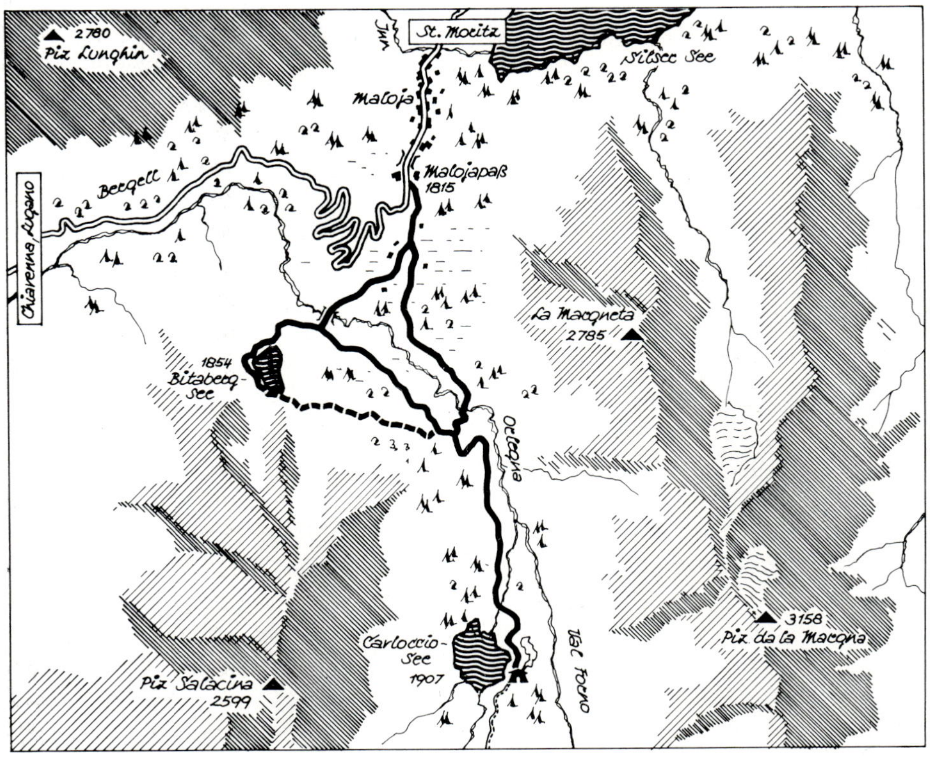

Das pittoreske Fischerdorf Gandria am Luganer See, vielumschwärmtes Modell der Maler und Fotojäger.

6 Lugano – Ronco

Garten Eden und Ende der Welt

Das Tessin hat etwas Janusköpfiges: Zwischentöne und Übergänge sind selten, der große Kontrast beherrscht die Szene. Hier die beiden Paradeseen als grell dekorierte Schaufenster des Tourismus, mit dem märchenhaften Blau der Wasserspiegel, mit Prunkvillen und Hotelpalästen in flammend bunter, pseudo-mediterraner Uferprächtigkeit – dort in der weltverlorenen Einsamkeit von fast 30 Tälern zwischen stumpfem Olivgrün und gesprenkeltem Felsbraun grauverwitterte Steinhütten, von denen man sich nicht vorstellen kann, daß sie einmal anders als alt ausgesehen haben.
Ein merkwürdiges Land, das Tessin, der südlichste Kanton der Schweiz, in dem doch Italien längst angefangen hat und das seine Campanile bis in die entlegensten Alpentäler hinaufschickt. Die Redlichkeit, Korrektheit, Solidität der Schweiz verschwistert mit der Heiterkeit und Lockerheit des Südens. Wen wundert da noch das lebhaft-innige Verhältnis des Tessin zur Kunst? Durch Jahrhunderte schickten diese Täler ihre Söhne als Künstler in die Länder Europas. Davon zeugen so berühmte Baudenkmäler wie die Fassade der Peterskirche in Rom, der Königspalast in Neapel, die Hagia Sophia in Konstantinopel, die Kremltürme in Moskau. Meistens kehrten die Baumeister, Bildhauer und Maler im Alter zurück und schmückten ihre Heimat mit (fehlender Mäzene wegen bescheidenen) Kapellen, Kirchen und Glokkentürmen. Auch in unserer Zeit wurde so mancher, den Erfolg und Ruhm durch alle Welt führten, im Tessin seßhaft. Hermann Hesse in Montagnola über Lugano, Erich Maria Remarque in Ronco, Karl Hofer und Hans Habe in Ascona. Häufig findet man hier auch Jünger der heiteren Muße, sobald sie etwas an Ruhm gewonnen haben: Werner Richard Heymann, Robert Gilbert, Gustav Fröhlich, Romy Schneider, Peter Alexander, Caterina Valente.
Oleander und Hortensie, Mandel und Mimose, Kamelie und Glyzinie, alle blühen sie gleich üppig an Luganer See und Lago Maggiore. Und doch unterscheiden sich die beiden Seen ebenso spürbar wie die beiden Städte Lugano und Locarno: Der Luganer See eine fortgesetzte Reihe einzelner Buchten, Stadtparkseen ähnlich; der Lago Maggiore ein Binnenmeer, großzügiger, vielfarbiger, aber auch drohender, gewaltiger. Lugano, so meint man, könne man nur mit korrektem Anzug betreten, in Locarno tuts auch das Freizeithemd.
Die heutige Tagesetappe ist mit 113 Kilometern relativ kurz, da bleibt viel Zeit zum Schauen und Verweilen. Von Lugano benützen wir die verkehrsarme Uferstraße über Paradiso südwärts nach Morcote, bleiben nach einer Stippvisite parallel zum Strand und gelangen über Figino und Magliaso nach Ponte Tresa in der westlichsten Ecke des Luganer Sees. Im lauschigen, laubbaumflankierten Tal der Tresa fahren wir westwärts, passieren die italienische Grenze und erreichen in Luino den Lago Maggiore. Nur fünf Kilometer lang ist unsere Panoramafahrt am Seeufer nach Norden, dann folgt ein neues, in dieser Umgebung höchst ungewöhnliches Reisekapitel.
»Willst du erfahren, was Einsamkeit ist, dann geh hinauf nach Indemini«, sagen die Leute heute noch rund um den Lago Maggiore. Fast 17 Kilometer lang zieht sich das stellenweise einspurige Sträßlein von Maccagno durch endlose Kastanienwälder empor bis unter die Bergkuppe des Monte Tamaro, dann fällt es jenseits der 1392 Meter hohen Alpe di Neggia wieder steil zum Lago Maggiore ab. Knapp vor der Paßhöhe liegt Indemini, das »einsamste Dorf« der Schweiz. Sagte ich »liegt«? Ein grauer Häuserklumpen klammert sich an den Steilhang, ein Wirrwarr ineinander verschlungener, schulterbreiter Steinschächte, grau in grau, eingefallene Mauern, durchlöcherte Dächer. Kein Dorfplatz, keine Piazza, kein Hotel, selbst die Kirche hat nur außerhalb des Dorfes Platz. Zwei Drittel der Bewohner haben das Dorf bereits verlassen, es ist schon zu Lebzeiten sein eigenes Denkmal – ein Pompeji der Neuzeit. Man tastet sich durch die Gassengruften, bestürzt, fassungslos, nach Vergleichen suchend. Ist nicht auch Soglio so abgeschieden, so weltentrückt? Nein, Soglio ist Verklärung, Indemini dagegen Verbannung.
Bald verdrängt irdische Lebendigkeit wieder die geisterhafte Szenerie, wenn wir auf den kunstvoll angelegten Kehren dem Seenspiegel des Lago Maggiore immer näher kommen, die von Mais und Reben strotzende Magadino-Ebene überqueren und hineinziehen in das heitere, betriebsame Locarno, dessen Lido immer noch nichts von seiner befreienden Weite eingebüßt hat, in dessen Straßen man noch mit dem Auto spazierenfahren kann. Spiegelbildlich zu Locarno liegt an der Südseite des Maggia-Schwemmlandes das intimere Ascona mit seinen vielen Caféstühlen vor dem malerischen Bootshafen und seinen wenigen Parkplätzen.
Deutlich abgesetzt zum Fremdenbetrieb ist unser Tagesziel, das bezaubernde Ronco; gleich einer Proszeniumsloge thronend über dem Gewühl auf den Uferstraßen, über den dunklen Pinien der schwimmenden Tabletts gleichenden Brissago-Inseln, über dem vibrierenden Blau des Wassers, das Poeten den »See der Verliebten« getauft haben.

Reise-Lexikon

1 **Melide,** 273 m, kleines, eher unscheinbares Uferdorf südlich von Lugano, bekannt durch seine Weinkeller (Grotti), die Dauerausstellung »Swissminiatur« und den Damm Ponte Diga (erbaut 1844–1848), auf dem Autobahn, Straße und Bahnlinie den See überbrücken.

2 **Campione,** 273 m, attraktives Feriendorf am Ostufer gegenüber von Lugano; italienische Enklave inmitten des Schweizer Hoheitsgebietes, hauptsächlich bekannt durch sein Spielcasino. Da in der Schweiz die »großen« Glücksspiele wie Roulette usw. verboten sind, erfüllt das Casino, eines der drei umsatzstärksten Europas, eine etwas umstrittene, spekulative Funktion. Den Vorteil daraus ziehen u. a. die Einwohner Campiones, die weder Steuern noch Arzt bezahlen und sogar kommunale Alterspensionen beziehen. Inmitten der protzigen Hotelbauten die Kirche S. Maria dei Ghirli mit sehenswerten Fresken aus dem 14. Jh.

3 **Riva San Vitale,** 274 m, kleines Dorf am Südzipfel des Luganer Sees; frühbarocke Kirche Santa Croce (1588–1594); neben der Kirche San Vitale das berühmte achteckige Baptisterium (Taufhaus), das bis in die Zeit um 500 zurückgeht und eines der ältesten christlichen Bauwerke der Schweiz darstellt.

4 **Monte Generoso,** 1701 m, höchster Gipfel des Bergmassivs, das den Luganer See im Osten begrenzt; prächtiger Aussichtsthron; Zahnradbahn ab Capolago.

5 **Monte San Giorgio,** 1097 m, geologisch bedeutender Berg, zwängt sich von Süden her zwischen die Buchten des Luganer Sees. Eine der bedeutendsten Fundstellen versteinerter Wirbeltiere (Saurier) des Erdmittelalters – aus einer viele Millionen Jahre zurückliegenden Zeit, in der das südliche Tessin die Nordküste eines gewaltigen Meeres bildete.

6 **Carona,** 599 m, reizvoll gelegenes, malerisch-altertümliches Dorf auf dem zentralen, vom Luganer See umschlossenen Bergrücken; Pfarrkirche San Giorgio, ursprünglich romanisch, barock überbaut, mit einer der genauesten Kopien von Michelangelos »Jüngstem Gericht«; schöner Barockturm und Loggiengalerie. Kirche S. Marta mit Fresken aus dem 15. Jh.; in Dorfnähe Wallfahrtskirche Madonna d'Ongero (um 1700). Carona wird von unserer Wanderung zu dieser Etappe berührt.

7 **Morcote,** 273 m, zauberhaft auf einem Ufersaum zwischen Wasser und Bergen hingeschmiegtes Fischerdorf mit alten Arkaden und Patrizierhäusern, überragt von der über eine prächtige Freitreppe (400 Stufen) erreichbaren Wallfahrtskirche Madonna del Sasso (14./18. Jh.) mit mehreren Fresken und beachtenswerter Barockorgel; sehenswert der treppenförmig angelegte Friedhof (u. a. Grabmal des Komponisten Eugene d'Albert). Im Ort, der zeitweise vom Touristenstrom überschwemmt wird, für Kenner das sehr interessante Ikonen-Museum Rieder.

8 **Ponte Tresa,** 276 m, Grenzort an der westlichen Bucht des Luganer Sees mit schweizerischem und italienischem Ortsteil; Ausfluß der Tresa aus dem Luganer See zum Lago Maggiore.

9 **Lago Maggiore** (Langensee), 193 m, 212 qkm, 60 km lang, 2 bis 15 km breit, 372 m tief, liegt zum größten Teil in Italien und ragt am Nordende mit einem Fünftel der Fläche in die Schweiz; an den Ufern subtropische Vegetation. Im Gegensatz zum Luganer See, der mehr intimen Charakter hat, beeindruckt der Lago Maggiore durch seine Größe, die sich nach Süden zu in der silbrigen Weite der italienischen Tiefebene verliert.

10 **Luino,** 211 m, 12 000 Einwohner, italienische Kleinstadt, größter Ort am Ostufer des Lago Maggiore, betriebsame Gewerbe- und Industriesiedlung; der großen Bucht entlang zieht sich eine prächtige Allee mit gewaltigen Ahornplatanen. Kirche Madonna del Carmine (15. Jh., barockisiert). Luino ist Geburtsort von Bernardino Luini (1475–1533), dem bedeutendsten lombardischen Renaissancemaler, dessen Tafelbilder mehrmals mit Werken Leonardo da Vincis verwechselt wurden.

11 **Maccagno,** 196 m, ein von zinnengekröntem Turm überragtes altes Städtchen am Ostufer des Lago Maggiore, eine der ältesten Siedlungen am See.

12 **Indemini,** 939 m, kleines, teilweise verfallenes Dorf in einem weltabgeschiedenen Grenzbereich zwischen Italien und der Schweiz; liegt im obersten Veddasca-Tal nahe bei den Gipfeln Monte Tamaro (1962 m) und Monte Gambarogno (1735 m) inmitten endloser Kastanienwälder; erlangte wegen seiner kuriosen Geschichte und seiner einsamen Lage eine gewisse Popularität.

13 **Corte di Neggia,** 1395 m, 15 %, Straßenpaß zwischen dem italienischen Veddasca- und dem schweizerischen Vira-Tal; von der Schweizer Seite mit vielen Kehren sehr kunstvoll in eine steile Hangfolge gebaut.

14 **Locarno,** 205 m, 15 000 Einwohner, bedeutendste Stadt am Lago Maggiore, berühmter Klimakurort, baut sich terrassenförmig rings um die gleichnamige Bucht auf. Moderne Hotelpaläste, prächtige Strand- und Badeanlagen, üppige Parks und Gärten mit Palmen, Agaven, Feigen-

Die Wallfahrtskirche Madonna del Sasso über Morcote am Luganer See.

Lugano	0 km	273 m
Morcote	14 km	273 m
Ponte Tresa	35 km	276 m
Luino	48 km	211 m
Corte di Neggia	78 km	1392 m
Locarno	103 km	205 m
Ronco	113 km	320 m

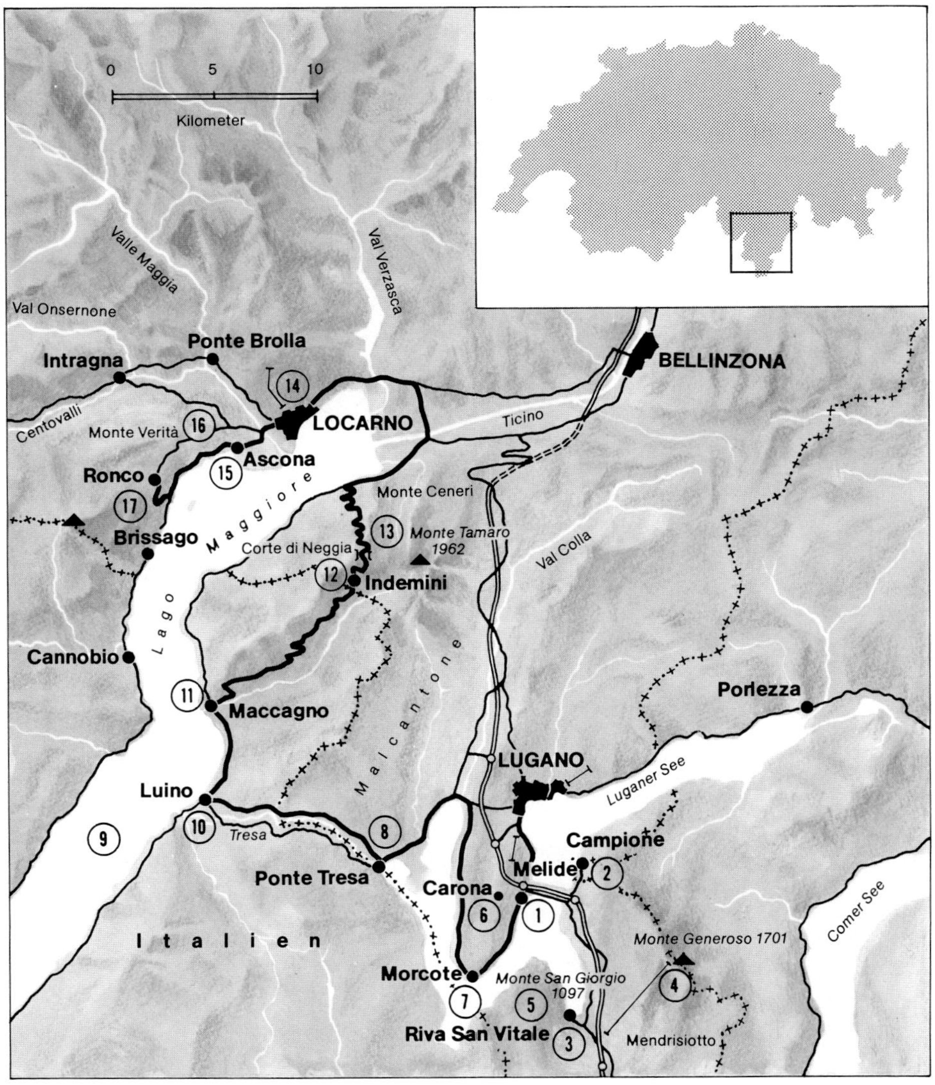

und Lorbeerbäumen und südländisch-buntem Blumenschmuck; reizvolle Altstadt mit alten Laubengängen, überragt von der weltberühmten Wallfahrtskirche Madonna del Sasso (1480/1616) mit berühmter Säulenloggia, von dort großartige Aussicht über Stadt und See. Weitere bedeutende Kirchen: San Francesco (Fassade Frührenaissance), Sant' Antonio (14. Jh., barockisiert), San Vittorio in Muralto (erwähnt 906, älteste Kirche, Säulenkrypta), Santa Maria in Selva (Fresken). Schloß der Visconti (12. Jh., mehrmals umgebaut), heute Museum.

15 **Ascona,** 200 m, 4000 Einwohner, malerisches Städtchen an der Südseite der Schwemmlandzunge des Maggiadeltas, beliebter Bade- und Ferienort mit altem Ortskern, übertönt vom mondänen Urlaubsbetrieb. Pfarrkirche S. Pietro e Paolo (1534); S. Maria della Misericordia (1399–1442); Collegio Ponteficio Papio mit wertvollen Fresken (15. Jh.), bedeutende Profanbauten wie Casa Serodine und Casa Borrani.

16 **Monte Verità** (Berg der Wahrheit), 351 m, Bergrücken bei Ascona; wurde weltberühmt als Kolonie und Treffpunkt von Künstlern und Gelehrten, aber auch von Sonderlingen und Phantasten. 1900 vom philantropischen belgischen Millionär Henri Oedenkoven als Hort eines reformierten Lebensstils gegründet, erlebte der Platz ein wechselvolles Schicksal. Mehr oder minder lang weilten hier fast alle Größen ihrer Zeit, von Lenin bis Stresemann, von Leoncavallo bis Klabund, von Henry van de Velde bis zur Gräfin Reventlow, von Stephan George bis Hermann Hesse. Heute im Besitz des Kantons Tessin.

17 **Ronco,** bezauberndes altes Dorf am Westufer des Lago Maggiore, das sich vom Strand stufenförmig den steilen Hang hinaufzieht, durchsetzt und umschlossen von tropischen Gärten. Weithin sichtbar der Turm der Pfarrkirche San Martino (1583/1886), vor der Kirche prächtige Aussichtsterrasse mit großartigem Blick über den See und zu den beiden Brissago-Inseln.

Touristische Tips

Die schönsten **Camping**plätze fanden wir in Maccagno (Italien) und am gesamten Nordufer des Lago Maggiore zwischen Magadino und Locarno.

Für **Wohnwagen**gespanne ist die Teilstrecke von Maccagno über Indemini und Corte di Neggia nur unter großen Schwierigkeiten befahrbar, alternativ empfiehlt sich die Ostuferstraße des Lago Maggiore. Ebenfalls nicht angenehm ist die kurze, steile Auffahrt nach Ronco, man bleibt statt dessen besser im Raum Ascona.

Bei der **Quartier**nahme ist zu berücksichtigen, daß das Etappenziel Ronco ein kleiner, relativ stark besuchter Ort ist, in dem zeitweise das Bettenangebot knapp ist. Wer die teuren Hotels in Locarno und Ascona scheut, findet preiswerte und ausreichende Angebote (Pensionen, Privathäuser) in den Locarner Vororten Muralto, Minusio und Gordola.

Kulinarische Spezialitäten

Im Tessin findet man überwiegend italienische Küche, die durch Schweizer Qualität aufgebessert und verfeinert wird. Lokale Spezialitäten sind »Minestra«, »Fritto misto alla ticinese«, »Risotto con funghi«, sowie Salami und Salametti. Selbstverständlich ißt man an den beiden Seen vorzüglich zubereiteten Fisch. Bekannte Süßspeisen sind die »Panettone« (Gebäck mit kandierten Früchten), »Amaretti« (Biscuits aus Bittermandeln) und die aufdringlich süßen »Marrons glacés«. Getrunken werden bevorzugt die Eigengewächse Merlot und der feurige Nostrano.

Seite 71: In eine ›italienische‹ Landschaft mit Campanile und Zypressen, Palmen und Rebenhängen führt unser Wanderweg auf dem Höhenrücken über dem Luganer See. Im Bild die Kirche von Vico Morcote.

Seite 72/73: Herbstliche Panoramaschau über den Luganer See. Rechts die 912 Meter hohe Aussichtspyramide des Monte San Salvatore, links der Damm von Melide, auf dem Autobahn, Straße und Eisenbahn den See überqueren. Am linken Bildrand, von Zweigen halb verdeckt, die italienische Enklave Campione, dahinter der Monte San Giorgio, der ›Berg der Geologen‹.

Seite 74: Wie eine tibetanische Klostersiedlung klebt das halb verfallene Indemini an einem Hang im obersten Veddascatal. Über der ›Macchia‹ endloser Kastanienwälder erhebt sich der 1962 Meter hohe Monte Tamaro. Links oben erkennt man die Straße zur Paßhöhe Corte di Neggia, die Indemini mit dem Lago Maggiore und dem Schweizer Mutterland verbindet.

Seite 75: Von der Säulenloggia der Wallfahrtskirche Madonna del Sasso, erreichbar per Seilbahn oder auf schattigem Treppenweg, genießt man einen prächtigen Blick auf Locarno und den Lago Maggiore.

Wanderung

Kulturlandschaft über dem Seenparadies
Lugano – San Salvatore – Carona – Morcote

Lugano und sein See, eines der großen mitteleuropäischen Fremdenverkehrszentren, locken mit einer kunterbunten Palette von Vergnügungen, Ausflügen und Besichtigungen. Es kostet etwas Überwindung, sich von dem personifizierten »Dolce vita« und auch von den ausgetretenen Urlaubertrampelpfaden zu lösen, um eine Bergwanderung zu unternehmen.
Doch keine Angst, Sie brauchen nicht unter glühender Mittelmeersonne stundenlang schweißtriefend bergwärts zu schnauben, unser Wandervorschlag bietet vielmehr eine vielfältige, hübsch abgerundete Programmfolge: Bergbahnfahrt auf einen Aussichtsgipfel, amüsante (überwiegend bergab verlaufende) Höhenwanderung, Besichtigung von Kulturstätten, viel Tessiner Charakteristik und schließlich eine Schifffahrt über den See – was will man mehr?
Von Paradiso, dem Luxusvorort im Süden der Luganer Bucht, rattert eine Funicolare in zwei Teilstrecken unter dichtem Blätterdach schnurgerade auf den 912 Meter hohen San Salvatore hinauf, eine der beiden renommierten Aussichtspyramiden über dem Seensystem. Ein kleiner Treppenweg führt auf den Gipfel mit Fernsehstation und Wallfahrtskapelle. Der ungewöhnlich prächtige Rundblick reicht von den Walliser Alpen und dem Gotthardmassiv bis in die Mailänder Tiefebene. Doch eindrucksvoller als der Fernblick ist die Sicht auf die nähere Umgebung, auf die buchtenreichen Seenkammern, über die steilen Ostabstürze auf den Damm von Melide und hinüber nach Campione, auf die Dächer von Lugano und zum Bergnachbarn Monte Brè.
Unser Weg beginnt am Gartenrestaurant und führt zunächst, respektabel abfallend, durch dichten Laubwald in Kehren südwestwärts. Reizvoll ist der Kontrast zwischen dem durchaus alpinen Felsweg und dem teilweise exotischen Pflanzen- und Baumwuchs. Nach kurzweiligem Höhenbummel sind wir bald in Ciona, einem kleinen Tessiner Bergnest. Wir können ab hier der Autostraße nach Carona folgen, doch hübscher ist es, die Straße zu überqueren und in den dunklen, laubüberdachten Hangweg hinunterzutauchen, der auf der Westseite des Höhenkammes entlangführt.
Lohnend ist am Wegende ein kleiner Abstecher in den Ortskern von Carona, einem typischen Tessiner Dorf mit schönen Häusern, malerischen Winkeln und der mit kunstvollen Reliefs ausgestatteten Pfarrkirche. Die idyllische Bergsiedlung wahrt übrigens eine ehrwürdige Tradition. Im Mittelalter war Carona autonome Republik, viele Söhne des Ortes wirkten als Künstler in aller Welt.
Kunstfreunde legen nun einen halbstündigen Abstecher zur berühmten Wallfahrtskirche Madonna d'Ongero ein, unser Weg führt auf der Autostraße südwärts, vorbei am Ausflugziel San Grato mit Sportcenter und Schwimmbad. Nach der langgezogenen Höhenpromenade hoch über dem Seeufer zweigt an einer Straßenkehre der beschilderte Fußweg nach Vico Morcote ab. In steilen Serpentinen steigen wir talwärts bis zum Dorf, wo uns Rebenhänge und Zypressen in eine klassisch »italienische« Landschaft versetzen.
Wir folgen nun nicht den durch das Dorf führenden Kehren zum Seeufer, sondern halten uns oben am Hang südwärts und sind wenig später im prunkvollen Friedhof der Wallfahrtskirche Madonna del Sasso, die auf den Höhen der in den Luganer See vorgeschobenen Landzunge thront, hoch über den Dächern von Morcote. Über die 400 Stufen der Steintreppe schreiten wir hinunter in den Ort. Mag auch der Touristenrummel hier etwas aufdringlich wirken, unter den schattigen Arkaden des alten Fischerdorfes läßt es sich genüßlich rasten und speisen ... und warten, bis Schiff oder Bus nach Lugano abfahren.

Start- und Zielpunkt: Paradiso, 273 m, südlicher Vorort von Lugano.

Abzweigung von der Reiseroute: Paradiso; Bergbahn zum San Salvatore nächst des Ortszentrums.

Charakter: Bergbahnauffahrt zum San Salvatore; prächtige, meist abfallende Panoramawege längs des Bergrückens zwischen den beiden Hauptbecken des Luganer Sees. Rückfahrt mit Schiff oder Bus; eine der schönsten Wanderungen im Tessiner Seengebiet.

Kinder: Ab 6 Jahren, wenn ausdauernd.

Dauer: 3 Stunden.

Zeitbedarf ab Abzweigung Reiseroute: 4 bis 5 Stunden.

Seite 78 und 79: Das Tessin zeigt größte Gegensätze auf kleinstem Raum: Hier die fröhlichbunte, pseudoromantische Touristenpromenade von Ascona am Lago Maggiore, wenige Kilometer davon entfernt ein weltentlegenes Bergdorf im von schaurigen Schluchten zerfurchten Centovalli.

Seite 80/81: Südländisch-üppige Pflanzen- und Blumenpracht entfaltet sich an den Ufern des Lago Maggiore. Blick von Ronco auf den See, die Brissago-Inseln und das jenseitige Ufermassiv des Gambarogno.

Ein stimmungsvolles Tessiner Sujet aus dem Verzascatal. Mit graziösen Bögen, den gewachsenen Fels als Fundament nützend, überspannt die Steinbrücke den lichtgrünen Bergbach, dessen Wasser bizarre Formen in den Uferstein geschliffen hat.

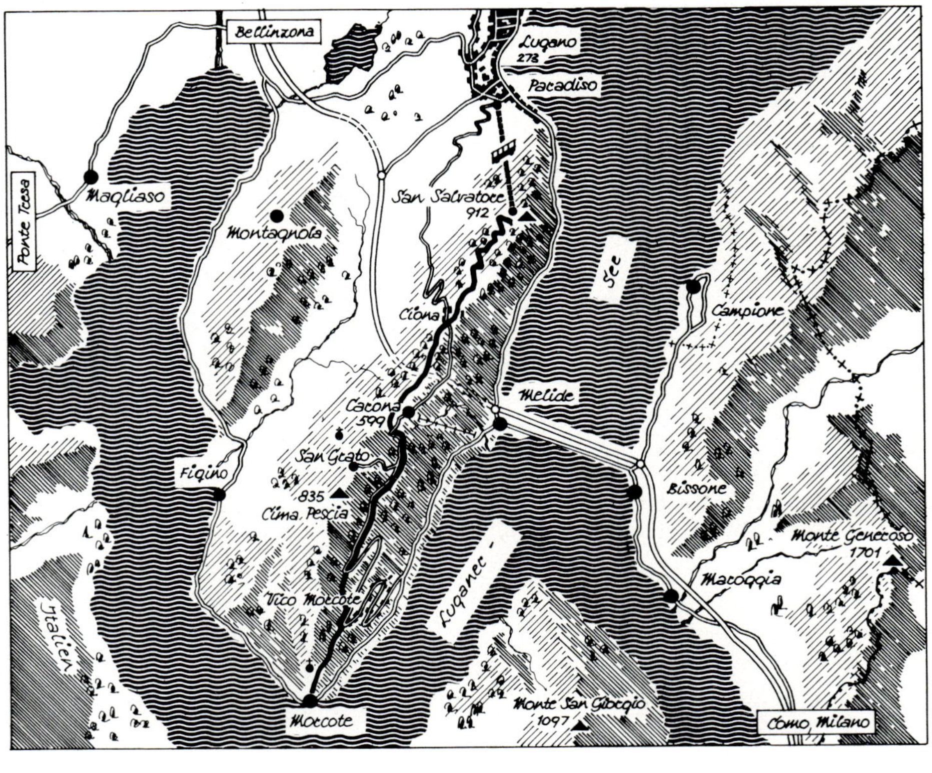

7 Ronco – Meiringen

Vom Blütenreich zum ewigen Eis

Wie die Finger einer ausgestreckten Hand strahlen die Täler des Tessin von Locarno aus nord- und westwärts.
Man sollte wenigstens eines der Täler erforschen: das formenreiche Verzascatal mit seinen smaragdgrünen Wassern, das weit ausgeschwemmte, von schwarzem Fels eingefaßte Tal der Maggia, das sterbende Val Lavizzara oder das von schaurigen Schluchten zerfurchte Centovalli.
Hoch oben auf dem Uferrücken des Lago Maggiore führt unser Sträßlein ab Ronco durch eine von Üppigkeit überquellende Villen- und Gartenkolonie, schwenkt dann von der großen Aussichtsbühne ab, taucht unter Laubbaumbaldachinen hinüber nach Arcegno, Losone, schwingt sich bei Golino über eine der hochgewölbten Tessiner Steinbrücken hinauf nach Intragna, dessen Campanile von einer Felsterrasse weit hinaus ins Tal grüßt. Über Cavigliano, Verscio, Tegna, Ponte Brolla schwenken wir wieder zurück nach Locarno. Knapp 20 Kilometer lang ist dieser Abstecher ins Hinterstübchen des Lago Maggiore, doch er läßt – wenigstens in Streiflichtern – die ganze Vielfalt des Tessin anklingen.
Maisfelder, Weingärten, strotzende grüne Fruchtbarkeit dehnt sich beiderseits der Straße durch die Magadino-Ebene bis nach Bellinzona.
Wehrhaft und trutzig erheben sich die drei Burgen über den Häusern der Stadt.
Fast körperlich spürt man den Atem der Geschichte. Kelten und Etrusker, Römer und Lombarden stritten durch Jahrhunderte um dieses Tor zwischen Nord und Süd, bis schließlich um 1500 die Urkantone Schwyz, Uri und Unterwalden die Stadt endgültig in eidgenössischen Besitz nahmen.
Bellinzona, das blitzsaubere Städtchen mit den ehrwürdigen Kirchen und Palästen, ist der Knotenpunkt der großen Alpenübergänge Gotthard, San Bernardino und Lukmanier, Drehscheibe des transalpinen Straßen- und Bahnverkehrs, »Hauptstadt der Umsteigenden«.
»Riviera« nennt sich der breite, fruchtbare Talboden des Ticinoflusses, schon eingezwängt in ein Spalier dunkler Felswände, das nach Biasca immer näher an Straße und Flußbett herandrängt. Wir kommen in die Leventina, den langen Korridor zwischen dem Alpenkamm und der Lombardei. Schritt für Schritt wird die Vegetation karger, spärlicher, einförmiger, die Landschaft ernster, heroischer. Fichten und Lärchen verdrängen Nußbäume und Edelkastanien. Durch Engstellen, Tunnels und über Kehren windet sich die Straße die Piottino-Schlucht hinauf, durchmißt zügig die flachere Talsohle bis Airolo.
Wir stehen am Fuß des Zentralalpenmassivs, dem Wasserschloß der mächtigen Ströme, dem großen Kreuzgiebel Europas, von dem die Berner, Graubündener, Tessiner, Walliser und Glarner Alpen ausstrahlen. Auf vier großen Pässen durchzieht unsere Route nun in eineinhalb Tagen die gigantische Landschaft des Urgesteins und des ewigen Eises. Wir beginnen mit dem Gotthard, dem »König der Pässe«. In eleganter Linienführung schwingt sich die neue Schnellstraße durch Tunnels und Galerien zur Paßhöhe hinauf – ein leistungsfähiges Touristenförderband ohne großen Erlebniswert. Viel interessanter ist dagegen die alte Strecke durch das Val Tremola, das »Tal des Zitterns«. 46 Kehren benötigt die Straße, um auf 4,5 Kilometer Luftlinie die 900 Meter Steigung zu überwinden.
Durch öde, eintönige Felsszenerie rollen wir hinaus ins herbe, baumlose Urserental.
Fremdartig, fast feindselig steht der alte Burgturm von Hospental, der ersten Ortschaft an der nördlichen Gotthardrampe, auf einem Grashügel.
»Hier trennt der Weg, o Freund, wo gehst du hin?
Willst du zum ewigen Rom hinunterziehn,
Hinab zum heil'gen Köln, zum deutschen Rhein,
Nach Westen weit ins Frankenland hinein?«
Die Inschrift in der Hospentaler Kapelle erinnert uns daran, daß wir hier an einem der großen Straßenschnittpunkte auf dem Dach unseres Erdteils stehen. Unser Weg geht vorerst nach Westen, schlängelt sich in vielen Kehren mit ständig wechselnden Bildern auf den 2431 Meter hohen Furkapaß hinauf.
Kurz nach der Paßhöhe eine besondere Attraktion: der Rhonegletscher. So nah wie sonst nirgendwo in den Alpen tangiert die Straße das grünblaue Gletschereis, aus dessen unterem Ende die Rhone »geboren« wird.
Der Abfahrt nach Gletsch folgt der erneute Anstieg zum Grimselpaß. Nach prächtigen Tiefblicken empfängt uns oben auf der Paßhöhe eine überirdische Mondlandschaft. Graues, grünliches, bräunliches Gestein, zu bizarren Gebilden angehäuft, überlagert von einem beklemmenden Hauch der Erstarrung. Er paßt dazu, der kleine »Totensee«, dessen Name von einer 1799 hier stattgefundenen Schlacht zwischen Franzosen und Österreichern herrührt, bei der man die Gefallenen einfachheitshalber in den See warf. Die riesigen, weitverzweigten Stauseen und Kraftwerksanlagen, von manchen befehdet, bringen dagegen wenigstens Lebendigkeit in diese größenmäßig kaum mehr faßbare Gebirgswüstenei.
Dann erste Blumenköpfe zwischen den grauen Quadern, erste Graspolster, schüchternes Zwerglatschengeäst. Ganz allmählich senkt sich das Straßenband durch das schluchtartige Tal hinaus ins Oberhasli.

Reise-Lexikon

1 **Intragna,** 339 m, malerischer Ort am Eingang zum Centovalli, liegt auf einer Terrasse inmitten der klassischen Tessiner Landschaft; gut erhaltener Dorfkern mit dem 70 Meter hohen Glockenturm, höchster Campanile des Tessin; barocke Kirche mit Rokokoemporen; Geburtsort von Francesco Antonio Bustelli, dem späteren künstlerischen Direktor und Modelleur der Porzellanmanufaktur Nymphenburg.

2 **Centovalli** (Hundert Täler), wildromantisches, tief eingeschnittenes Tal mit vielen Verzweigungen; Straße und Bahnlinie in kühner Führung hoch über dem nur selten sichtbaren, schluchtartigen Grund der Melezza.

3 **Val Onsernone** (Onsernonetal), tief eingeschnittenes, schluchtartiges Tal des Isorne-Flusses; bekannt durch seine Strohflechterzeugnisse und viele alte, geschwungene Steinbrücken.

4 **Valle Maggia** (Maggiatal), das größte der von Locarno ausstrahlenden Tessiner Täler mit breitem Talboden und stattlichen Siedlungen. Die Maggia hat in Jahrtausenden ihr Bett in das Gestein gesägt und die Schuttmassen am Nordufer des Lago Maggiore abgelagert; auf diesem Schwemmland stehen Locarno und Ascona. Der Fluß ist heute weitgehend reguliert (7 Kraftwerke mit jährlich 1200 Mio kWh), trotzdem ist ein Teil des Maggiadeltas im Frühjahr mitunter halb See, halb Land. Im oberen Tal die Steinbrüche von Riveo, im obersten Winkel eines Seitentales Bosco-Gurin, das einzige deutschsprachige Dorf im Tessin (Walsersiedlung).

5 **Val Verzasca** (Verzascatal), ursprüngliches, wildromantisches Tessiner Tal mit vielen verlassenen alten Häusern; früher berüchtigt wegen seiner Bergrutsche; eindrucksvoll die formenreiche Flußlandschaft mit bizzaren Steinschliffen und den klaren Grüntönen des Bergwassers; fjordartiger Stausee bei Vogorno.

6 **Bellinzona,** 241 m, 18 000 Einwohner, die Hauptstadt des Kantons Tessin, liegt breit hingelagert in der fruchtbaren Ebene des Ticino-Flusses, überragt von drei mächtigen alten Schlössern mit Türmen und Wehranlagen. Bellinzona, Schlüsselstadt zum Gotthard-, Lukmanier- und San Bernardino-Paß, kam 1503 vom Herzogtum Mailand zur Eidgenossenschaft. Auf den Burgen San Michele (Uri), Montebello (Schwyz) und Corbaro (Unterwalden) residierten bis 1798 die Vögte der drei Urkantone. Kollegiatskirche SS. Pietro e Stefano, seit 977 genannt, letzter Neubau 1518, prächtige Renaissancefassade (1654), das Kreuzigungsbild (1546) wird Tintoretto zugeschrieben (umstritten). Kirche Santa Maria delle Grazie mit barockisiertem Innenraum; bedeutende Fresken mit Kreuzigung, Szenen aus dem Leben Christi und aus der Legende des hl. Franziskus. Im Vorort Ravecchia kleine romanische Pfeilerbasilika San Biagio (13. Jh.) mit wertvollen Fresken.

7 **Biasca,** 293 m, 3800 Einwohner, Industrieort an der Einmündung des Bleniotals; Stiftskirche SS. Pietro e Paolo (nachgewiesen im 9. Jh., mehrmals umgebaut) mit stilvollem romanischem Glockenturm.

8 **Valle Leventina** (Leventinatal), eines der großen Alpenquertäler, durchflossen vom Ticino (Tessin), zieht vom Gotthardpaß bis Biasca und setzt sich in der **Riviera** nach Bellinzona und zum Lago Maggiore fort. Der mäßig breite, flache Talboden wird zwischen Fiesso und Faido durch die Piottino-Schlucht unterbrochen.

9 **Giornico,** 405 m, kleines, typisch leventinisches Dorf inmitten von Kastanienwäldern und Reblauben. Jenseits des von Felsblöcken eingefaßten Ticino die sehenswerte Kirche San Nicolao aus dem 12. Jh., eines der schönsten und ursprünglich erhaltenen Bauwerke lombardisch-romanischen Stils. Besonders eindrucksvoll die Schlichtheit der Architektur mit dem erhöhten Chor und der darunter liegenden Säulenkrypta; Skulpturen und Ornamente der bekanntesten Bergtiere. In Ortsnähe Schauplatz der Schlacht von Giornico von 1478, bei der 600 Eidgenossen das 10 000 Mann starke Heer des lombardischen Herzogs Sforza besiegten.

10 **Faido,** 755 m, 1800 Einwohner, Hauptort der Leventina, klimatischer Kurort mit eigenartigen Häusern in dem hier zuweilen übernommenen nordischen Blockhausstil. Pfarrkirche S. Andrea, genannt seit dem 13. Jh., letzter Neubau 1830.

11 **Piotta,** 990 m, kleines Dorf auf dem Talboden, in der Nähe Kunsteisstadion und Militärflugplatz; Schienen-Drahtseilbahn (88 % Steigung) zum Lago Ritom, dem Ziel unserer Wanderung.

12 **Airolo,** 1142 m, 2100 Einwohner, stattliches Dorf am Fuß der Südrampe des Gotthardpasses; große Verladeanlagen für Auto- und Gütertransport über den Gotthard; Luftkurort und Wintersportplatz, Bergbahn zum Sasso della Boggia, 2065 m.

13 **Gotthardpaß,** 2108 m, 10 %, 26 km lang; erbaut 1818–1826, neben dem Brenner der bedeutendste Alpenübergang, verbindet die Zentralschweiz mit dem Tessin und Italien. War die alte Paßstraße durch die 46 Kehren des Val Tremola (»Tal des Zitterns«) der Schrecken vieler Autofahrer, so bereitet die neue, autobahnmäßig in Tunnels und Galerien geführte Gotthardstraße keinerlei Schwierigkeiten. Seit 1882 Gotthard-Eisenbahntunnel mit Autoverladung Airolo–Göschenen. Auf der Paßhöhe wildromantische Ur- und Ödlandschaft mit eingeengter Aussicht.

14 **Hospental,** 1452 m, Kanton Uri, erster Talort nördlich des Gotthardpasses in der herben, baumlosen Landschaft des Urserentals; alter Wehrturm aus dem 13. Jh., Rest der Burg der »Edlen von Ospental«.

15 **Andermatt,** 1436 m, 1800 Einwohner, Höhenkurort und Wintersportplatz, Kreuzungspunkt der Alpenpässe Gotthard, Oberalp und Furka.

16 **Schöllenenschlucht,** gewaltige Felsenschlucht der Reuß zwischen Göschenen und Andermatt. Kühn angelegte **Straße** mit vielen Kunstbauten, wie »Teufelsbrücke« und Tunnel »Urner Loch«. Sehr eindrucksvolle Szenerie mit tosenden Wasserfällen zwischen senkrechten Granitwänden.

17 **Furkapaß,** 2431 m, 10 %, 32 km lang, verbindet das Wallis mit der Zentral- und Ostschweiz. Auf der kehrenreichen, mäßig breiten Straße häufig wechselndes Panorama rings um den gigantischen zentralalpinen Dammastock. Besonders eindrucksvoll ist der Südwestabstieg, hier führt die Straße unmittelbar an den **Rhonegletscher** heran (Hotelgruppe mit Läden und Gletschergrotte).

18 **Grimselpaß,** 2165 m, 9 %, 39 km lang, verbindet das Haslital mit dem Oberwallis, führt durch eine weltenferne Öd- und Urgebirgslandschaft. Im Bereich der Paßhöhe und sich fortsetzend ins Oberhaslital die gigantischen Anlagen der Kraftwerke Oberhasli, mit 2 riesigen Stauseen (zusammen 100 Mio cbm) und einem System von Sperren, Speicherbecken, Druckstollen und unterirdischen Kraftwerken, das bis nach Innertkirchen hinunterreicht und zu den größten Europas zählt (1200 Mio kWh pro Jahr). Nächst der Paßhöhe Stichstraße zum Oberaarsee, beim Paßrestaurant sehenswerte Mineraliengrotte.

19 **Haslital,** im unteren Teil lieblich-grüner Talzug, in den obersten Stufen vor dem Grimselpaß wilde Fels- und Gletscherlandschaft, gilt als eiszeitlicher Schulgarten der alpinen Gletscherforschung. Das Gebiet ist auch reich an Kristallen, hier sind heute noch die »Strahler« auf der Suche nach kostbaren Steinen und Mineralien.

Seite 85: In einem Winkel des Verzascatals, veranschaulichen altersgraue Steinhütten, an dürftig bewachsene Felshänge gekrallt, die spartanische Lebensweise ihrer Bewohner.

Ronco	0 km	320 m	Gotthardpaß	110 km	2108 m
Intragna	10 km	339 m	Hospental	120 km	1452 m
Locarno	21 km	205 m	Furkapaß	138 km	2431 m
Bellinzona	40 km	241 m	Gletsch	148 km	1759 m
Biasca	60 km	293 m	Grimselpaß	155 km	2165 m
Airolo	97 km	1142 m	Meiringen	188 km	595 m

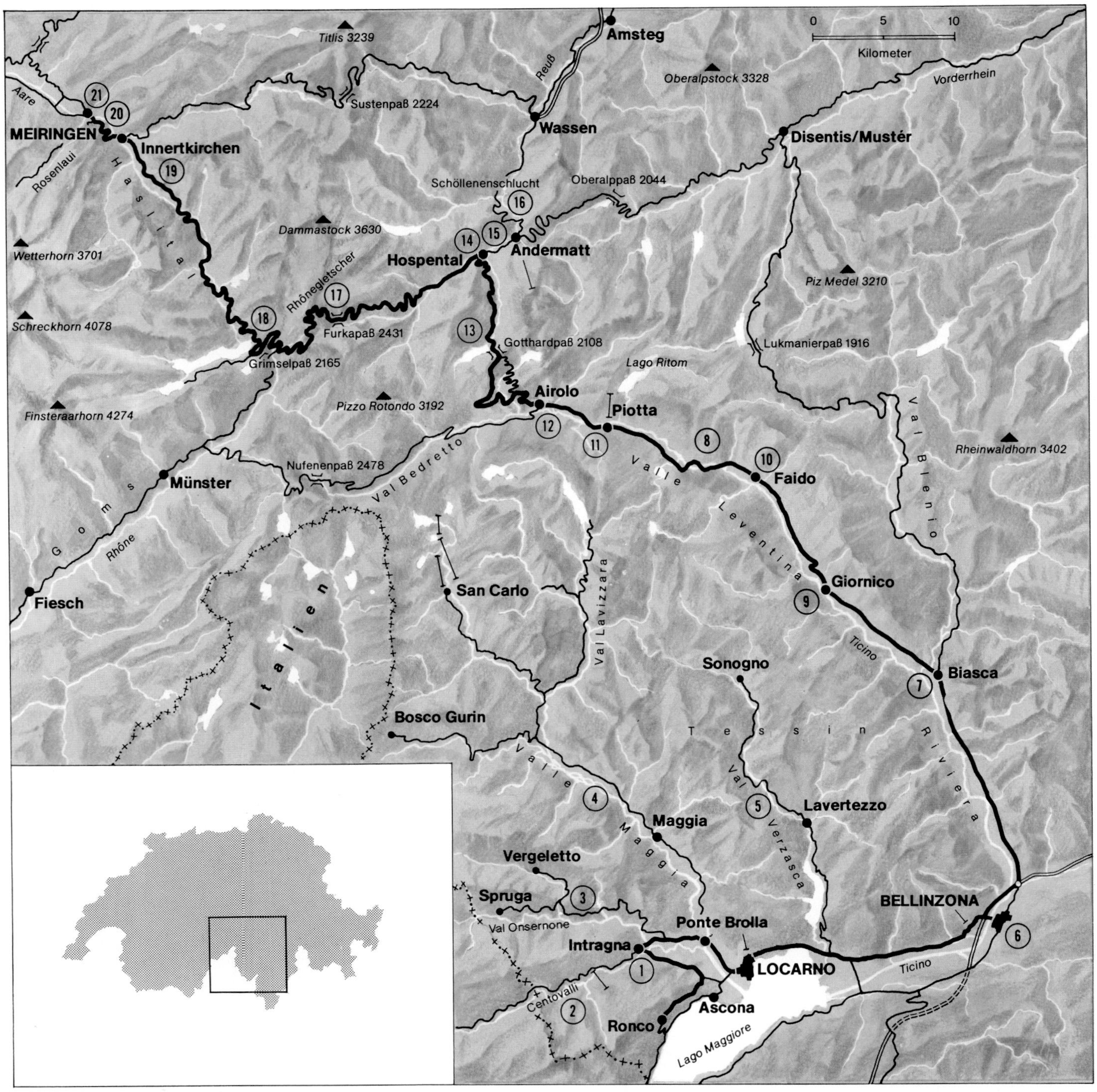

20 **Aareschlucht,** großartige Flußenge, vom Wasser in Jahrtausenden durch den Kalkfelsriegel des »Kirchets« zwischen Innertkirchen und Meiringen gesägt. Kunstvoll angelegte Treppen und Steige laufen durch die bis 200 Meter tiefe, vereinzelt nur meterbreite Schlucht, durch die gespenstisch-lautlos die Aare fließt.

21 **Meiringen,** 595 m, 4500 Einwohner, ein sympathisches Dorf, das sich behäbig zwischen den grünen Wiesenmatten eines weiten Talbeckens ausdehnt; an den hübschen Häusern, die viel Holz zeigen, reicher Blumenschmuck. Meiringen ist Zentrum der Erholungslandschaft Haslital und ein beliebter Sommer- und Winterferienort. Sehenswerte Kirche mit freistehendem Turm und unterirdischer, romanischer Krypta (11./12. Jh.); regional-geschichtliches Museum.

Touristische Tips

Die schönsten **Camping**plätze auf dieser Etappe fanden wir in Bellinzona (»Ponte della Torretta«), in Claro (»Al Censo«), Biasca, Innertkirchen (3) und Meiringen (2).

Wohnwagengespanne begegnen, abgesehen von den bereits im vorhergehenden Kapitel erwähnten engen Bergstraßen im Bereich Porto Ronco – Ronco – Losone, keinen Schwierigkeiten.

Die **Quartier**suche am Etappenziel Meiringen ist angenehm und problemlos; im Ort viele bodenständige Gasthöfe und Hotels, preiswerte Pensionen und Privathäuser, ein empfehlenswertes Motel.

Kulinarische Spezialitäten: Unsere heutige Etappe führt durch höchst unterschiedliche Klimazonen und Lebensräume der Schweiz, ähnlich bunt ist auch die Speisekarte. Während im Tessin noch die von Italien beeinflußte Kost mit vielen vorzüglichen Teigwaren überwiegt, stehen am Rand der großen Durchgangs- und Paßstraßen kaum landschaftlich betonte Spezialitäten im Vordergrund. Man bevorzugt internationale Küche, die nördlich des Gotthards zur »währschaften« Berner Kost tendiert.

Seite 88: Den Atem der Geschichte verspürt man vor dem wehrhaften Torturm des Castello Montebello im Innenhof von Schloß Schwyz über Bellinzona.

Seite 89: Als bedeutendstes Zeugnis romanisch-lombardischen Kirchenbaustils auf Schweizer Boden gilt San Nicolao in Giornico. Der aus dem zwölften Jahrhundert stammende, fast unverändert erhaltene Bau besticht durch seine schlichten und klaren Formen. Im Bild die dreischiffige Hallenkrypta unter dem Chor.

Das mustergültige Straßenband über den St. Gotthard läßt die einstigen Schrecken der 46 Kehren im Val Tremola, dem ›Tal des Zitterns‹, vergessen.

Der klare, von ultramarinblau bis chromoxydgrün leuchtende Totensee auf der Höhe des Grimselpasses. ▶

Wanderung

Aus Wolkenhöhen ins Leventina-Tal
Piotta – Lago Ritóm – Altanca – Strada alta –Ambri

Gleich einem langen Korridor zieht sich das Tal des Ticino vom zentralalpinen, weltentrückten Gebirgsödland um den Gotthard bis in den irdisch-üppigen Sonnengarten des Lago Maggiore. Zu oft (und zu Unrecht) wird der Weg von Airolo nach Bellinzona als bloße Durchgangsstrecke zwischen Nord und Süd eingestuft, die man möglichst rasch hinter sich zu bringen trachtet. Unsere heutige Wanderung am Rand der großen Ferienstraße bringt nicht nur Abwechslung in die etwas langatmige Autofahrt, sondern zeigt mit einer Fülle von Bildern die reizvollen Kontraste und Übergänge an der Grenze zweier Welten: hier die kalte, strenge, abweisende Hochalpenregion, daneben die warmen, weichen Farben und Stimmungen des Südens.
Wer viel Zeit hat, kann sich in drei Tagen den Süden buchstäblich erwandern. Von Airolo an der Südrampe des Gotthardpasses führt die Strada alta, ein 45 Kilometer langer, bequemer Höhenweg längs des Leventinatales bis nach Biasca. Doch da unser Programm begrenzt ist, schneiden wir uns aus diesem Wanderkatalog eines der schönsten Albumblätter heraus.
In Piotta, einem kleinen Straßendorf zwischen der Felsschlucht von Dazio Grande und dem Gotthardpaß, biegen wir rechts ab zur Talstation der Drahtseilbahn Ritóm. Atemberaubend steil, mit 88 Prozent Steigung, rattert die kleine Funicolare flink die 800 Meter hohe Hangfront hinauf und entläßt uns auf einer exklusiven Aussichtskanzel hoch über dem grünen Talband der Leventina. Gegenüber baut sich die mächtige Front der Tessiner Alpen auf, hinter uns im Norden glitzern die Eisfelder des Pizzo Rotondo, direkt zu unseren Füßen entrollt sich, von einem Reigen weißer Bergkirchlein umsäumt, das tief eingeschnittene Ticino-Tal bis weit hinaus in die dunstige Bläue des Südens.
Auf dem steigungsfreien Galeriesträßlein sind wir in einer Viertelstunde am Lago Ritóm, einem drei Kilometer langen Stausee in 1850 Meter Höhe. In seiner Nachbarschaft entfaltet sich ein ganzes Netz hochkarätiger Wanderwege mit vielen kleinen Bergseen bis hinüber zum knapp vier Stunden entfernten Lukmanierpaß. Wir begnügen uns mit einem kurzen Spaziergang entlang des Nordufers, wo die kargen, farblosen, dürftig begrasten Steinhalden harte Kontraste zum schwelgerisch leuchtenden Blau des Seenspiegels setzen.
Direkt unter der Staumauer beginnt der Abstieg. Am rechten Steilhang über dem schluchtartigen La Foss-Bach finden wir (nach etwas Anfangsschwierigkeiten) einen hübschen, halb verfallenen Treppenweg. Die Warntafeln des Kraftwerks, die auf plötzlich einsetzende Wasserablässe hinweisen, brauchen uns nicht zu erschrecken; sie gelten für den Aufenthalt im – ohnehin unwegsamen – Bachgrund, der natürlich streng zu meiden ist.
Die kleine Pfadfindermühe beim Suchen des Weges wird bald reichlich belohnt. In verschlungenen Windungen senkt sich eine Steinplattentreppe 400 Meter talwärts, ein zauberhafter Terrassenweg über die obersten Ränge der Leventina, mit viel unverfälschtem Tessiner Kolorit: Blumenpracht zwischen Felsblöcken, sattdunkles Nadelgehölz mit Heidelbeeren und Pilzen, sonnenverbrannte Grasbänder, die verlassenen Steinhütten einer Alp – und immer wieder der weite Blick in die ferne Bläue der Tallandschaft.
In Altanca, einem entzückenden Dorf auf dem Hangbalkon, erreichen wir wieder irdische Regionen. Auf dem Asphaltsträßlein folgen wir ein Stück der Strada alta, leicht fallend zieht sich der Weg die Hangfront entlang, vorbei an den braunen Holzhäusern von Ronco, erreicht schließlich das Feriendorf Deggio. Am Ortseingang geht es rechts ab und auf schattigen Serpentinen zum Talboden hinunter. Am Ufersaum des frischen, quicklebendigen Ticino schlendern wir in einer halben Stunde zum Ausgangspunkt zurück.

Start- und Zielpunkt: Piotta, 1006 m, an der Straße Faido–Airolo.

Abzweigung von der Reiseroute: Piotta; 0,5 km zur Talstation der Ritóm-Seilbahn.

Charakter: Bergbahnauffahrt; leichte, abwechslungsreiche Höhenwanderung mit langem Talabstieg; prächtige Aussichtsterrassen.

Kinder: Ab 5 Jahren, wenn genügend ausdauernd.

Dauer: 4 Stunden; mit verkürzender Abstiegsvariante Altanca–Piotta 2 ½ Stunden.

Zeitbedarf ab Abzweigung Reiseroute: 4 ½ Stunden, auf der Abkürzung 3 Stunden.

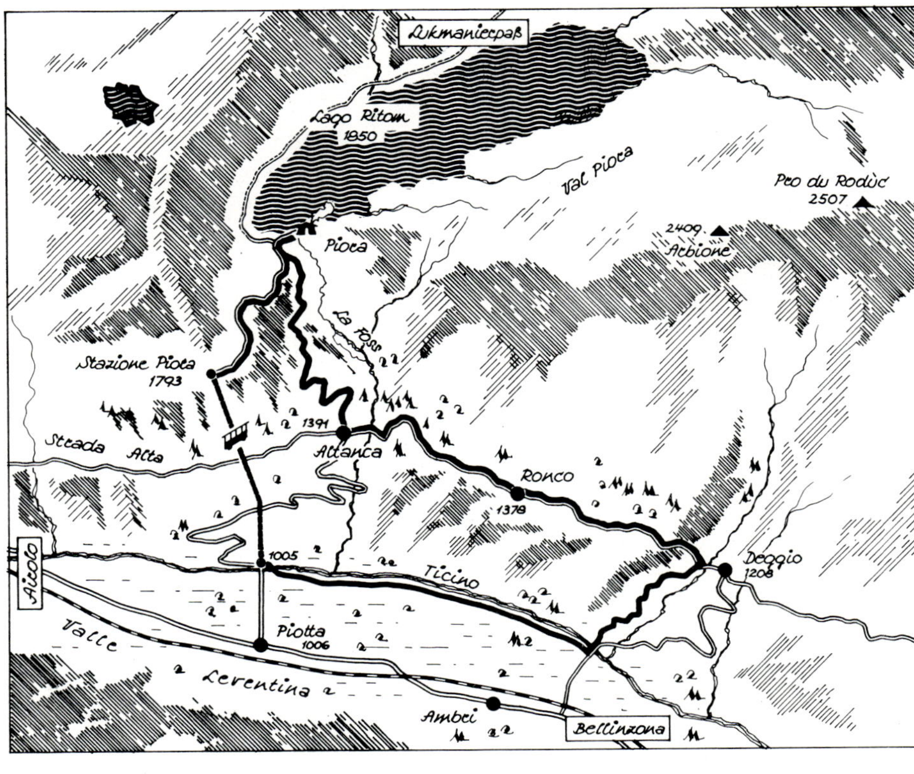

Unmittelbar an den Rand des Rhonegletschers führt die Furkastraße westlich der Paßhöhe. Aussichtsterrasse und künstliche Eisgrotte zeigen die wilde Schönheit des Gletscherbruchs, an dessen unterem Ende die Rhone das Licht der Welt erblickt.

8 Meiringen – Brunnen

Die großen Panoramastraßen

Nun sind wir im Berner Oberland, genauer gesagt im Haslital. Behäbig breit hingestellte, mit reicher Blumenpracht geschmückte Bauernhäuser, blitzsaubere Straßen, gepflegte Gärtchen – rundherum eine gemütliche, anheimelnde Atmosphäre.
Eine Besonderheit anderer Art zeichnet das Oberhasli aus: Die Berglandschaft ist besonders reich an Kristallen und seltenen Steinen. Früher arbeiteten die »Strahler«, ein eigener Berufszweig, gewerbsmäßig an der Hebung dieser Schätze. Noch heute erzählt man sich im Tal von ihrer größten Entdeckung im Jahr 1719. Damals stießen sie auf eine märchenhafte Grotte im Ausmaß von drei auf dreißig Meter, die fast tausend Zentner Bergkristalle enthielt.
Der Wandervorschlag dieser Etappe führt in die alpine Bilderbuchlandschaft der Rosenlaui, wo alle Eindrücke der Schweizer Bergwelt gleichsam in konzentrierter Form dargeboten werden. Wer die Wanderung verschmäht, sollte wenigstens einen Abstecher per Auto oder Bus nach dorthin einlegen.
Dann starten wir zur Fahrt über den Sustenpaß, den letzten der drei großen Pässe unserer Route, der zusammen mit den gestern befahrenen Straßen von Furka und Grimsel einen einzigartigen Zyklus hochalpiner Gebirgsfahrten bildet. Sanft ansteigend schraubt sich die Straße über die Terrassen des langgezogenen Gadmentals bergwärts, linkerhand flankiert von der klassisch schönen Felswandflucht der Telli- und Wendenstöcke. Im Wechsel von Brücken und Tunnels ändert die Landschaft fortwährend ihr Gesicht, bis die dekorativen Laub- und Nadelwälder abgelöst werden von nacktem Fels und gleißenden Gletscherfeldern, von den chaotischen Formen hochalpiner Urlandschaft. Besonders lohnend ist es, vom Parkplatz am westlichen Ende des großen Scheiteltunnels in zehn Minuten zur eigentlichen Paßhöhe hinaufzusteigen. Von dort bietet sich ein großartiger Ausblick auf die den Paß nach beiden Seiten flankierenden Berge und Gletscher.
Zügig rollen wir durch das langgezogene Felsödtal der Meienreuß hinaus nach Wassen.
Die Straße durch das Urnertal entlang der Reuß – teilweiße über fertige Autobahnabschnitte geführt – ist schnell und kurzweilig. Ein Dorf reiht sich an das andere, von den eng zusammengerückten, bewaldeten Steilhängen grüßen Burgen, da und dort öffnet sich kurz der Vorhang und gibt den Blick frei zu den schneegekrönten Gipfeln imposanter Dreitausender.
Um Erstfeld, den Ort mit den großen Verladeanlagen der Gotthardbahn, rankt sich folgende Geschichte: Vierhundert Jahre vor Christus versteckte ein fahrender Händler im damals noch unbesiedelten Tal sieben goldene Ringe. 1962 wurden diese bei Bauarbeiten, neun Meter unter dem heutigen Niveau, wieder gefunden. Es handelt sich um keltische Goldblecharbeiten, die man heute als »Schatz von Erstfeld« im Schweizerischen Landesmuseum von Zürich sehen kann.
Historischen Schweizer Boden betreten wir in Altdorf, knapp vor den Ufern des Vierwaldstätter Sees. Der hübsche Flecken, in dessen Baucharakter ein Hauch des Südens spürbar wird, war der Überlieferung nach Schauplatz von Tells Apfelschuß. Telldenkmal und Tellspielhaus erinnern an Ursprung und Entstehung der Eidgenossenschaft.
Wenig später, in Flüelen, erreicht man den Vierwaldstätter See, in diesem Teil Urner See genannt. Hier bieten sich dem Beschauer die eindrucksstärksten Bilder dieses Binnengewässers, das mit seiner Vielgestaltigkeit ein ganzes Talsystem füllt und als der attraktivste See der Schweiz gilt. Unerhört steil wachsen die felsigen, teilweise bewaldeten Ufer aus dem Wasser, vereinen sich zu einem Kolossalgemälde großartigster landschaftlicher Schönheit und Geschlossenheit. Längs des Ostufers verläuft, hoch über dem Seenspiegel kunstvoll in den Fels gesprengt, die Axenstraße, eine der schönsten Panoramastrecken unseres Kontinents.
Auf Schritt und Tritt begegnen wir hier den Zeugen der Schweizer Geschichte und Tradition. Südlich des idyllischen Sisikon steht die berühmte Tellskapelle, am gegenüberliegenden Ufer unter den weißen Kalkfelsen des Seelisberges liegt auf einer Waldlichtung die Rütliwiese, darunter ragt das Felsriff des Schillersteins aus dem Wasser.
In der großen Nordostbucht, am Knie zwischen dem Urner- und dem Hauptbecken des Vierwaldstätter Sees, präsentiert sich malerisch-effektvoll der Kurort Brunnen, das Ziel unserer heutigen Tagesreise. Auch dieser Ort mit seinen einladenden Hotels, den anziehenden Strandanlagen und dem großen Strandbad ist eine bedeutende geschichtliche Stätte. Hier erneuerten die Urkantone Uri, Schwyz und Unterwalden 1315 den Bundesschwur von 1291.
Freunde der Historie werden von Brunnen einen Abstecher in das sechs Kilometer entfernte Städtchen Schwyz einlegen, das sich unter den königlichen Felstürmen der Mythen harmonisch über die weite Talschale breitet. Besondere Sehenswürdigkeiten dieser »Wiege der Schweiz« sind das Rathaus, das Bundesbriefarchiv, die barocke St. Martinskirche und viele schmucke Bürgerhäuser.

Reise-Lexikon

1 **Reichenbachfälle,** imposanter, 100 Meter hoher Wasserfall, stürzt in mehreren Kaskaden vom Hochtal Rosenlaui ins Talbecken der Aare; durch Weganlagen und eine Drahtseilbahn erschlossen. Der englische Schriftsteller Conan Doyle ließ seinen legendären Detektiv Sherlock Holmes in den Reichenbachfällen umkommen.

2 **Rosenlaui,** Hochtal am Fuß der östlichen Berner Alpen; Eldorado der Alpenmaler, Bergsteiger und Wanderer; prächtige Landschaftsszenerie mit begeisternden Kontrasten zwischen dem lieblich-verspielten Tal des Reichenbachs und der effektvollen Felsformation der **Engelhörner** und des **Wetterhorns**. Sehenswert die wildromantische **Rosenlaui-Schlucht**, besonders eindrucksvoll der **Rosenlaui-Gletscher.** Kurvenreiche, teilweise einspurige Bergstraße von Meiringen zur Hotelstation Rosenlaui (1328 m, 11 km), und weiter zur 1454 m hoch gelegenen Schwarzwaldalp im Talschluß (Übergang Große Scheidegg–Grindelwald).

3 **Hasliberg,** Sammelbegriff für die sonnige Bergterrasse über dem Haslital, beliebtes Wander- und Wintersportgebiet; Straßenzufahrt ab Brünigpaß, Luftseilbahn ab Meiringen.

4 **Sustenpaß,** 2224 m, 9 %, 46 km lang, verbindet das Hasli- mit dem Reußtal. Vortrefflich ausgebaute Panoramastraße mit 26 Brücken und 24 Tunnels, neu angelegt in den Jahren 1938–1945; am Scheitelpunkt durchstößt ein 325 m langer Tunnel die Paßhöhe; großartige Ausblicke auf die den Paß flankierenden Berge und Gletscher, wie Sustenhorn (3512 m), Fleckistock (3420 m), Steingletscher und Tierberg (3447 m); eine der prächtigsten Hochalpenstraßen der Schweiz.

5 **Wassen,** 928 m, Ortschaft im tief eingeschnittenen Reußtal, Knotenpunkt der Verkehrsadern Axenstraße, Gotthard- und Sustenpaß.

6 **Amsteg,** 519 m, am Fuß des Bristenstocks, an der Mündung des malerischen Maderanertals. Nördlich von Amsteg über dem Reußtal die Ruine der Burg Zwing-Uri des österreichischen Vogts Gessler, durch die Eidgenossen 1291 zerstört.

7 **Silenen,** 510 m, kleines Dorf im Reußtal; Barockkirche von 1754; gut erhaltene Turmruine (13. Jh.) der Freiherren von Silenen, die sich in der Geschichte Uris als Heerführer und Politiker bedeutende Verdienste erwarben.

8 **Erstfeld,** 472 m, größerer Ort an der Gotthardstraße; umfangreiche Eisenbahnanlagen, Beginn der Bergstrecke der Gotthardbahn. In Ortsnähe die Jagdmattkapelle (1339, Neubau 1637/38).

9 **Altdorf,** 458 m, 8500 Einwohner, Hauptstädtchen des Kantons Uri, 3 km südlich des Vierwaldstätter Sees, Verkehrsknotenpunkt von Axenstraße, Klausenpaß und Gotthardstraße. Der Überlieferung nach Schauplatz von Wilhelm Tells Apfelschuß; am Hauptplatz das populäre Tell-Denkmal von Richard Kissling (1848–1919); Tellspielhaus mit temporären Aufführungen des Tell-Dramas. Das Bild des mehrmals abgebrannten und wiederaufgebauten Ortes wird durch die nach 1800 entstandenen Bauten geprägt, wie der klassizistischen Kirche St. Martin (1801–1810) mit wertvollem Kirchenschatz, dem Rathaus mit den Fahnen der Schlachten von Morgarten und Sempach; Kapuzinerkloster, Herrenhäuser, Brunnen mit Figuren, Historisches Museum von Uri.

10 **Vierwaldstätter See,** 434 m, 214 m tief, mit 113 qkm fünftgrößter See der Schweiz; äußerst vielgestaltig mit sieben Hauptbecken und vielen Verzweigungen, Buchten und Winkeln. Sein Name stammt von dem eidgenössischen Kernland der vier Waldstätten Uri, Schwyz, Unterwalden und Luzern. Der See wird umrahmt von effektvollen Bergmassiven, wie Rigi, Uri-Rotstock, Pilatus u. a.; am geschützten Nordufer südländisch-üppige Vegetation. Besonders reizvoll ist eine Rundfahrt per Schiff, die alle wichtigen Uferorte und landschaftlichen Schönheiten erschließt.

11 **Axenstraße,** eine der schönsten Panoramastraßen Europas, verläuft längs des Ostufers des Vierwaldstätter Sees von Flüelen nach Brunnen; 1863–1865 kunstvoll angelegt mit vielen Stützmauern, Galerien und Tunnels; prächtige Ausblicke auf die See- und Berglandschaft.

12 **Flüelen,** 438 m, Ferienort am Südende des Vierwaldstätter Sees; alte Kirche; Schlößchen Rudenz, einst Besitz der Freiherren von Attinghausen.

13 **Sisikon,** Sommerfrische am Ostufer des Vierwaldstätter Sees; südlich des Ortes am Seeufer die **Tellsplatte**, auf die der Überlieferung nach Tell aus dem Schiff des Landvogts Geßler sprang, daneben die **Tellskapelle,** 1388 erbaut, 1881 erneuert. In der Kapelle vier Fresken von Ernst Stückelberg: Rütlischwur, Apfelschuß, Tellsprung und Geßlers Tod.

14 **Rütliwiese,** nationale Gedenkstätte der Schweiz, liegt gegenüber der Axenstraße am jenseitigen Seeufer. Hier begründeten 1291 und erneuerten 1307 die drei Urkantone Schwyz, Uri und Unterwalden mit ihrem Schwur zum Schutz der bedrohten Freiheit die Eidgenossenschaft. Unweit davon der aus dem See ragende, 26 m hohe **Schillerstein** mit der Inschrift: »Dem Sänger Tells, Friedrich Schiller, die Urkantone, 1859«.

15 **Brunnen,** 6000 Einwohner, hübsches Städtchen in reizvoller Uferlage, neben Weggis touristisch attraktiver Kurort am

Das Telldenkmal in Altdorf.

Meiringen	0 km	595 m
Sustenpaß	34 km	2224 m
Wassen	52 km	928 m
Altdorf	77 km	458 m
Brunnen	92 km	436 m

Vierwaldstätter See. Schöne Strandpromenade mit herrlichem Ausblick auf See und Berge; Wassersport, Schiffahrt.

16 **Schwyz,** 517 m, 13 000 Einwohner, Hauptstadt des Kantons Schwyz, traditionsreicher Ort im breiten Talbecken am Fuß der Mythen, Kernzelle der Eidgenossenschaft und des heutigen Schweizerischen Bundesstaates. Viele Sehenswürdigkeiten, wie Pfarrkirche St. Martin, ein festlicher Barockbau; Rathaus mit Fassadengemälden und getäfelten Ratsstuben; eine Reihe bemerkenswert schöner Herrenhäuser aus dem 17. und 18. Jh.; Dominikanerinnenkloster St. Peter; Kapuzinerkloster an der Herrengasse; Bundesbriefarchiv; Diözesanmuseum; Turmmuseum.

Die Tell-Sage

Gegen Ende des dreizehnten Jahrhunderts beherrschten die Habsburger weite Teile der heutigen Schweiz. Der Kaiser setzte Landvögte ein, die das Volk unterjochten und tyrannisierten. Der grausamste, Geßler, ersann einen besonderen Akt der Demütigung. Er ließ auf dem Marktplatz zu Altdorf seinen pfauenfedergeschmückten Hut auf einer Stange aufpflanzen und ordnete an, daß jeder erwachsene Mann, der vorüberging, diesen Hut mit ehrerbietigem Kniefall zu grüßen hätte.

Eines Tages schritt Wilhelm Tell, ein Gemsjäger aus dem Schächental, mit seinem Sohn an der Hand über den Platz, ohne den Hut zu beachten. Geßler ließ ihn festnehmen und versprach, ihm nur dann das Leben zu schenken, wenn er mit Armbrust und Pfeil einen Apfel vom Haupt seines Kindes schösse. Tell traf den Apfel mitten durch. Dann fragte Geßler, warum in Tells Gürtel noch ein zweiter Pfeil steckte. Mutig antwortete Tell, dieser sei für ihn, Geßler, bestimmt gewesen, wenn er statt des Apfels seinen Knaben getroffen hätte. Wutschnaubend ließ Geßler ihn fesseln und auf sein Boot schleppen, das zur Überfahrt in seine Burg nach Küßnacht bereitlag. Auf dem See kam ein gewaltiger Sturm auf, der den Nachen zu verschlingen drohte. In Todesangst entledigte man Tell seiner Ketten, um seine kräftigen Arme das Steuer führen zu lassen. Tell steuerte nahe an eine ihm bekannte Felsklippe heran und rettete sich mit einem beherzten Sprung ans Ufer, während das Boot weitertrieb und später Küßnacht erreichte. Wilhelm Tell, der wußte, daß sein Leben verwirkt war, eilte nach Küßnacht und wartete in einem Gebüsch über dem Hohlweg, der zu Geßlers Burg führte. Als Geßler nahte, traf ihn Tells Pfeil mitten ins Herz.

Die Heldentat Wilhelm Tells gilt seither als Auftakt des Freiheitskampfes der Eidgenossen gegen Knechtschaft und Unterdrückung.

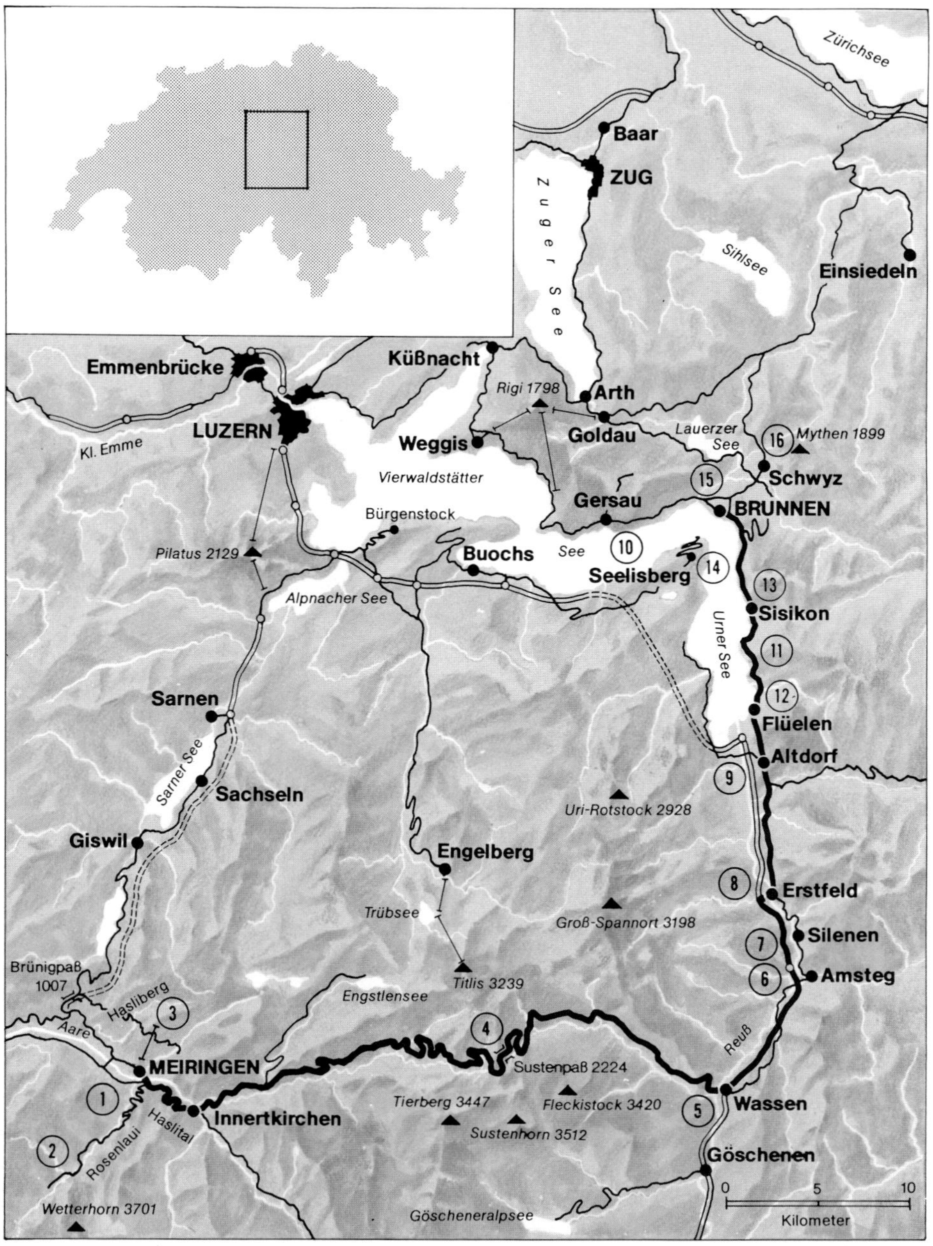

Touristische Tips

Die schönsten **Camping**plätze fanden wir in Meiringen (2), Innertkirchen (3), Sisikon und Brunnen.

Für **Wohnwagen** auf dieser Route keine Schwierigkeiten.

Die **Quartiernahme** ist am Etappenziel Brunnen meist problemlos. Der Kurort bietet neben den komfortablen Hotels auch viele preiswerte Pensionen und Gasthöfe. Sollte Brunnen zur Hochsaison gelegentlich voll belegt sein, weicht man in die uferfernen Orte Ingenbohl und Schwyz aus.

Kulinarische Spezialitäten: Neben der internationalen Küche findet man in der Zentralschweiz noch alte, bodenständige Gerichte, wie »Schwyzer Gemspfeffer«, »Luzerner Käsesuppe« und die »Luzerner Speise« (Kartoffeln und Birnen). Rings um den Vierwaldstätter See sind selbstverständlich Fische, wie Hechte und Forellen, sehr geschätzt.

Seite 95: Zwischen Innertkirchen und Meiringen zwängt sich die Aare durch eine 200 Meter tiefe Felsschlucht.

Seite 96/97: Im Alpenparadies Rosenlaui am Fuß der Berner Alpen.

Seite 98/99: Aufziehendes Gewitter am Sustenpaß mit Seeboden, Steingletscher, Sustenhorn (links, 3512 m) und Tierberggruppe (rechts, 3447 m).

Seite 102: Blick von der Axenstraße auf das Westufer des Urner Sees und zum Uri-Rotstock (2928 m).

Seite 103: Bauer aus dem Urner Land.

Seite 104/105: Weggis und dahinter Vitznau am Nordufer des Vierwaldstätter Sees.

SCHLACHT
MORGARTEN
1315

Wanderung

Im Dorado der Kletterer und Alpenmaler
Meiringen – Rosenlaui – Schwarzwaldalp

Bei einer Rundreise durch die Schweiz stellt sich irgendwann einmal die Frage, wo denn nun die schönste, die großartigste Landschaftsszenerie zu finden sei. Die pauschale Antwort könnte etwa lauten: überall dort, wo Lieblichkeit und Wildheit einander am nächsten sind, sich vereinigen zum augen- und sinneschockierenden Kontrast. Dies ist meist nicht die Region der höchsten Gipfel, die oft von einem Vorfeld alpinen Ödlands umlagert ist, sondern es sind jene Punkte, an denen unmittelbar neben der sanften Harmonie verspielter Tallandschaften die schreckerregende Zerrissenheit atemberaubend kühner Naturkompositionen steht. Eine Häufung solcher frappanter Gegensätze finden wir im Berner Oberland.
Unser heutiges Wanderziel, die Rosenlaui, ist eine der schönsten Schatzkammern alpiner Pracht. Das Bild auf den Seiten 96/97 vermittelt einen Vorgeschmack: sattgrüne, blumenübersäte Weidematten, springlebendige Wildbäche, schroffes, himmelsstürmendes Felsgemäuer, in Wolkenhöhen hängende Eiswülste, schließlich als Schlußeffekt das Spektakulum einer Gletscherschlucht – und dies alles auf einem Spaziergang von drei Stunden, der mehr dem Besuch eines alpinen Freilichtmuseums als einer Bergwanderung gleicht.
In Meiringen gilt es vor dem Start zu überlegen, ob man die Exkursion mit dem eigenen Auto oder per Bus durchführt. Im ersteren Fall ist man zwar zeitlich flexibler, doch die zehn Kilometer lange Auffahrt auf der kurvenreichen, teilweise einspurigen Bergstraße ist nicht nach jedermanns Geschmack und läßt manchen den Bus bevorzugen.
Ausgangspunkt für die Wanderung ist Gschwandtenmad, eine über die ebene Hochtalsohle verstreute Alphüttensiedlung. Wir folgen dem halbrechts abzweigenden Fahrweg, der sich angenehm von der zeitweise etwas überlaufenen Hauptstraße absetzt und uns Ruhe und Muße dazu vermittelt, das kolossale Alpengemälde gebührend auf uns einwirken zu lassen. Direkt gegenüber der steingewordene Tumult der Engelhörner mit rund zwanzig Felsgipfeln und Dutzenden von Wänden, Kaminen und Graten, ein Paradies der Kletterer, für die hier in Rosenlaui eine eigene Bergsteigerschule etabliert ist. Zwischen der weit vorgeschobenen Spitzpyramide des Kleinen Wellhorns und dem zurückgesetzten Dossenhorn breitet sich der Eisstrom des Rosenlauigletschers aus, dem wir später noch näher zu Leibe rücken. Rechts des Kleinen Wellhorns setzt sich die Garde der Felsgiganten mit dem Großen Wellhorn, dem Wetterhorn und – von unserem Standort aus nicht mehr sichtbar – dem Dreigestirn Eiger, Mönch und Jungfrau fort.
Unser Weg steigt allmählich an, zieht eine Schleife über dem lieblichen Wiesengrund, durchmißt eine Waldpassage. Auf dem idyllischen Hochboden von Rufenen öffnet sich erneut der Blick zum großen Panorama. Auf schattigen Baumpartien bummeln wir hinunter zur Alp Broch, wandern entlang der Straße das Reichenbachtal aufwärts bis zur Schwarzwaldalp, dem Endpunkt des Autoverkehrs. Der malerische Talboden mit seinen Alpenrosenfeldern, Ahorn- und Tannengruppen bildet die ideale Kulisse für eine Rast.
Der Weg zurück führt entlang der Autostraße, die sich leicht fallend zwischen Bachgrund und Felswänden über Wiesenlichtungen und durch schattiges Nadelgehölz schlängelt. Obligatorisch ist ein Abstecher zur direkt am Weg liegenden Gletscherschlucht. Ein (gebührenpflichtiger) Stollen- und Treppenweg erschließt das alpine Gruselkabinett, in dem es dröhnt und brodelt und zischt und tobt, daß man sich in einem Vorspiel zum Weltuntergang wähnt. Oben, über der Schlucht, hübsche Rastplätzchen zwischen anmutigen Grasflecken und putzigen Fichtenzwergen, Logensessel vor der komplexen Bühne des Rosenlauigletschers. Hoch über uns hängt die zerborstene Eismasse, schickt dünne Rinnsaladern über das weitgespannte Felsbett, das die Gletscherströme in Jahrhunderten blankgeschliffen haben.
Auf einem Serpentinenpfad gehts zurück ins Tal, vorbei am liebenswert-altmodischen Hotelkasten »Rosenlaui« und an Straße und Reichenbach entlang zum Ausgangspunkt Gschwandtenmad.

Start- und Zielpunkt: Gschwandtenmad. 1300 m, im Rosenlauital.

Abzweigung von der Reiseroute: Meiringen; 1 km ab Ortsmitte in Richtung Innertkirchen im Vorort Willigen beschilderte Abzweigung ins Rosenlaui, ab hier weitere 9 km enge, kurvenreiche Bergstraße (wahlweise Bus) nach Gschwandtenmad.

Charakter: Bequeme, steigungsarme Rundwanderung mit großartiger alpiner Szenerie.

Kinder: Ab 4 Jahren, wenn etwas wandergeübt und ausdauernd.

Dauer: 3 Stunden.

Zeitbedarf ab Abzweigung Reiseroute: 4½ Stunden.

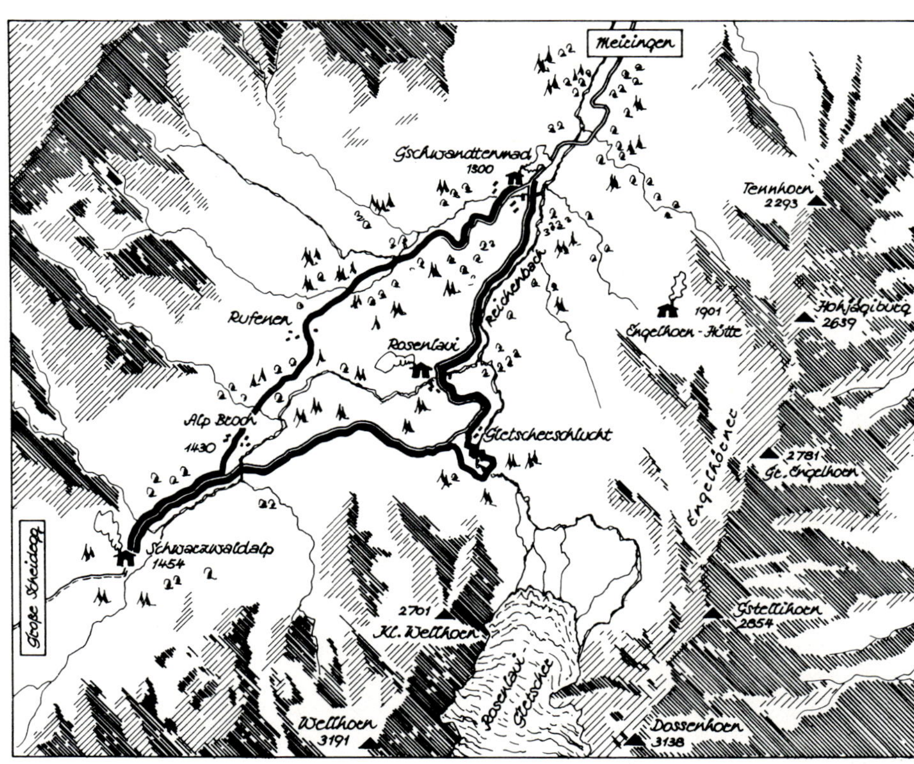

Darstellung der Schlacht am Morgarten an der Fassade des Rathauses von Schwyz.

9 Brunnen – Interlaken

Toskanische Gärten und Norwegische Fjorde

»Ein über den Gotthard gesprengtes Italien« nennt der Dichter Carl Spitteler die Landschaft am Vierwaldstätter See. Während ringsherum, im Bereich der Alpenpässe und Berge, Klima und Vegetation nordischen Charakter zeigen, hat eine Sonntagslaune des Schöpfers an den Ufern der gleich einem Puzzlespiel zusammengesetzten fünf Wasserbecken ein südländisches Paradies ausgespart. Dies veranschaulicht eindrucksvoll die Fahrt auf der »Rivierastraße« entlang der nördlichen Seenränder. Fortwährend wechseln Bilder voller Lieblichkeit und Kontraste, reihen sich aneinander zum schillernden Bilderbogen, der von der Schönheit der Welt erzählt. Edelkastanien, Pinien, Feigen begleiten unsere Reise, und immer wieder Blumen und Blüten in überquellender Fülle und Pracht.
Gersau, Vitznau, Weggis, so reihen sich die Orte aneinander, kuscheln sich auf schmale Uferzungen unter die steil hochstrebenden Wald- und Felshänge des Rigi-Massivs.
Später, gegen Küßnacht zu, wird das Land etwas weiter, sanft geschwungene Anhöhen dehnen sich aus,saftiggrüne Wiesenmatten und fruchtbare Obstgärten beherrschen das Bild.
Fast bedauert man, daß sich der anregende Ortsname Küßnacht nur von »Kiesnachen« ableitet. Das hübsche Kleinstädtchen erzählt viel aus der Vergangenheit. Im Wirtshaus »Engel« war einst Goethe zu Gast, ihm zu Ehren kann man noch heute in der »Goethestube« einkehren. Und natürlich darf ein Besuch der »Hohlen Gasse« nicht unterbleiben: ein schattiger, geheimnisvoll-düsterer Steinweg unter dichtem Buchenbaldachin, am Ende die Tellskapelle, fünfundzwanzig Minuten weiter die »Geßlerburg«.
Auf schneller, die Seebuchten abschneidender Straße erreicht man Luzern, die Perle der Zentralschweiz, eine echte Ferienstadt, die zu allen Jahreszeiten Saison hat. Südländische Heiterkeit paart sich mit den strengen Zügen der Alpenwelt, gelöste Urlaubsstimmung mit der präzisen Funktion eines (einschließlich aller Randorte) immerhin über hunderttausend Menschen zählenden Gemeinwesens.
Weil Luzern so vielseitig ist, kann man kaum einen bestimmten Besuchsplan vorschlagen. Da gibt es den prächtigen, festfreudigen Lido mit Wassersport und Schiffahrt, viele Kirchen und Kunstbauten berichten von der reichen Geschichte, kultivierte Einkaufsstraßen bezeugen den Rang der Stadt vor allem als Juwelier-, Kunst- und Antiquitätenzentrum. Man kann auch berühmten Persönlichkeiten nachspüren, die in Luzern gelebt und es verherrlicht haben: Fjodor Dostojewskij, Leo Tolstoj, Ludwig Uhland, Victor Hugo, Eleonara Duse und Richard Wagner; der im nahen Tribschen den »Siegfried«, die »Meistersinger« und seinen »Tristan« schrieb, und in dessen Stammlokal, der Weinstube Dubeli, auch heute noch ein guter Schoppen kredenzt wird.
Hinter Luzern stemmt der Hausberg und das Wahrzeichen der Stadt, der Pilatus, seine bizarren Formen aus Kalkstein und Mergelschiefer himmelwärts. Der Sage nach soll der biblische Landpfleger Pontius Pilatus dort oben begraben sein und zeitweise sein Unwesen treiben. Man nahm dieses fromme Märchen immerhin so ernst, daß bis Ende des 17. Jahrhundert das Besteigen des Berges verboten war, weil »tüflisches gespenst und geisterwerk« dort den Menschen bedrohe.
Heute ist der Pilatus eine vielbesuchte, von zwei Seiten mit Bahnen erschlossene Aussichtskanzel mit großartigem Rundblick.
Wenigstens für einen der beiden Berge, Pilatus oder Rigi, sollte ein Gipfelbesuch in unserer Reise eingeplant werden.
Südlich von Luzern ändert sich bald das Landschaftsbild. Autobahn und Schnellstraße führen uns rasch durch das Sarner Tal, eine harmonisch gestreckte, weite Senke, eingefaßt von offenen Hangmatten mit vielen Bauernhäusern. Nach der Fremdenverkehrsperfektion des Vierwaldstätter Sees gewinnt das Ursprüngliche wieder die Oberhand: rustikale Häuser mit viel Holz, unberührte Uferreviere an Sarner- und Lungernsee. Kaum merklich schwingt sich die Straße hinauf in die Laubbaumregion des Brünigpasses.
Gleich einem Bühnenvorhang öffnet sich oben auf der Paßhöhe die Aussicht für die großartige Szenerie des Berner Oberlandes mit Haslital und Brienzer See, überragt von den bis in die Unendlichkeit hochgetürmten, gletschergleißenden Gipfeln der Berner Alpen.
Eine lange Hangrampe senkt sich zum Brienzer See hinunter. Kurzweilig ist die Fahrt durch die Dörfer am Nordufer, fortwährend bleibt der Seenspiegel im Blickfeld. Ein eigenartiger Reiz geht von diesem See aus. Eingefaßt von steil aufsteigenden Felswänden, zeigt das malachitgrüne Wasser kaum eine Spiegelung, vibriert geheimnisvoll wie ein skandinavischer Fjord.
Dann Interlaken, die Pforte zu den Berner Alpen, ein Städtchen voller Noblesse. Vielgerühmt ist seine Promenadestraße, der »Höheweg«, mit den attraktiven Hotels von schon fast musealem Reiz, mit dem im Jugendstil erbauten Kursaal, ein Unterhaltungszentrum für die illustre Gästeschar, die selbst von Sidney und Los Angeles herbeiströmt in die »Haupt- und Residenzstadt« des Berner Oberlandes. Dahinter und darüber, die makellos weiße Gestalt scharf gegen den Himmel abgesetzt, majestätisch der Bergdom der Jungfrau.

Reise-Lexikon

1 **Rigi,** 1798 m, freistehendes, breit fundamentiertes Bergmassiv, das sich gleich einer Insel zwischen Vierwaldstätter- und Zuger See emportürmt, einer der berühmtesten Aussichtsberge der Schweiz. Auf Rigi-Kulm, den höchsten Gipfel, führen 3 Bergbahnen: Zahnradbahn ab Vitznau (1869–1871 gebaut, älteste Bergbahn Europas), Zahnradbahn ab Arth-Goldau, Luftseilbahn ab Weggis. Vom Gipfel prächtige Fernsicht nach allen Richtungen, die an klaren Tagen bis 200 km reicht. Viele Hotels, Spazier- und Wanderwege, Wintersport.

2 **Gersau,** 1800 Einwohner, klimatischer Kurort am Südhang des Rigi, in malerischer Lage am Ufer des Vierwaldstätter Sees. Gersau war von 1390 bis 1817 ein selbständiger, mit den Urkantonen verbündeter Freistaat, somit durch 5 Jahrhunderte die kleinste Republik der Welt. Sehenswert die klassizistische Kirche (1807–1812). Zwischen Gersau und Brunnen die Kindlimord-Kapelle (1708 erneuert).

3 **Vitznau,** 1000 Einwohner, klimatischer Kurort an der aussichtsreichen Uferstraße, nächst der durch Vitznauerstock und Bürgenstock gebildeten Engstelle des Vierwaldstätter Sees. Über Vitznau in 960 m Höhe prähistorische Hohlkluft aus der Altsteinzeit mit Funden: Steinwerkzeuge, bearbeitete Bärenknochen, Feuerstellen.

4 **Weggis,** 2500 Einwohner, einer der schönstgelegenen und bedeutendsten Kurorte am Vierwaldstätter See mit prächtiger, südländisch-üppiger Flora.

5 **Küßnacht,** 8000 Einwohner, stattlicher Ferienort an der nördlichsten Bucht des Sees. Telldenkmal; in Ortsnähe die »Hohle Gasse« mit Tellskapelle (1638); auf einer Anhöhe nördlich des Orts die Ruine der »Geßlerburg«; auf dem Dorfplatz sehenswerte alte Häuser; Gasthaus »Engel« mit »Goethestube«. An der Straße nach Meggen Gedenkkapelle für die 1935 hier tödlich verunglückte Königin Astrid von Belgien.

6 **Luzern,** 436 m, 70000 Einwohner, Hauptstadt des gleichnamigen Kantons und weltberühmtes Fremdenverkehrszentrum, umrahmt malerisch ausgebreitet die große Nordwestbucht des Vierwaldstätter Sees. Touristischer Hauptanziehungspunkt ist der Stadtbereich nördlich der großen »Seebrücke« über die Reuß, die hier den See verläßt. In unmittelbarer Nähe die Kapellbrücke (siehe Bildtafel auf Seite 113), eine überdachte Holzbrücke aus dem Jahr 1333 mit Giebelgemälden (um 1600) von Heinrich Wägmann, die Heldentaten der eidgenössischen und städtischen Geschichte darstellen; an der Brücke der historische Wasserturm (um 1300). Westlich davon die Spreuerbrücke, gedeckte Holzbrücke (1407), in den Giebelfeldern berühmter Totentanz (1626–1635) von Caspar Meglinger. Sehenswert außerdem das Rathaus am Kornmarkt (1602–1606), ein stattlicher Renaissancebau; Stifts- und Hofkirche (neu erbaut 1633), die bedeutendste Renaissancekirche der Schweiz; Jesuitenkirche (1666–1677), eine der schönsten schweizer Barockkirchen; Franziskanerkirche (um 1280); Peterskapelle (seit 1087); die 800 m lange Museggmauer, ein Teil der einstigen Ringbefestigung; Verkehrshaus der Schweiz, größtes Verkehrsmuseum Europas; Richard-Wagner-Museum in Tribschen; Naturhistorisches Museum; Löwendenkmal; Gletschergarten aus der Eiszeit mit 32 Gletschermühlen.

7 **Bürgenstock,** 1128 m, markanter bewaldeter Felsriegel, der sich weit in den Vierwaldstätter See vorschiebt. Im Höhenbereich luxuriöse Hotelsiedlung mit Sportcenter und Aussichtsterrassen; Auffahrtstraße ab Stansstad, Drahtseilbahn ab Kehrsiten.

8 **Pilatus,** 2129 m, berühmter, sagenumwobener Berg über Luzern mit besonders eigenwilligen Felstürmen und Felsschichtungen; erstrangige Aussichtskanzel; erschlossen durch Zahnradbahn ab Alpnachstad und Luftseilbahn ab Kriens.

9 **Sarnen,** 473 m, 7000 Einwohner, Hauptort des Halbkantons Obwalden am Nordende des Sarner Sees, mit historischen Bauten und Sehenswürdigkeiten; jährlich im April die Landsgemeinde. Pfarrkirche von 1739/40; Frauenkloster St. Andreas (17. Jh.); Rathaus (1729–1732); mehrere Herrschaftshäuser; Heimatmuseum.

10 **Sachseln,** 472 m, 3000 Einwohner, stattliches Feriendorf und vielbesuchter Wallfahrtsort am Sarner See. Die Pfarr- und Wallfahrtskirche (1672-1684) ist dem hl. Niklaus von der Flüe gewidmet, der als Einsiedler hier lebte und 1481 bei politischen Konflikten der Eidgenossen vermittelte.

11 **Brünigpaß,** 1007 m, 8 %, 20 km lang, verbindet das Sarner- mit dem Haslital; straßentechnisch relativ unbedeutender, gut ausgebauter Übergang; auf dem Südwestabstieg prächtige Aussicht auf Brienzersee und Berner Alpen.

12 **Brienzersee,** 564 m, 14 km lang, 2,5 km breit, 261 m tief, 29 qkm groß. Ein romantischer, von steilen Felsufern umrahmter, klargrüner Bergsee; im Süden begrenzt von den nördlichen Berner Alpen mit dem 2683 m hohen Faulhorn, im Norden von der Brienzer Rothorn-Kette.

13 **Brienzer Rothorn,** 2350 m, höchster Gipfel der Gebirgskette nördlich des Brienzersees, prächtiger Blick auf die unmittelbar gegenüberliegenden Berner Alpen; erschlossen durch die Brienz-Rothorn-Bahn, die einzige Schweizer Zahnradbahn mit Dampfbetrieb.

14 **Brienz,** 569 m, 3000 Einwohner, bekannter Ferienort am Nordufer des gleichnamigen Sees; mit vielen schönen Häusern in der Bauart des Berner Oberlandes; Holzschnitzerzentrum; schweizerische Geigenbauschule.

Skulptur eines Hirtenknaben in Brienz.

Brunnen	0 km	436 m
Weggis	19 km	436 m
Küßnacht	26 km	436 m
Luzern	39 km	436 m
Brünigpaß	85 km	1007 m
Interlaken	113 km	564 m

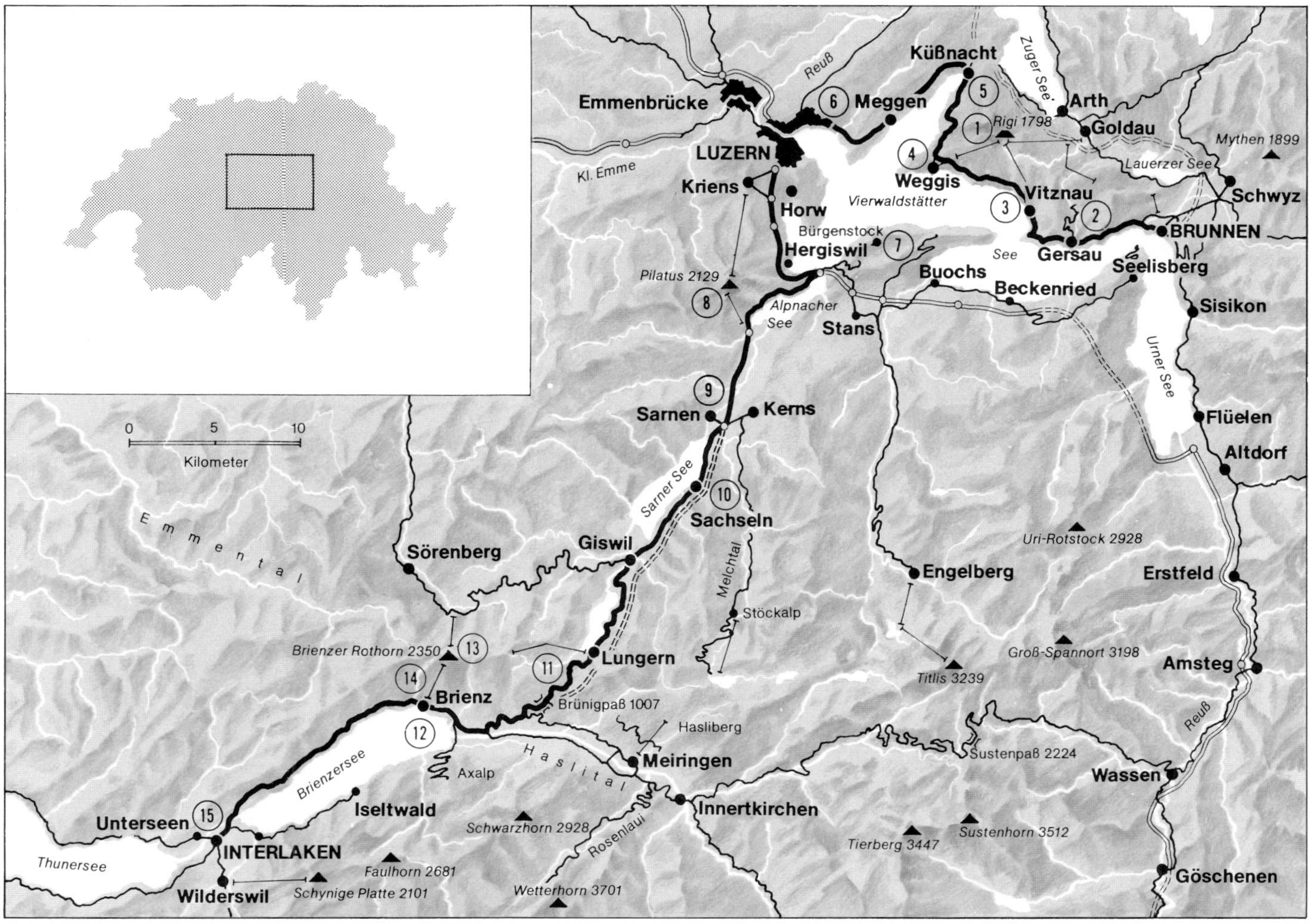

15 **Interlaken,** 564 m, 5500 Einwohner, das weltberühmte Fremdenverkehrszentrum des Berner Oberlandes und Tor zu den Berner Alpen, liegt behäbig ausgebreitet auf dem »Bödeli«, einer flachen Landzone zwischen dem Brienzer- und Thunersee. Mittelpunkt ist der »Höheweg«, eine von mächtigen Nußbäumen flankierte Promenadestraße mit Kurgarten, Kursaal und vielen Luxushotels; von vielen Punkten der Stadt Blick zur Jungfrau; im Sommer international bekannte Musikwochen; Tell-Freilichtspiele im Rugenpark. Von der Augustinerpropstei (um 1130, mehrmals umgebaut) auch noch Reste der hochgotischen Kloster-(Schloß-)Kirche. In der Nähe der Stadt die sagenumwobene Ruine Unspunnen, wo von 1805–1808 die berühmten Alphirtenfeste stattfanden, die derzeit alle 10 Jahre wiederholt werden (1975, 1985).

Touristische Tips

Die schönsten **Camping**plätze fanden wir in Weggis-Lützelau, in Luzern (»Camping Lido«), in Giswil und Interlaken-Unterseen (»Jungfrau-Camp« und »Camping-Manor-Farm«).

Wohnwagengespanne begegnen auf dieser Etappe keinen Schwierigkeiten oder Behinderungen.

Für die **Quartier**nahme kommen neben dem Etappenziel Interlaken, das zur Hauptsaison überfüllt sein kann, eine Reihe von Nachbarorten, wie Unterseen, Goldswil, Böningen usw. in Betracht; ein guter Ausgangspunkt ist auch das südlich der Stadt gelegene Wilderswil. Man kann sich selbstverständlich auch bestens in den (gelegentlich ebenfalls überfüllten) Fremdenverkehrsorten Grindelwald und Lauterbrunnen stationieren, die auf dem kommenden Tagesprogramm berührt werden. Dazu sei bemerkt, daß die für den nächsten Tag vorgesehene Jungfraubahn-Rundfahrt (möglichst am Abend vorher anmelden!) von den drei Ausgangspunkten Interlaken, Grindelwald und Lauterbrunnen den gleichen Fahrpreis kostet.

Kulinarische Spezialitäten: Rings um den Vierwaldstätter See ist die internationale Hotelküche vorrangig, man findet aber auch bodenständige Spezialitäten, wie »Luzerner Kügelipastete« mit Pilzen und die schon vorerwähnten »Luzerner Käsesuppe« und »Luzerner Speise«. An Fischen schätzt man die »Sempacher Ballen« und die »Zuger Röteli«. Im Berner Oberland empfehlen sich »Berner Platte« und »Berner Rösti«; beliebte Süßspeisen sind »Luzerner Lebkuchen« und »Berner Lebkuchen«.

Seite 109: Blick vom 2129 Meter hohen Pilatus auf den Vierwaldstätter See.

Seite 112: Luzern, Blick über die Reuß auf die Jesuitenkirche.

Seite 113: Die Kapellbrücke in Luzern, die älteste Holzbrücke Europas. Der mehreckige Turm diente einst sowohl als Schatzkammer wie auch als Gefängnis.

Seite 114: Der Sarner See.

Seite 115: Das Schifferhaus ›zur Treib‹ bei Seelisburg am Vierwaldstätter See.

Wanderung

Höhenpromenade vor den Eisgiganten
Lungern – Schönbüel – Arnihaggen – Brienzer Rothorn

Die Landschaft der Zentralschweiz rings um Vierwaldstätter-, Zuger- und Sarner See ist ein Wandergebiet par excellence. Ungezählt sind die Höhen- und Promenadewege und die Vielfalt der Bilder findet in Europa nicht mehr ihresgleichen. Doch gerade die mitunter verwirrende Fülle des Gebotenen regt dazu an, die ausgetretenen Touristenpfade einmal zu verlassen, um auf stillen Wegen Sinne und Gemüt wieder in Gleichklang zu bringen. Deshalb steht auf unserem heutigen Programm – mit einigen Gewissensbissen wegen Rigi und Pilatus – eine Wanderung von ganz anderem Zuschnitt: ein beschaulicher Spaziergang auf einen himmelsnahen Schwebebalken zwischen Zentralschweiz und Berner Oberland, hoch oben in Wolkenhöhen, weltentrückt, losgelöst vom Trubel der Talregion.
Im südlichsten Winkel des Sarner Tals und des geschichtsträchtigen Kantons Obwalden, ehe die Straße über einige Kehren den Brünigpaß hinaufklettert, liegt zwischen sanft ansteigenden Wiesenhalden eingebettet der kleine Lungernsee. Wir verlassen die Hauptstraße in der Ortschaft Lungern am Südende des Sees und sind Minuten später an der Talstation der Schönbüel-Seilbahn. In zwei Teilstrecken schweben Kabine und Gondeln 1400 Meter hoch die weitgespannten Hangfluchten hinauf, enden auf einem luftigen, breit hingelagerten Bergkamm hoch über der Baumgrenze. Wie im Modellbaukasten liegen tief unten die Tallandschaften; das langgezogene Sarner Becken mit den blinkenden Seenspiegeln, der weite Boden des Haslitals. Gegenüber aber präsentiert sich, geschlossen und trutzig, frostig und abweisend, die majestätische Eisgipfelmauer der Berner Alpen. Doch die Weite des Raumes besänftigt alle Schrekken, verschmilzt alle Kontraste zur ausgewogenen Harmonie.
Unser Weg führt längs des Höhenkammes westwärts, eine reizvolle, steigungsarme Promenade zwischen Wiesenmatten und Felsgeröll. Losgelöst von der Erdenschwere fangen auch die Gedanken zu wandern an ...
Lange bevor es Menschen gab, vor etwa ein bis zwei Millionen Jahren, – Geologen bezeichnen diese Epoche als Tertiärzeit – ereigneten sich auf der Erdoberfläche gewaltige Bewegungen und Verschiebungen. Durch ungeheure Eruptionen im Innern des Planeten wurde die Erdrinde im Bereich des heutigen Europas von Süden her gleich einem Tischtuch zusammengeschoben, die Gesteinsmassen in mehreren Schüben aufeinandergetürmt. Man hat nachgewiesen, daß Gesteine, die heute in Lagen dicht übereinandergestapelt sind, vor diesen Verschiebungen fünfzig und mehr Kilometer voneinander entfernt waren. Wahrscheinlich waren unsere Alpen vor diesen Ereignissen in der Nord-Süd-Richtung eine Flachlandzone von mehreren hundert bis tausend Kilometern Breite. Das Wirken der Urkräfte türmte in Mitteleuropa Gebirge bis 20 000 und mehr Metern Höhe auf, plump und unförmig, und damals keinesfalls den heutigen alpinen Formen ähnlich. Erst in vielen folgenden Jahrtausenden modellierten Abtragung, Verwitterung und Ausspülung das fein ziselierte Alpenrelief, das wir heute bewundern. Dieser ständig fortschreitende Prozeß der Alpenabtragung wird anschaulich, wenn wir hören, daß beispielsweise der Rhein jährlich dreieinhalb Millionen Kubikmeter Alpengestein in den Bodensee transportiert.
Doch nach diesem geologischen Gedankenausflug in die Vergangenheit zurück zum Heute. Noch dürfen wir uns der Alpenpracht ungetrübt erfreuen, in unserem speziellen Fall einer der eindrucksstärksten Szenerien auf einem Götterthron vor den Berner Alpen.
Unser Weg, der sich anfangs so sehr bequem ausnahm, wird zunehmend abenteuerlicher. In den Fels gesprengte Galeriepassagen, Steilhangtraversen, überraschende Tiefblicke auf den Wasserspiegel des Brienzer Sees, Aussichten auf die nördlich der Bergkette sich öffnenden Hochtalkammern. Mehr und mehr nähern wir uns dem blickbeherrschenden Brienzer Rothorn. Ob wir dieses Ziel anvisieren, ist eine Frage der Zeit. Wer knapp dran ist, kehrt beim Zwischengipfel Arnihaggen um, unternehmungslustige Gemüter spazieren bis zum Rothorn. Im ersten Fall beträgt die Gesamtzeit etwa zweieinhalb, bis zum Rothorn und zurück etwa 5 Stunden. Wandergruppen schicken nur ihren Chauffeur zurück, laufen zum Rothorn und steigen dort in die Zahnradbahn nach Brienz, wo sie das Auto abholt.

Start- und Zielpunkt: Lungern am gleichnamigen See, 752 m.

Abzweigung von der Reiseroute: Lungern; 1 km zur Schönbüel-Seilbahn am westlichen Dorfende.

Charakter: Auf- und Abfahrt mit Seilbahn; gut ausgebauter, steigungsarmer Höhenweg entlang der Rothornkette, auf gleichem Weg zurück; prächtiges Panorama mit Haslital, Brienzer See und Berner Alpen.

Kinder: Ab 5 Jahren.

Dauer: Bis Zwischengipfel Arnihaggen und zurück 2 ½ Stunden; bis Brienzer Rothorn und zurück 5 Stunden.

Zeitbedarf ab Abzweigung Reiseroute: 3 ½ bzw. 6 Stunden.

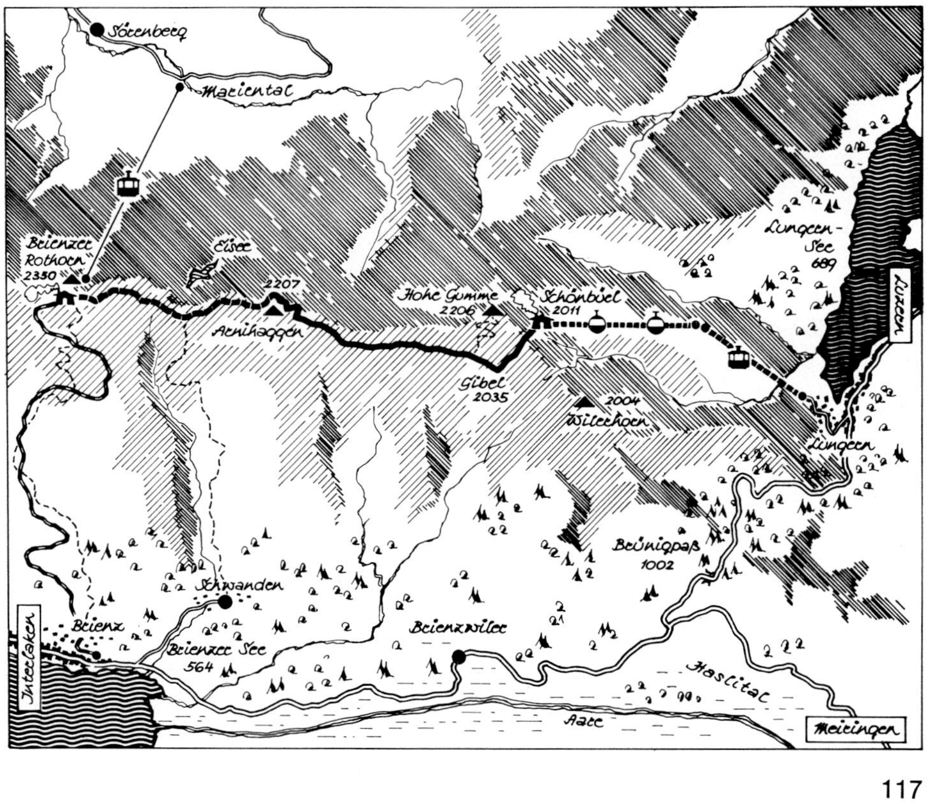

An die Gewässer Skandinaviens erinnert das grünblau schillernde Farbenspiel des Brienzer Sees am Fuß der Berner Alpen. Über den durch das Birkengeäst erkennbaren Bergkamm führt unsere Wanderung.

10 Bahnrundfahrt durch die Jungfrau-Region

Alpenschau der Superlative

Heute hat das Auto einen Ferientag. Auf dem Programm steht eine Rundreise mit einer jener erstaunlichen Bahnen der Schweiz, die mit ihrer technischen Perfektion und Kühnheit der Streckenführung auf der Welt unübertroffen sind. Es gibt mehrere solcher technischer Wunderwerke, die sich gegenseitig an Attraktivität zu überbieten versuchen, wie die Rhätische Bahn, die Berninabahn, die Bahn zum Gornergrat, die »Golden-Paß«-Trasse von Interlaken nach Montreux, die Lötschberg- und Simplonroute und noch einige mehr. Das Reiseerlebnis Schweiz wäre unvollständig, lernte man nicht wenigstens einen Tag lang diese komfortable Beförderungsart als Fahrgast kennen.

Wir haben eine Fahrt auf den Bahnen der Jungfrau-Region ausgewählt. Sie führt von der pastoral-lieblichen Ufer- und Hügellandschaft rings um den Thuner See bis in die arktische Gletscherwelt des Jungfraujochs hinauf und präsentiert eine alpine Schau von einmaliger Schönheit und Geschlossenheit. »Playground of Europe«, Spielplatz Europas, tauften die Engländer gegen Ende des vorigen Jahrhunderts das damals von ihnen »entdeckte« Berner Oberland; die Schweizer nennen es etwas bescheidener »unser Besuchsstübli«. Solche Verniedlichungen erscheinen jedem Besucher angesichts der schreckerregenden Verwegenheit himmelsstürmender Felsmauerfluchten und des eisgewordenen Tumults der Urkräfte recht fragwürdig. In Wirklichkeit zeigt diese Kernzelle der Schweizer Alpen, gleich einem Prunkschloß mit vielerlei Zimmern, auf begrenztem Raum die ganze Mannigfaltigkeit der alpinen Landschaft. Dabei werden zwischen Lieblichkeit und Wildheit Kontraste gesetzt, die für menschliche Sinne oft kaum mehr faßbar erscheinen. Nicht von ungefähr rühmt man das Berner Oberland als einen der schönsten Flecken der Erde.

Autofahrer fühlen und gebärden sich zumeist als Individualisten, unternehmen Erkundungen gern auf eigene Faust. Dies wäre hier fehl am Platz. Vertrauen wir uns also getrost einer Rundfahrt-Führung an, wie sie täglich von Interlaken, Grindelwald und Lauterbrunnen aus durchgeführt wird. Das kostet nicht mehr als eine separate Fahrt, sichert uns vorbestellte Sitzplätze und enthebt uns der Sorge um Anschlüsse und Zeiteinteilung.

Von Interlaken, dem aristokratisch-stilvollen Kurstädtchen auf dem flachen Boden der Landtaille zwischen Thuner- und Brienzer See, geht die Fahrt steigungsarm entlang der Lütschine talaufwärts. Bald nach Wilderswil verschwindet das Bähnli unter dichtem Blätterdach. Überraschend öffnet sich das Lauterbrunnental, ein tief abgesunkener Gletschertrog, der flache Boden von lotrecht hochstrebenden Felsmauern flankiert. Über den Steinquaderfluchten, von denen »Wasserfälle wie Schimmelschweife im Winde flattern«, erhebt sich im Süden das schneeüberdeckte Breithornmassiv. Nach Lauterbrunnen schraubt sich der Zug über Waldsteilhänge nach Wengen hinauf. Ein lieblicher Ort auf einer Bergterrasse, mit vielen Holzhäusern inmitten sanft ansteigender Wiesenmatten, letzter Hort der Idylle vor den Urgewalten. Großartig der Blick auf das blendend weiße Jungfraumassiv, zurück ins Lauterbrunnental und über den Taleinschnitt hinüber auf die unzähligen Gipfel um das Schilthorn, unter dem die Häusergruppe von Mürren wie hingeschleudert auf einem Geländeabsatz liegt.

Wengernalp, harmonisch in sich ruhender Bereich der Wiesengründe und Tannenriesen, melancholisch überstrahlt vom Schattenweiß des hochalpinen Wandteppichs – Foyer zum Großen Welttheater.

Direkt zu Füßen des Dreigestirns Eiger – Mönch – Jungfrau auf einem großräumigen Geländesattel die Kleine Scheidegg, Dreh- und Angelpunkt des Touristenbetriebs.

Wenig später kriecht die Jungfraubahn in den Schlund eines sieben Kilometer langen Tunnels, der als langgezogenes V das Massiv durchstößt und uns erst auf dem Jungfraujoch wieder ins Tageslicht entläßt. Dazwischen gibt es an den Stationen Eigerwand und Eismeer kurz Aufenthalte mit Ausblicksmöglichkeiten.

Schließlich das Jungfraujoch. 3454 Meter hoch liegt dieser höchste Bahnsteig Europas. Daran anschließend ein System von Stollen, Liften, Touristenattraktionen: Gletschergrotten, Eispalast, Hotel, Taverne, meteorologisches Observatorium. Dann der Austritt in das blendende Licht des Firnplateaus. Die gewaltige Kuppel der Jungfrau, die nicht mehr absehbare Schneewüste des Großen Aletschgletschers, viele zum Greifen nahe Gipfel und Grate der Viertausender, der weite Blick ins Schweizer Mittelland. Kleiner Spaziergang, vielleicht eine Schlittenrunde mit den Polarhunden, ein kleines Ski-Intermezzo in der Badehose; bald wird es Zeit zur Rückfahrt.

Unter den unheimlich-schaurigen Steinmauerfluchten der Eiger-Nordwand senkt sich die Bahn ins Tal von Grindelwald hinunter. Im Gegensatz zum Korridor von Lauterbrunnen sind hier die Landschaftsformen weich und überschaubar, unendlich weitgezogen die Hänge, übersät mit Hunderten von Hütten, Bauernhäusern, Stadeln. Ein Fleckerlteppich vor dem Thron der Berggötter. In Grindelwald letzter Blick zurück auf das Felsdrama, dann rollen wir gemütlich durch das Tal der Schwarzen Lütschine nach Interlaken hinaus.

Reise-Lexikon

1 **Schynige Platte,** 2101 m, freistehender Aussichtsberg südöstlich von Interlaken, dem Dreigestirn Eiger-Mönch-Jungfrau vorgelagert; bietet einen der umfassendsten Panoramarundblicke über das Berner Oberland. Von Wilderswil 7 km lange Zahnradbahn bis 1987 m, dann bequeme Spazierwege zu den Gipfelpunkten Daube, 2076 m, Oberberghorn, 2069 m, Gummihorn, 2101 m. Botanischer Alpengarten mit 500 verschiedenen Pflanzen. Der Name »Schynige Platte« leitet sich ab von Felsplatten, die in der Sonne »schyne« (glänzen).

2 **Lütschinentäler,** die Täler der Weißen (Lauterbrunnental) und der Schwarzen Lütschine (Grindelwalder- oder Lütschental). Die beiden Bergbäche vereinigen sich bei Zweilütschinen und fließen in den Brienzersee.

3 **Lauterbrunnen,** 797 m, Feriendorf auf der Sohle des tief eingeschnittenen Talkessels, berühmtes Touristenziel, Station der Bergbahnen nach Wengen und Mürren (beide Orte ohne Straßenzufahrten, daher autofrei).

4 **Lauterbrunnental,** eines der großartigsten und eindrucksstärksten Täler der Alpen. Der 10 km lange, flache Talboden wird cañonartig von bizarr geformten und geschichteten Kalksteinwänden umschlossen, die bis 500 m senkrecht in die Höhe streben. Besondere Anziehungspunkte sind die Wasserfälle, die über die Felssteilborde herunterstürzen, vor allem der frei zerstiebende Staubbachfall (bei Lauterbrunnen) und die durch Felsschluchtkaskaden gurgelnden Trümmelbachfälle (3 km taleinwärts).

5 **Stechelberg,** 910 m, kleine Siedlung im atemberaubend großartigen Talschluß; Endpunkt der Autostraße; Talstation der Luftseilbahn Mürren – Schilthorn.

6 **Mürren,** 1650 m, bekannter Luftkurort und Wintersportplatz, liegt wildromantisch auf dem Rand einer Plattform über dem 800 m tieferen Lauterbrunnental. Berühmt der Blick zur Jungfrau; reich und vielfältig die alpine Vegetation mit großen Alpenrosenfeldern und urwaldähnlichen Tannenbeständen. Mürren ist die Wiege der alpinen Skiwettbewerbe, die Sir Arnold Lunn vor mehr als 70 Jahren mit dem »Kandahar-Rennen« ins Leben rief. Der Ort ist ohne Zufahrtstraße und somit autofrei.

7 **Schilthorn,** 2970 m, vielgerühmter Aussichtsgipfel vor den Eisriesen der Berner Alpen; Drehrestaurant »Piz Gloria« mit umfassender Panoramaschau vom Jura bis zum Mont-Blanc; erschlossen durch Luftseilbahn Stechelberg – Gimmelwald – Mürren – Birg – Schilthorn, derzeit längste Luftseilbahn Europas. Zwischen Schilthorn und Mürren erstrangiges Skigebiet. Der Topograph Xaver Imfeld zeichnete hier 1885 sein berühmtes Alpenpanorama.

8 **Wengen,** 1274 m, einer der reizvollsten Kurorte und Wintersportplätze des Oberlandes, liegt auf sanft ansteigender Terrasse balkonartig zwischen dem Lauterbrunnental und dem Jungfrau-Massiv. Ohne Zufahrtstraße, daher autofrei; Station der Wengernalpbahn; Luftseilbahn zum Männlichen. Etwas höher die **Wengeralp**, 1873 m, ein wildromantisches Bergrevier am Fuß der Jungfrau. Großartiges Skigebiet, in dem u. a. jährlich das berühmte Lauberhornrennen stattfindet.

9 **Kleine Scheidegg,** 2061 m, Hotelstation; die große Drehscheibe der Touristenströme zwischen Grindelwald, Wengen und Jungfraujoch; Umschlagstation des Bergbahnsystems; Mittelpunkt des Wintersportbetriebes. Nördlich davon die Wander- und Skiberge Lauberhorn, Tschuggen und Männlichen.

10 **Eiger,** 3970 m, atemberaubend kühn geformter Felsgigant. Erstbesteigung 1858 durch Charles Barrington, Christian Almer und Peter Bohren. Die 1800 m hohe, senkrecht abstürzende Nordwand, die »Wand des Schreckens«, ist das berühmteste und schwierigste Kletterziel der Alpen (siehe untenstehende Chronik).

11 **Jungfrau,** 4161 m, harmonisch geformte, gletschergepanzerte Bergpyramide, gilt nach dem Matterhorn als zweitschönster Berg der Alpen. Erstbesteigung 1811 durch Hieronymus Meyer, Alois Volker und Josef Bortis.

12 **Jungfraujoch,** 3454 m, Bergstation der Jungfraubahn (gebaut 1896–1912), höchste Eisenbahnstation Europas. Überwältigender Rundblick auf das Schweizer Mittelland, die Walliser Alpen und die nahen Gipfel von Jungfrau und Mönch. Aussichtsterrassen, Gletscherstollen mit Eispalast, meteorologisches Observatorium, Sommerskibetrieb, Schlittenfahrten mit Polarhunden; Ausgangspunkt zu Skitouren über den 24 km langen Großen Aletschgletscher, den größten Eisstrom der Alpen.

13 **Grindelwald,** 1034 m, 3500 Einwohner, das »Gletscherdorf«; weltberühmtes Fremdenverkehrszentrum, klimatischer Sommerkurort und erstrangiger Wintersportplatz; liegt über weit ausgedehnte Südhänge verstreut unter den gigantisch hochgetürmten Felsbollwerken Eiger, Schreckhorn und Wetterhorn. Ausgangspunkt der Bergbahnen zu Kleiner Scheidegg–Jungfrau, First–Oberjoch und Pfingstegg; vortreffliches Wanderrevier. Berühmte Anziehungspunkte sind der Untere und Obere Grindelwaldgletscher, letzterer ist Ziel unseres Wandervorschlags.

Blick von einer Alp bei Mürren zum Jungfraumassiv.

Chronik der Eiger-Nordwand

Die 1800 Meter hohe Eiger-Nordwand, deren Form einem senkrecht aufgestellten, konkaven Hohlspiegel gleicht, hat ihre eigenen klimatischen Gesetze. Die Riesenmauer hält die Wolken der Gewitter fest, die Regen, Schnee und Hagel in die Wand abladen und ein Inferno aus Lawinen, Wasserfällen und Steinschlägen auslösen. Während der Gipfel des Eigers bereits 1858 vom Iren Barrington zusammen mit den Grindelwalder Führern Almer und Bohren bezwungen wurde, dauerte es genau 80 Jahre, bis die deutsch-österreichische Seilschaft Heckmair, Vörg, Kasparek und Harrer die berühmt-berüchtigte »Wand des Schreckens« erstmals überwand.
23 Jahre später, 1961, schaffte das Quartett Hiebeler, Kinshofer, Almberger und Manhardt die erste Winterdurchsteigung.
Davor und dazwischen liegen viele dramatische Bergsteiger-Schicksale, die in fast vierzig Fällen mit dem Tod endeten.
Den ersten ernsthaften Angriff wagten 1935 die beiden Deutschen Sedlmayer und Mehringer. Vier Tage lang konnte man verfolgen, wie sie trotz Sturm und Schnee höher und höher kamen, bis weit über die Hälfte der Wand an die Felsrippe, die das »zweite« und »dritte Eisfeld« voneinander trennt. Dann schloß sich der Wolkenvorhang für drei Wochen. Der Flieger Ernst Udet entdeckte schließlich vom Flugzeug aus eine Leiche, angeseilt, bis zu den Hüften im Schnee stehend. Die Stelle heißt seitdem das »Todesbiwak«.

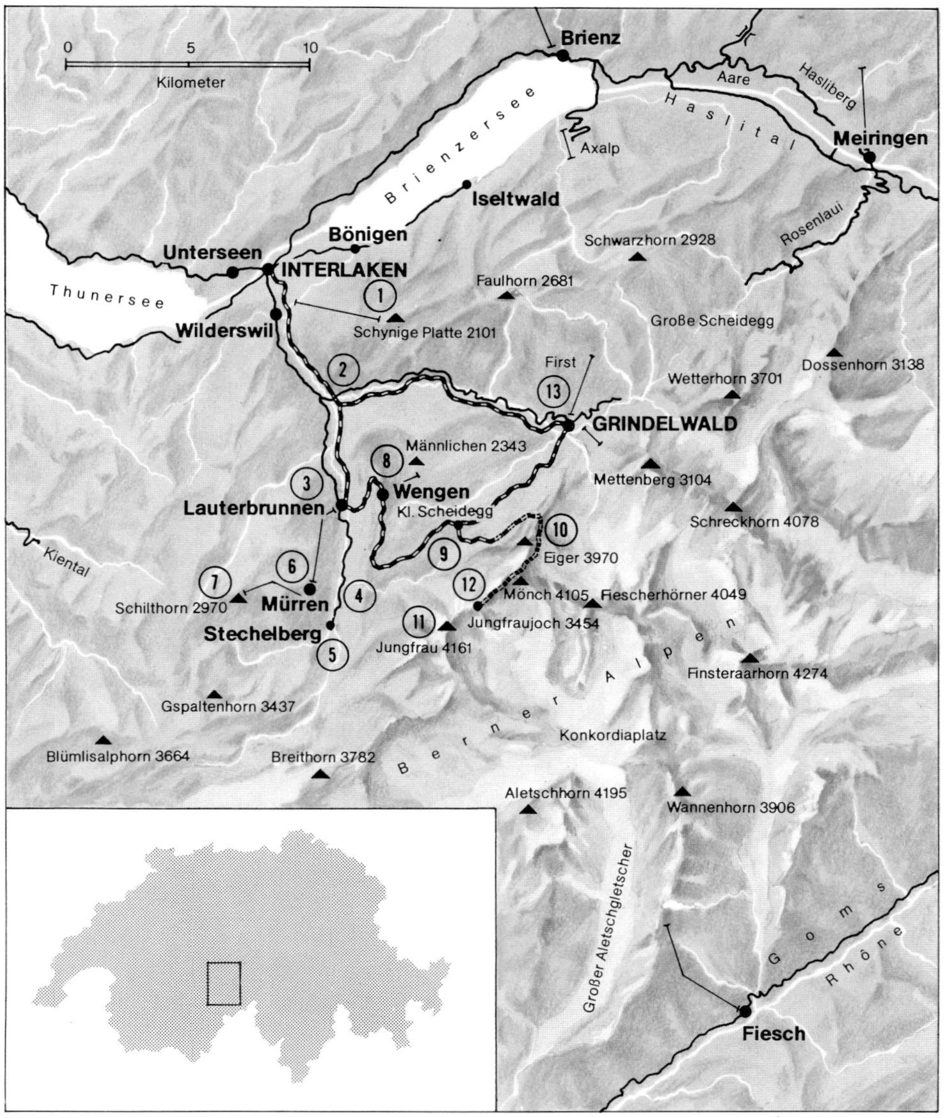

Noch dramatischer ist der Bericht von der bayerisch-salzburgischen Viererseilschaft Kurz, Hinterstoisser, Angerer und Rainer. Sie steigen 1936 in die Wand, erreichen schon am zweiten Tag das »Todesbiwak«, dann zwingt sie ein Wettersturz zur Umkehr. Ihr Ziel ist das Stollenloch, das von der unterirdischen Trasse der Jungfraubahn in die Wand mündet. Orkanartiger Schneesturm und das Stakkato der Steinschläge scheinen alle aufgebotenen Mühen zunichte zu machen. Drei der Männer sind bereits nicht mehr am Leben, abgestürzt, erschlagen, erfroren. Nur Toni Kurz gibt, halb erfroren am Seil baumelnd, noch Lebenszeichen. Bis fünf Grindelwalder Bergführer ihre Rettungsaktion beginnen können, vergeht eine weitere Nacht. Die Retter kommen am Morgen in der meterdick vereisten Wand nicht höher. Toni Kurz löst mit der einen noch nicht erfrorenen Hand ein Stück freies Seil in Litzen auf, verknotet diese zur Schnur, zieht sich damit das Rettungsseil hoch. Zentimeter um Zentimeter gleitet er daran tiefer. Plötzlich verhängt sich, zwei Meter über den Köpfen der Bergführer, der Karabiner in einem Seilknoten. Mit der letzten, übermenschlichen Kraft der Verzweiflung versucht Toni den Knoten zu lösen – da hört sein Herz auf zu schlagen.
Die Geschichte dieser Wand weiß noch über viele ähnlich tragische Schicksale zu berichten, doch schließlich war der Wagemut der Lebenden immer wieder stärker als der Schrecken des Todes.
Heute kennt man mehrere Anstiegsrouten durch die Nordwand. Verbesserte Ausrüstung und Sicherung lassen die großen Dramen von einst zur Seltenheit werden.

Seite 119: 1800 Meter tief fällt die Nordwand des Eigers, berühmtestes Kletterziel der Alpen, zur Kleinen Scheidegg ab.

Seite 120/121: Mittelpunkt einer Schweizer Traumlandschaft ist das dörfliche Lauterbrunnen im gleichnamigen Tal. Rechts der Staubbachfall, im Hintergrund das Breithornmassiv.

Seite 122/123: Jungfrau (4161 m), Mönch (4105 m) und Eiger (3970 m), gesehen vom Schilthorn über Mürren. Im tiefen Taleinschnitt davor verbirgt sich das Lauterbrunnental, die sattelförmige Mulde in der oberen Bildmitte links ist die Kleine Scheidegg.

Wanderung

Bergabenteuer im Miniformat
Grindelwald – Pfingstegg – Oberer Grindelwaldgletscher – Terrassenweg

»Andere Kantone, andere Sitten«, könnte man ein geflügeltes Wort treffend auf die Schweiz abwandeln. Als ich jüngst, von einer Bergfahrt aus dem Wallis kommend, bequemlichkeitshalber in Bundhosen durch Genf schlenderte, drehte sich jeder Fünfte belustigt nach mir um. Zur Ehrenrettung des Fremdenverkehrs sei festgestellt, daß solches in alpinen Ferienorten kaum wahrzunehmen ist. Trotz vieler sinnverfälschender Auswüchse des Tourismus gibt es sogar noch einige recht prominente Alpenorte, in denen eine zünftige Kletterausrüstung mehr zählt als Smoking und Abendkleid, Bergsteigertradition vor gesellschaftlichem Prunk rangiert, wo der strenge Atem der Hochalpen den lauten Massenrummel überlagert und dämpft: Zermatt, Saas-Fee, Chamonix, Mürren, Wengen, vielleicht noch Pontresina, Heiligenblut, Les Diablerets. Bestimmt zählt Grindelwald dazu, die freundliche Streusiedlung unter den schreckerregenden Felsfluchten von Eiger und Wetterhorn.
Nach soviel »bergsteigerträchtiger« Einleitung brauchen Sie nicht etwa zu befürchten, unsere Wanderung würde Ihnen eine hochalpine Kletterei über die Gipfelgrate von Viertausendern zumuten. Wir wählten vielmehr einen bequemen, unbeschwerlichen Talrundkurs, der die großartige Szenerie der Berner Alpen mit ihren Gewalten und Schrecken gefahrlos in Atemnähe demonstriert.

Durch das Lütschental windet sich die gute Straße mit einigen Kehren nach Grindelwald hinauf. Wir fahren durch den Ort bis zur Talstation der Pfingstegg-Seilbahn. Die Gondel entläßt uns auf 1390 Meter direkt am Sockel der lotrecht hochgetürmten Felswände von Mettenberg und Schreckhorn. Eine knappe Stunde wandern wir auf dem hübschen, steigungsarmen Hangweg am Fuß des Felsgemäuers ostwärts. Links im Blickfeld das weite Halbrund der harmonisch geformten, sonnigen Hanglandschaft, hinter uns die aus dieser Perspektive ungeheuer effektvolle, frostige Nordwand des Eigers, irgendwo tief unten rauscht die Schwarze Lütschine. Außergewöhnlich die Kontraste: Bergwiesenparadies und Alpeninferno.
Am Ende des Weges als effektvoller Abschluß der Obere Grindelwaldgletscher, ein naturwissenschaftliches Phänomen. Der in einer Felskerbe zwischen Schreckhorn und Wetterhorn herunterwallende Eisstrom zieht sich nämlich nicht – wie sonst allerorts in den Alpen – zurück, sondern dehnt sich fortwährend aus; derzeit etwa zehn Meter im Monat. Man kann es mit Auge und Ohr wahrnehmen, das Mahlen, Grollen, Knirschen und Dröhnen im Eisbett, dann und wann brechen die vordersten Eisblöcke über Felsrampen donnernd in die Tiefe.
Beim Gasthof »Milchbach« am unteren Gletscherende hat man als Mutprobe Gelegenheit, der Dramatik noch näher zu rücken. Ein speziell angelegter, gebührenpflichtiger Gletscherweg führt über Steigleiterfolgen in das Wandlabyrinth auf einen 300 Meter höher liegenden Aussichtsthron. Für Klettergeübte ist der Steig problemlos, doch Nurwanderer müssen trittsicher und schwindelfrei sein.
Nach eineinhalb Stunden ist man wieder beim Gasthof Milchbach, spaziert weiter ins Lütschinental hinunter und längs der Asphaltstraße in Richtung Grindelwald. Vor dem Dorfanfang zweigen wir nach rechts auf den (gut beschilderten) Terrassenweg ab. Auf dieser attraktiven Höhenpromenade setzt sich die stolze Garde der Berner Alpenriesen vom Wetterhorn bis zur Jungfrau noch einmal gebührend in Szene. Über Tuffbach, oder vorher abkürzend bei Station Kreuzweg, schlendern wir hinunter ins Tal und beschließen unsere Rundwanderung mit einem Bummel auf der amüsanten Dorfstraße.

Start- und Zielpunkt: Grindelwald; Pfingstegg-Seilbahn, 990 m.

Abzweigung von der Reiseroute: Interlaken; 20 km auf guter, leicht ansteigender Straße bis Grindelwald.

Charakter: Unbeschwerliche, eindrucksreiche Rundwanderung im Grindelwalder Tal; als Einlage für Mutige: Felsleiterweg zum Oberen Grindelwaldgletscher.

Kinder: Ab 4 Jahren, wenn etwas ausdauernd; Klettersteig am Gletscher für Kinder nicht geeignet.

Dauer: 2 ½ Stunden; mit Gletschersteigeinlage 4 Stunden.

Zeitbedarf ab Abzweigung Reiseroute: 4 Stunden; mit Gletschersteig 5½ Stunden.

Bergwiesenidyll vor den Felsgiganten: Grindelwald mit Fiescherhörnern, Hörnli, Mittellegi und Eiger.

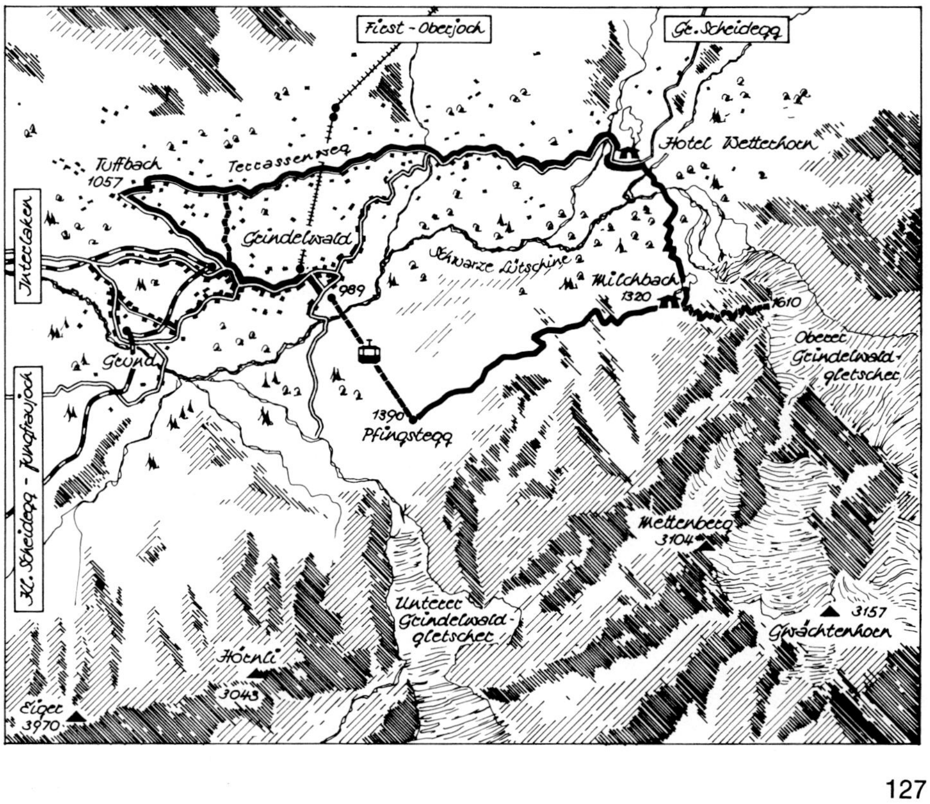

11 Interlaken – Brig

Ein Tunnel verbindet zwei Lebensräume

Nach dem großen Drama der Urgewalten zeigt das Berner Oberland heute seine lieblichste Seite: die mit zarten Tönen schmeichelnde Rhapsodie des sommerseligen Thuner Sees. Nichts an diesem Gewässer ist hart, abweisend, dürftig oder kleinlich – die Landschaft schwelgt im großzügigen Verschenken von Licht und Farben; doch nirgends ist sie lautstark und überschäumend, eher in sich gekehrt und überlagert von einem feinen Hauch septemberhafter Melancholie.
Der Berner Schriftsteller Karl Viktor von Bonstetten schrieb vor 160 Jahren: »Der Thunersee vereinigt alle Schönheiten der nördlichen Schweiz. Seine Ufer sind voll Anmut und Pracht; viele Täler stoßen da zusammen und lassen überall in die tiefen Alpen blicken, und dieses prächtige Amphitheater ist abends und morgens mit dem Purpur und Silberglanz der gigantischen Eisberge übergossen . . .«
Es lohnt sich, unserer Route zu folgen, die fast den ganzen See umkreist. Sie beginnt am Nordufer mit der Panoramastraße, die, bald direkt am Wasser, bald überhöht auf Felsgalerien, ständig wechselnde Bilder zeigt.
Die Legende erzählt, daß einst der heilige Beatus von den Bewohnern des Thuner Sees angefleht wurde, den Drachen zu vernichten, der in einer Berghöhle hauste und ihr Leben bedrohte. Es gelang ihm, den Drachen zu vertreiben. Statt des Untiers lebt nun der heilige Beatus als Wachsfigur in einer Höhle bei Sundlauenen, die seinen Namen trägt.
An der »Oberländer Riviera« des Nordufers reiht sich Dorf an Dorf, alle lieblich und freundlich, duftende Gärten wetteifern mit Strandpromenaden und schattigen Alleen, Kirchen und Schlösser erzählen von der reichen Vergangenheit, von Feudalherren und Minnesängern, Rittern und Heerführern.
»Thun ist gut, Nichtstun ist besser«, sagen die Schweizer Soldaten, wenn sie zum Militärdienst in die Stadt einberufen werden.
Alexander von Humboldt bezeichnete Thun nach Konstantinopel als zweitschönste Stadt der Welt.
Auch heute noch übt die Stadt mit ihrem mittelalterlichen Gepräge einen Zauber auf jeden Gast aus – obgleich viel Altes der Entwicklung weichen mußte, sich auch in dieser Stadt die Lebensinteressen unserer Zeit mit der Tradition hart konfrontieren.
Entzückt ist jeder Besucher vom malerisch-lieblichen Spiez, das sich gleich einer Spielzeugstadt um eine Seenbucht aufbaut, mit Schloßtürmen und Weinbergen, Strandanlagen und Villenterrassen. Sportanhänger erinnern sich daran, daß der vielzitierte »Geist von Spiez« sogar einmal der deutschen Fußballmannschaft zum Gewinn des Weltmeistertitels verholfen haben soll.
Wir bleiben noch weiter auf der Uferstraße bis Leissigen, biegen dort ab nach Aeschi, gewinnen auf kurvenreicher Höhenstraße nach und nach einen vollständigen Überblick über den See und alle Uferregionen.
Kurz ist die Abfahrt ins Frutigtal, wo wir bei Mülenen-Reichenbach in die Hauptstraße nach Kandersteg einmünden.
Im Kandergrund bietet sich ein völlig veränderter Hintergrund. Die Steinflanken des Hochgebirges drängen immer näher an die Talränder, steigern sich zu gigantischen Dimensionen. Wasserfälle stürzen herab, Bahnviadukte und Straßenkehren drängen talaufwärts. Schließlich Kandersteg im Talschluß, umringt von einer ungeordneten Garde zerklüfteter und zerrissener Felsriesen, die – gleichsam als Entschuldigung – in ihren Lücken und Nischen eine überreiche Pracht von Alpenblumen präsentieren.
Eine Viertelstunde dauert die Bahnfahrt durch den Lötschbergtunnel, dann öffnet sich der Vorhang zu einer neuen Welt. Wir sind im Oberwallis.
Verschwunden die verträumte, nadelbaumdekorierte, szenenreiche Vielfalt des Nordens. Herb und streng die Landschaft, gedämpfte Farben, Linien und Formen ins Heroische gesteigert. Das breite Band des Rhonetals ist das bestimmende Element, dem sich alles unterzuordnen scheint. Von den Talrändern ziehen sich überwirklich weit die kargen Felshalden hinauf, olivgrün gesprenkelt mit Busch- und Baumgruppen, unten graue, schindelgedeckte Häuser. In der Talmitte, gleich Knoten an der Lebensader, liegen die Kleinstädte Visp und Brig. Gewerbe, Handel, Verkehr, sind die Lebensfaktoren dieser Orte; Tourismus duldet man wohlwollend am Rande.

Reise-Lexikon

1 **Thunersee,** 558 m, 18 km lang, bis 3,8 km breit, 217 m tief, 48 qkm groß. Großräumiger Alpenrandsee von befreiender Weite und südländisch-heiterem Charakter; eingebettet in eine offene, anmutige Landschaft mit sanft ansteigenden Uferhöhen; ringsherum viele freundliche Dörfer mit Landsitzen, Kirchen, Schlössern, Weingärten; Ferienatmosphäre mit viel Wassersport.

2 **Beatushöhle,** am Nordufer bei Sundlauenen; 300 m tiefe, 1814 entdeckte Grotte mit Wasserfällen, Gletschermühlen und bizarren Tropfsteinbildungen. Daneben die Beatusklause, eine prähistorische Höhlenwohnung, der Legende nach Einsiedelei des hl. Beatus.

3 **Beatenberg,** 1120–1250 m, auf langer Bergterrasse verstreuter Luftkurort und Wintersportplatz; prachtvolle Aussicht auf die Berner Alpen; Bergbahn ab Beatenbucht.

4 **Oberhofen,** Dorf am Nordufer mit sehenswerter, vielgliedriger Schloßanlage (1191); mittelalterlich-romantischer Stil mit südländischen Elementen; bedeutende Sammlung bernischer Wohnkultur verschiedener Epochen; prachtvoller Park mit altem Baumbestand.
Längs des Seeufers die »Oberländische Riviera« mit fröhlichem Strand- und Badebetrieb.

5 **Thun,** 560 m, 36 000 Einwohner, Hauptort an der Nordwestspitze des Thunersees; hübsche altertümliche Stadt beiderseits der dem See entfließenden Aare; überragt vom imposanten, viertürmigen Zähringer-Schloß (1191), heute Historisches Museum. Im Stadtkern originelle altfränkische Häuser mit Laubengängen und Erkern; gedeckte Holzbrücken über die Aare. Sehenswert das Wocher-Panorama im Schadaupark, ein 38 mal 7,5 Meter großes Riesengemälde der Stadt von Marquard Wocher (1760–1830), eines der ungewöhnlichsten Schweizer Kunstwerke. In der Stadt lebten u. a. Johannes Brahms, Heinrich von Kleist, Ludwig Richter und Ferdinand Hodler.

6 **Amsoldingen,** kleines Dorf westlich von Thun mit Propsteikirche St. Mauritius (um 1000), eines der bedeutendsten romanischen Gotteshäuser des Oberlandes, mit dreischiffiger Krypta und Fresken aus dem 14. Jh.

7 **Einigen,** kleine Siedlung mit Kirchlein in der Urform frühromanischer Kirchen (11./13. Jh.), gilt nach der Strättliger Chronik als Mutterkirche aller romanischen Gotteshäuser im Thunerseegebiet.

8 **Spiez,** 10 000 Einwohner, bezauberndes Ferienstädtchen an malerischer Bucht; das dekorative Schloß (12.–15. Jh.) war einst Burg des Minnesängers Heinrich von Strättligen; getäfelter Rittersaal; frühbarocker Festsaal. Die Schloßkirche (11. Jh., 1949/50 rest.) zählt zu den eindrucksvollsten Beispielen romanischen Kirchenbaues im Berner Oberland.

9 **Niesen,** 2362 m, effektvolle Bergpyramide südlich des Thunersees; prächtiger Aussichtspunkt; Bergbahn ab Mülenen.

10 **Wimmis,** 629 m, am Eingang zum Simmental; imposantes Landvogteischloß; romanische Kirche (um 1000).

11 **Simmental,** langgezogenes, idyllisches Voralpental mit viel Fleckrindzucht und Weidebetrieb. Sehenswert die prächtigen alten Holzbauernhäuser, besonders in Erlenbach, Därstetten und Diemtigen (siehe Bildtafel auf Seite 134/135).

12 **Frutigen,** 779 m, 6000 Einwohner, Hauptort des Kandertals; Gewerbeort; Ferien- und Ausflugszentrum.

13 **Blausee,** kleiner, von Felsblöcken eingefaßter Bergsee mit kristallklarem Wasser und bedeutender Forellenzucht.

14 **Kandersteg,** 1176 m, 1000 Einwohner, großartig gelegener Kurort und Touristenzentrum für Sommer und Winter; umrahmt von gewaltiger Fels- und Gletscherszenerie; Bergbahnen; Autoverladung durch den Lötschberg-Tunnel.

15 **Oeschinensee,** 1578 m, wildromantischer, von der mächtigen Felsbastei der Blümlisalp umschlossener Gebirgssee; Ziel unserer Wanderung.

16 **Lötschberg-Tunnel,** 14,6 km langer Eisenbahntunnel zwischen Kandersteg und Goppenstein im Zug der transalpinen Strecke Bern – Simplon – Italien. Die Autoverladung ersetzt den hier fehlenden Straßenpaß.

17 **Lötschental,** kleines Hochgebirgstal in prächtiger, abgeschiedener Lage mit ursprünglich erhaltenen Dörfern und Weilern aus dunklen Holzhäusern; alte Bräuche und Trachten; berühmte Prozessionen.

18 **Oberes Rhonetal,** im Oberwallis, Teil der größten Längsfurche in den Alpen; flacher Talboden inmitten der gigantisch hochgetürmten Zentralgebirgsgruppen der Berner und Walliser Alpen.

19 **Raron,** 640 m, Walliser Dorf am Rand des Rhonetals. Im 13./14. Jh. Sitz eines mächtigen Herrschergeschlechts; an Stelle der 1417 zerstörten Burg auf einem Felshügel eine kleine Hallenkirche (1508/09); Fresko eines Jüngsten Gerichts; außen an der Kirchmauer das Grab von Rainer Maria Rilke (1875–1926).

Interlaken	0 km	564 m
Thun	23 km	560 m
Spiez	33 km	560 m
Frutigen	50 km	779 m
Kandersteg	63 km	1176 m
Visp	98 km	651 m
Brig	107 km	678 m

20 **Visp,** 651 m, 5300 Einwohner, Städtchen am Einang zum Vispertal; alter Ortskern mit mittelalterlichen Häusern; Burgruine mit romanischem Turm; Abzweigung von Straße und Bahn nach Saas Fee und Zermatt.

21 **Brig,** 678 m, 5300 Einwohner, hübsche Stadt mit mittelalterlichem Ortskern, überragt vom imposanten Stockalperpalast. Kaspar Stockalper (1609–1691), der »ungekrönte König des Wallis« und »Herrscher des Simplon«, ließ 1658–1678 den dreitürmigen Palast bauen, das größte Privathaus der Schweiz mit prächtigem Arkadenhof. Auf einer Anhöhe am Stadtrand die Jesuitenkirche (1687), eine der schönsten barocken Kirchen im Wallis.

Touristische Tips

Die schönsten **Campingplätze** entdeckten wir in Kandersteg (nächst des Oeschinenlifts), in Gampel am Rhoneufer (»Rhone«) und in Ried bei Brig (»Camping Tropic«).

Für **Wohnwagen**gespanne ist die kehrenreiche Höhenstraße vom Thunersee über Aeschi nicht angenehm. Man benützt besser die direkte Hauptstraße Spiez–Frutigen. Etwas heikel ist auch die Gefällstrecke von Goppenstein ins Rhonetal mit stellenweise einspurigen Verengungen. Es empfiehlt sich, die Autoverladung durch den Lötschbergtunnel bis Brig auszudehnen.

Die **Quartier**nahme in Brig (800 Fremdenbetten) bereitet kaum Schwierigkeiten; man kann außerdem auf die Nachbarorte Naters oder Mörel ausweichen.

Kulinarische Spezialitäten: Nicht weit vom Thunersee stammt der weltbekannte Emmentaler Käse, im Berner Oberland sollte man den »Hobelkäse« probieren. Mit dem Übergang ins Wallis wechselt auch das Angebot an Speisen; man findet häufig das »Raclette«, ein Gericht aus einheimischem, am Feuer geschmolzenem Bergkäse mit Pellkartoffeln und den »Bagnes«-Bergkäse. Um den Thunersee wächst in begrenzter Menge ein guter Weißwein, während im Wallis die klassischen Eigengewächse, wie Fendant und Johannisberger, getrunken werden.

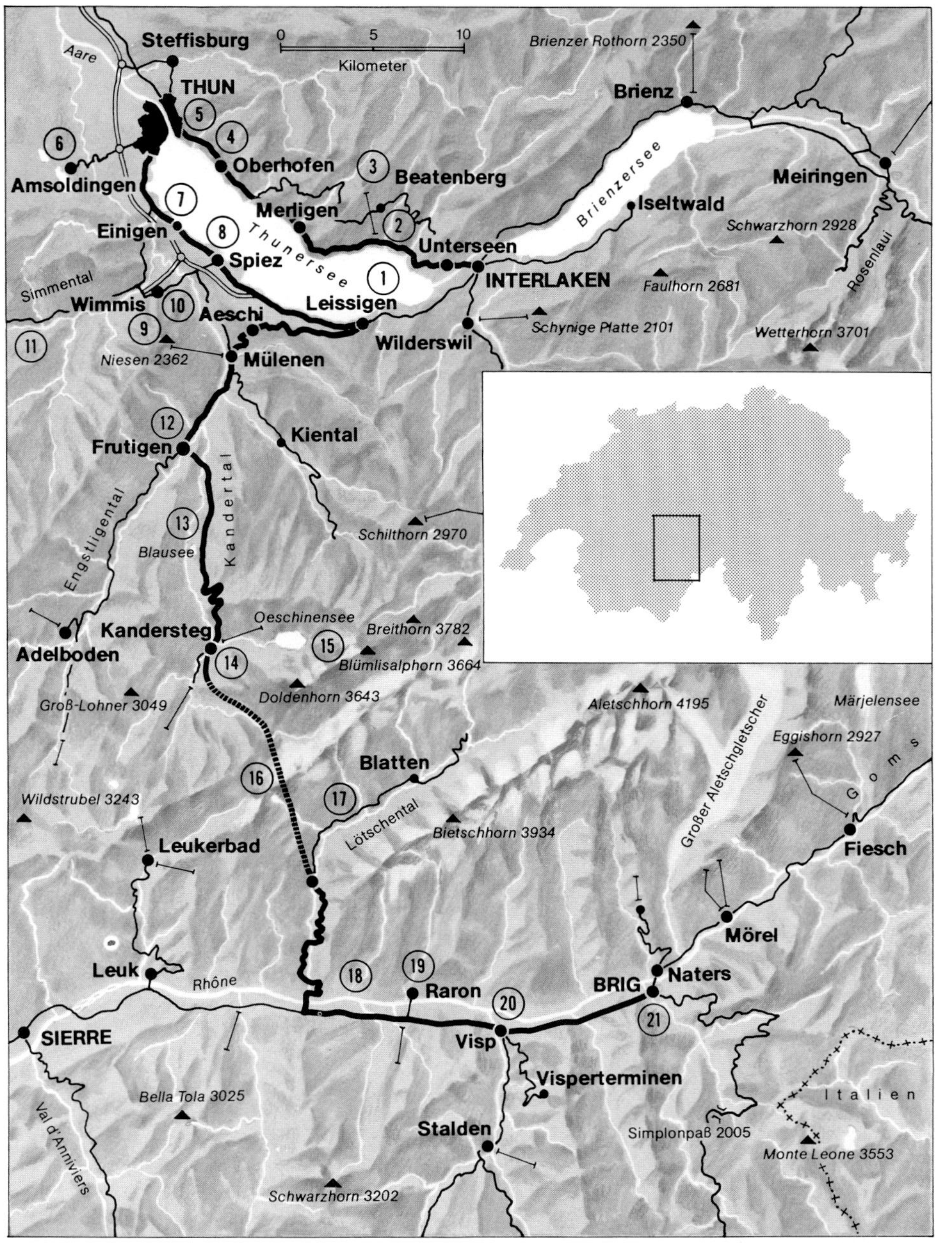

Wandergruppen in den Berner Alpen.

Seite 129: In der Art normannischer Donjons, als rechteckiger Bau mit vier runden Ecktürmen, überragt die Zähringerburg seit dem zwölften Jahrhundert die Stadt Thun am Nordufer des Thuner Sees.

Seite 132/133: Ein vielfältiges Geschick erlebte Schloß Oberhofen am Thuner See in seiner siebenhundertjährigen Geschichte. Ursprünglich Wasserburg burgundischer Adeliger, wechselte es oftmals Besitzer und Bauherren. Einer der Eigner, Walter von Eschenbach, war 1308 unter den Königsmördern von Brugg und mußte der Sage nach in Württemberg als Viehhirt untertauchen. Heute ist das Schloß ein Teil des Bernischen Historischen Museums und mit seinen prächtigen Interieurs im Stil verschiedener Epochen, einer Sammlung Bernischer Wohnkultur und dem herrlichen Park mit exotischem Baumbestand vielbesuchtes Ausflugsziel. Für Kinder besonders anziehend ist das Kinderchalet mit Mini-Küche und Spielzeugsammlung.

Seite 134/135: Als ›schönste Bauernhäuser Europas‹ preist man die mit ornamentalem Schnitzwerk reich geschmückten Holzhäuser im Simmen- und Diemtigtal. Im Bild Haus Karlen in Diemtigen aus dem Jahr 1738.

3 8. Jahr
nach diser zeit die Ewige Seligkeit.
laß dir Herr bevolen sein, Zum Lob und Ehre
ein Schaz

Wanderung

Seenidyll unter Granitwänden
Kandersteg – Oeschinensee

Der wohlklingende Name Blümlisalp bezeichnet nicht, wie man vermuten könnte, sommerselige Bergwiesenmatten mit Kuhherden und Sennhütten, sondern einen bis 3600 Meter hochgetürmten, gletscherüberwallten Gebirgsstock. Über den Ursprung dieser merkwürdigen Fehlbenennung weiß eine schaurige Sage zu erzählen.
In uralter Zeit lebte im Berner Oberland ein reicher Bauer. Er verhätschelte und verwöhnte seinen einzigen Sohn über alle Maßen. Der Bub wuchs heran und hatte nur Übermut, Hoffahrt und Rohheit im Sinn. Vor Gram darüber verstarb der Vater früh und der Sohn war nun Herr über Hof und Güter. Er ließ seine alternde Mutter hungern und darben, zog hinauf auf die schönste seiner Alpen, die Blümlisalp, und führte dort mit seiner Liebsten ein Leben in Saus und Braus.
Durch seine Verschwendungssucht verfiel der Hof im Tal, Hunger und Durst trieben die alte Mutter schließlich zu ihrem Sohn auf die Alp. Doch dieser verhöhnte sie nur, und während er seinem Hund Ryn die besten Leckerbissen vorsetzte, jagte er die Mutter aus dem Haus. Da stieg die Frau auf einen nahen Berggipfel und schrie verzweifelt: »Ihr Firne und Felsen, fallet nieder auf die Frevler.« Sogleich erklang ein markerschütterndes Donnern und Krachen, Felsen und Gletscher stürzten herab und begruben die blühende Alp unter Geröll, Schnee und Eis. Seit jener Zeit ist die Blümlisalp eine hochalpine Welt der Felsmauern und Eisströme. In dunklen, stürmischen Nächten aber vernimmt man noch heute das grausig hohle Heulen des Hundes Ryn ...
Am Fuß des Gebirgsmassivs der Blümlisalp, umschlossen von steil hochstrebendem, phantastisch geschichtetem Steingemäuer, liegt der Oeschinensee malerisch hingelagert wie ein übriggebliebenes Kleinod aus dem Sagenreich.
Von Kandersteg schweben wir in lustigen Doppelsesseln über Grashänge und schütteren Wald auf eine Anhöhe über dem im tiefen Grund verborgenen See, im Blickfeld gegenüber die effektvoll aufgebaute, langgezogene Wand- und Gipfelflucht vom Blümlisalphorn über Oeschinen- und Frundenhorn bis zum mächtigen Eckpfeiler Doldenhorn. In wenigen Minuten sind wir auf leicht fallendem Waldweg am romantischen Strand des Oeschinensees. Besonders lohnend ist der Weg entlang des nördlichen Ufers. Ein Treppen- und Galeriesteig direkt über dem verträumten, in vielfältigen Farbnuancen glänzenden Wasserspiegel, mit prachtvollem Blick auf die großartige Fels- und Eisbühne.
Wir wandern hinauf bis zur Alpsiedlung Bergli, spazieren dann auf dem gleichen Weg zurück bis zur westlichen Buchtspitze, wo eine Gaststätte mit Terrasse und Bootsverleih zur Einkehr lockt. Für den Weg ins Tal verzichten wir auf die Sesselbahn, wandern zunächst auf einer felsgepflasterten Fahrstraße abwärts. Nach einer Viertelstunde zweigen wir rechts ab auf einen hübschen Traversenpfad zwischen lichtem Arven- und Lärchengehölz. An einer Kehre öffnet sich die Sicht in den tiefen Taleinschnitt, auf dessen Grund das glitzernde Band des Oeschinenbaches mit Hunderten von Windungen eine Komposition moderner Graphik zeichnet. Über blumengarnierte, saftig grüne Hangmatten schlendern wir, nunmehr die imposante, Kander- und Engstligental trennende Bergkette vom Groß-Lohner bis zum Elsighorn vor Augen, hinaus nach Kandersteg. Zwischen dekorativen Tannenriesen klingt der Weg aus und endet direkt am Parkplatz des Sessellifts.

Start- und Zielpunkt: Kandersteg, 1176 m.

Abzweigung von der Reiseroute: Kandersteg; Parkplatz der Sesselbahn am östlichen Dorfrand.

Charakter: Sesselliftauffahrt; leichte Wanderung im Bereich des Oeschinensees mit großartiger alpiner Szenerie; Talabstieg nach Kandersteg.

Kinder: Ab 5 Jahren; für den nördlichen Seeuferweg ist Trittsicherheit erforderlich.

Dauer: 2 ½ Stunden.

Zeitbedarf ab Abzweigung Reiseroute: 3 Stunden.

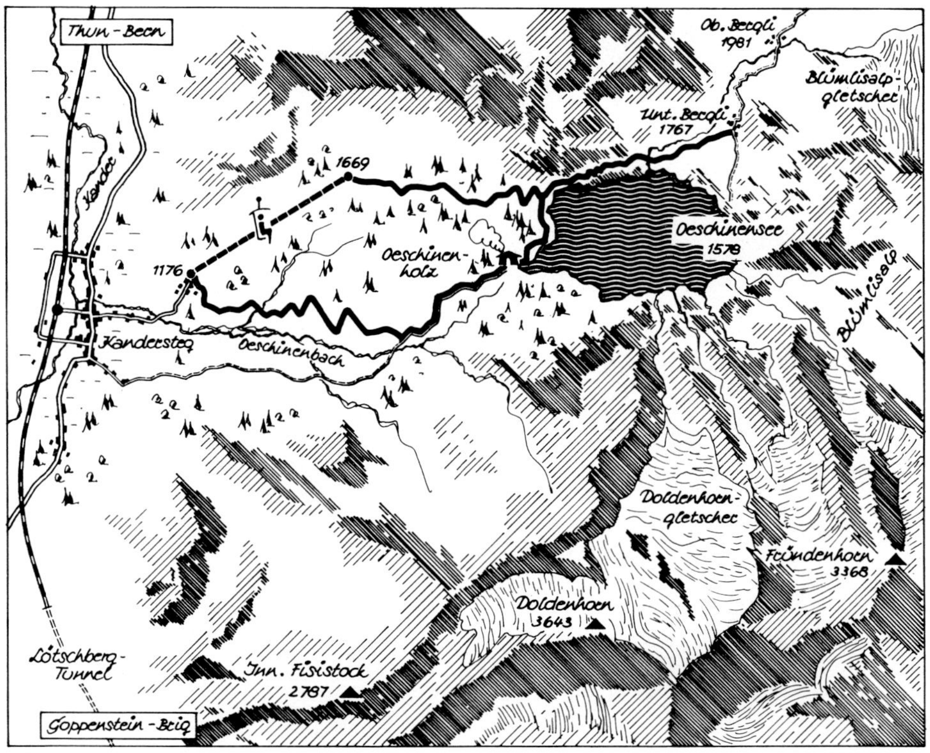

Den lieblichen Namen ›Blümlisalp‹ trägt diese wilddramatische Fels- und Eisszenerie über dem blaugrünen Wasserauge des Oeschinensees bei Kandersteg, vielbesuchtes Wanderziel in den Berner Alpen.

12 Brig – Zermatt

Vom Rhonetal zum Matterhorn

Heute werden wir fürs erste auf dem Rundgang durch die Gassen von Brig das Wahrzeichen der Stadt, den Stockalperpalast, besichtigen. Die schloßartige Anlage mit dem zwei- und dreigeschossigen Arkadenhof, den drei hochragenden Zwiebeltürmen, den Freitreppen und Erkern ist deutlich von der italienischen Architektur beeinflußt und erinnert an Florentiner Bauten. Kaspar Jodok Stockalper (1609–1691), der »Fugger der Alpen«, Großkaufmann und Finanzgenie, befreundet mit Kaiser und Papst, erbaute und benützte den Palast als Umschlagplatz für den von einer einzigen Familie monopolisierten Simplon-Handel zwischen Italien und Frankreich. Der Neid der Landsleute trieb Stockalper später in die Verbannung nach Italien.
Die Tagesetappe von Brig nach Zermatt ist nur 46 Kilometer lang. Sie wurde bewußt so kurz angesetzt, damit für die Besuche der landschaftlichen und touristischen Sehenswürdigkeiten in diesem Bereich ausreichend Zeit bleibt. Die direkte Straßenroute, durch tief eingeschnittene Talzüge verlaufend, bietet nämlich – abgesehen von den Eindrükken im Mattertal – nicht allzuviel Interessantes. Es lohnt sich also, wenigstens eines der attraktiven Ziele abseits unserer Strecke anzusteuern.
Zur Auswahl stehen mehrere Möglichkeiten. Da bietet sich zunächst ein Abstecher rhoneaufwärts nach Mörel mit einer Bergbahnfahrt zur Riederalp an. Der freie Bergrücken gewährt nach Süden einen großartigen Überblick über die Kette der Walliser Alpen, im Norden breitet sich zwischen mächtigem Urgesteinspalier der imposante Große Aletschgletscher aus. Dieser Bereich ist übrigens Ziel unserer Wanderung.
Auch eine Fahrt nach Saas Fee paßt gut ins Programm. Das 1790 Meter hoch gelegene Gletscherdorf überwältigt jeden Gast mit seiner einmaligen, bis über 4000 Meter hochgetürmten Eiskulisse. Im Gegensatz zu Zermatt, das auf dem letzten Anfahrtteilstück nur per Bahn erreichbar ist, hat Saas Fee direkten Straßenanschluß durch das 18 Kilometer lange Saastal.
Die meiste Anziehungskraft übt natürlich Zermatt aus, die »Metropolis Alpina«, der Inbegriff des klassischen Hochalpendorfes. Über dem Dorf in der Talschale thront der »König der Berge«, das unvergleichliche Matterhorn. Ferdinand Hodler, der berühmte Schweizer Alpenmaler, hat sich einst geweigert, das Matterhorn zu malen, weil ihm die Mächtigkeit und Eindrucksstärke dieses Berges zu gewaltig erschien, um sie auf einem Bild einfangen und festhalten zu können.
Wenn auch eine rührige Fremdenverkehrsindustrie längst das Ursprüngliche des Dorfes überwuchert hat, so bewahrt der Kern von Zermatt immer noch Stil und Charakter: sonnenverbrannte, ineinander verschachtelte Holzhäuser und Stadel auf pilzförmigen Ständern, intime Gäßchen und Lauben, viel ornamentales Schnitzwerk an den Fassaden. Und das lebhaft-fröhliche Gedränge in Zermatts Hauptstraße, einem kosmopolitischen Urlauberboulevard, wird gedämpft und überlagert durch die Ausstrahlung einer schon überwirklichen Szenerie der Naturgewalten.
Neben ungezählten anderen Attraktionen bietet Zermatt die meisten und höchsten Bergbahnen der Schweiz und ein Netz von 400 Kilometern Spazier- und Wanderwegen – zuviel für unseren Tagestrip. Wählen wir deshalb das schönste und aufregendste Halbtagesunternehmen heraus: eine Fahrt auf den Gornergrat. In 45 Minuten schlängelt sich die Zahnradbahn aus dem Talgrund durch Arvenwälder und Alpenrosenfelder bergwärts, fortgesetzt mit neuen Bildern und Perspektiven überraschend. Der Blick vom Gornergrat auf die Walliser Alpen ist von einmaliger Großartigkeit. Ich kenne in den Alpen keinen anderen bahnerschlossenen Bergpunkt, der dieses Panorama an Geschlossenheit und Eindrucksstärke noch zu übertreffen vermöchte. Auf Atemnähe gegenüber der gotische Felsdom des Matterhorns und die bizarr hochgetürmte Bergfestung des Monte Rosa, davor die alle Dimensionen sprengenden Eisströme des Gorner- und Theodulgletschers, dazwischen und dahinter und ringsherum eine Heerschau weißglitzernder Gipfelkronen – zweifelsfrei ein Höhepunkt auf unserer Reise durch die Schweiz.
Wer Zeit hat, sollte auf der Rückfahrt eine oder mehrere der vier Teilstrecken längs der Bahn zu Fuß absolvieren; das läßt die Eindrücke in Herz und Geist wohltuend vertiefen und verklingen.

MORITZ
NATIONALRAT
PRAESIDENT VON
RETTER

Reise-Lexikon

1 **Naters,** 673 m, 5500 Einwohner, Nachbarort von Brig am nördlichen Rhoneufer; alter Dorfkern mit stattlicher Barockkirche (1659–1664), der romanische Turm stammt aus dem 12. Jh.; spätgotisches Beinhaus; Schloß Ornavasso (13. Jh.).

2 **Mörel,** 759 m, kleines, ursprüngliches Dorf im oberen Rhonetal, von Obstbaumgruppen umgeben. Letzte Rebenpflanzungen, Edelkastanien und Nußbäume, ehe sich die Landschaft talaufwärts zur herberen Region des Goms wandelt. Zwei Bergbahnen zur Riederalp.

3 **Riederalp,** 1900–2064 m, plateauartiges Alpwiesen- und Geröllgelände; liegt auf den Südhängen eines aussichtsreichen Bergrückens zwischen dem Großen Aletschgletscher und dem Rhonetal; mehrere Streusiedlungen, Sommerkurort und Wintersportgebiet. Sehenswert die kleine Muttergotteskapelle (1679) mit geschnitztem Kruzifix (1704) von Johann Ritz. Rund um die Riederalp und den Aletschwald führt unser Wandervorschlag zu dieser Etappe.

4 **Großer Aletschgletscher,** 1500–3000 m, 24 km lang, 169 qkm Flächeninhalt, der größte Eisstrom der Alpen. Er beginnt am Jungfraujoch in den Berner Alpen und senkt sich in großem Bogen südwestwärts ins Rhonetal ab. Besonderen botanischen Ruf genießt der **Aletschwald,** eine in der Höhe zwischen 1600 und 2140 m über dem Gletscher liegende Ansammlung von wetterzerzausten Arven und Lärchen. Siehe unsere Bildtafel auf Seite 142.

5 **Simplonpaß,** 2005 m, 10 %, 64 km lang; verbindet Brig im Oberwallis mit dem italienischen Domodossola und dem Lago Maggiore. Vorzüglich ausgebauter Hochgebirgspaß, zählt zu den schönsten Alpenübergängen; großartig die lange Auffahrtsrampe aus dem Rhonetal und die wildromantische Gondoschlucht beim Südabstieg. Der Paß wurde schon von den Römern als Saumweg benützt, Napoleon ließ die erste Straßentrasse anlegen (1806). Autoverladung Brig–Domodossola.

6 **Visperterminen,** 1336 m, kleines, aussichtsreiches Bergdorf mit den höchstgelegenen Weinbergen Europas (1200 m); hier wird der berühmte »Heidenwein« gezogen.

7 **Stalden,** 795 m, Walliser Dorf im tief eingeschnittenen Dreieck von Saas- und Mattertal; Gabelung der Zufahrtstraßen nach Saas Fee und Zermatt.

8 **Saas Fee,** 1790 m, weltberühmter Sommerkurort und Wintersportplatz im Herzen der Walliser Alpen, umrahmt von Arven- und Lärchenwäldern, überragt von der 4500 m hohen Mischabelgruppe, deren Gletscher bis nahe zum Talboden reichen. Mehrere Bergbahnen in Höhen um 3000 m, jede Art von Fremdenverkehrseinrichtungen. Saas Fee ist autofrei, Parkplatz am Dorfeingang.

9 **Mattertal,** 750–1600 m, 30 km lang; wildromantischer, tief eingeschnittener Talzug mit engen Schluchten, weichen, grünen Hangterrassen und vielen Wasserfällen.

10 **St. Niklaus,** 1127 m, Luftkurort im Mattertal; origineller romanischer Kirchturm.

11 **Grächen,** 1619 m, kleines Walliser Dorf in balkonartiger Höhenlage über dem Matter- und Saastal; typische Holzhäuser; Sommerfrische und Wintersport; prächtige Aussicht; niederschlagärmstes Dorf der Schweiz. Kurvenreiche Bergstraße ab St. Niklaus.

12 **Täsch,** 1438 m, kleines Touristendorf auf der Sohle des Mattertals; Ende der Autostraße mit großem Parkplatz und stündlichem Bahn-Pendelverkehr nach Zermatt (6 km).

13 **Mischabelgruppe,** gletschergepanzerter Gebirgsstock zwischen dem Matter- und Saastal, eines der gewaltigsten Bergmassive der Alpen, mit den Gipfeln Dom (4545 Meter), Täschhorn (4491 m), Alphubel (4206 Meter) und Allalinhorn (4027 m). Mehrere Bergbahnen von Saas Fee in die Gletscheregion.

14 **Zermatt,** 1620 m, weltberühmtes Bergsteiger- und Touristenzentrum inmitten der Zentralalpen; höchstgelegenes Wintersportgebiet Europas mit Skibrücke ins italienische Breuil-Cervinia und dem bedeutendsten Sommerskibetrieb der Alpen auf dem Plateau Rosa. Das stattliche Dorf, eine Mischung aus vielen modernen Hotelbauten und uralten Walliser Holzhäusern, liegt inmitten von grünen Matten und prächtigen Arven- und Lärchenwäldern im großartigen Talschluß, überragt von der phantastischen Bergpyramide des Matterhorns. Zermatt, einer der attraktivsten Fremdenverkehrsorte Europas, bietet jeden Komfort, mehrere Bergbahnen in Höhen bis 3500 m und ist autofrei (Brig-Visp-Zermatt-Bahn).

15 **Gornergrat,** 3131 m, exzellenter Aussichts- und Endpunkt der 9 km langen Zahnradbahn von Zermatt; bietet die großartigste Panoramaschau der Alpen auf 25 Viertausender und mehr als 50 Gletscher.

16 **Matterhorn,** 4478 m, eine mit klaren Linien kühn geformte Felsformation, die sich majestätisch gegen den Himmel reckt; der schönste und berühmteste Berg der Alpen; Traumziel aller Alpinisten.
Voller Dramatik ist die Geschichte der

Brig	0 km	678 m
Visp	9 km	651 m
Stalden	16 km	795 m
Täsch	40 km	1438 m
Zermatt	46 km	1620 m

Erstbesteigung. Acht Jahre dauerte der Kampf um den Gipfel. In den Jahren 1857 bis 1865 wurden 18 bekannte Versuche unternommen, bis es am 14. Juli 1865 dem Engländer Whymper mit einer siebenköpfigen Seilschaft gelang, den Berg zu bezwingen. Doch der Erfolg wurde überschattet von der Tragödie des Abstiegs. Das schwache Hanfseil riß und die Bergsteiger Hadow, Croz, Hudson und Douglas stürzten über die 1000 Meter hohe Nordwand in den Tod. Am gleichen Tag mußte Whympers Konkurrent, der italienische Bergführer Carell, unverrichteter Dinge umkehren. Ihm gelang drei Tage später die Erstbesteigung des Matterhorngipfels von Breuil aus.
Heute kennt man ein halbes Dutzend verschiedener Anstiegsrouten, die von versierten Seilschaften mit einheimischen Bergführern regelmäßig begangen werden.

17 **Monte Rosa,** eisbedeckter Bergstock im Zug des Zentralalpenkammes südlich von Zermatt; dessen Gipfel, die 4634 m hohe Dufourspitze, ist nach dem Mont-Blanc (4807 m) der zweithöchste Berg der Alpen.

Touristische Tips
Die schönsten **Campingplätze** fanden wir in Brigerbad (»Thermal-Camping«) und in Staldbach am Südrand von Visp an der Straße nach Stalden. Der Platz in Zermatt kommt wegen der Umladung vom Auto zur Bahn für einen Kurzaufenthalt kaum in Frage.
Wohnwagengespanne begegnen auf dieser Route keinen Schwierigkeiten. Zweckmäßigster Standort für das Etappenziel Zermatt ist Visp (mit guter Bahnverbindung nach Zermatt).
Die **Quartier**suche kann zur Hauptsaison – zumal für eine Nacht – in Zermatt recht mühsam sein. Es empfiehlt sich, in einem der »Vororte«, wie St. Niklaus, Randa oder Täsch, zu logieren und Zermatt per Bahn-Pendelverkehr zu besuchen (Zugfolge ca. stündlich von 6.00 bis 21.00 Uhr).
Kulinarische Spezialitäten: Die Walliser Küche bietet an speziellen Gerichten die »Walliser Platte«, deren Hauptbestandteil luftgetrocknetes Fleisch ist, sowie einige Spezialitäten auf der Grundlage des Bagnes-Bergkäse. Im Wallis wachsen auch köstliche Erdbeeren und Aprikosen, außerdem steht der Walliser Spargel in bestem Ruf. Das Fremdenzentrum Zermatt bietet selbstverständlich eine vortreffliche Auswahl aus der Schweizer und internationalen Küche.

Walliser Speicher im oberen Rhonetal.

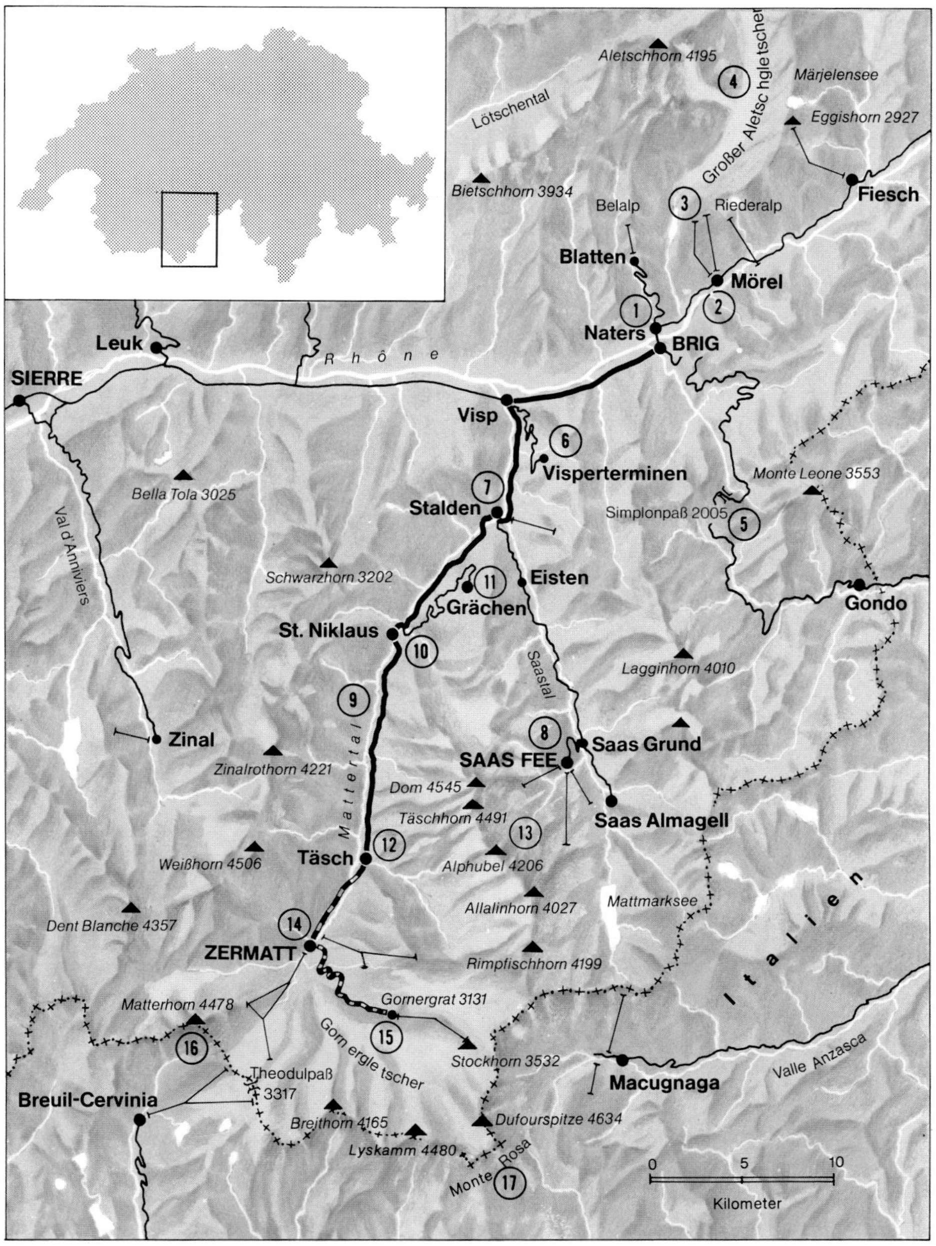

Seite 142: Als mächtigster Eisstrom der Alpen zieht sich der Große Aletschgletscher 24 Kilometer lang von der Jungfrau südwärts ins Rhônetal. Ein botanisches Kuriosum ist der Aletschwald, dessen Lärchen und Krüppelarven über dem Gletscher auf einer Hanghöhe bis 2100 Meter wachsen.

Seite 139: Das Wahrzeichen Brigs ist der dreitürmige Palast des ›Fuggers der Alpen‹, Kaspar Jodok Stockalper, dessen Familie im 17. Jahrhundert den gesamten Simplon-Handel kontrollierte. Der deutlich von italienischer Architektur beeinflußte, schloßähnliche Bau mit schönem Arkadenhof ist das größte Privatgebäude der Schweiz.

Seite 143: Ein Wanderrevier par excellence ist das Gebiet um Belalp, Riederalp und Bettmeralp, das prächtige Blicke auf die höchsten Alpengipfel diesseits und jenseits der Rhone bietet. Im Bild ein Weg auf der Belalp mit Rhonetal und Mischabelgruppe.

Seite 144: Im Wallis, dem Land der höchsten Berge und tiefsten Täler. Im Vordergrund eines der für die Walliser Seitentäler typischen hochstöckigen Holzhäuser, dahinter die Rebenhänge um Visperterminen, auf denen bis in 1200 Meter Höhe der Heiden- und Höllenwein gezogen wird. Am Horizont, jenseits des Rhônetals, die Berner Alpen.

Seite 145: Passionskreuz im Saastal. Um das Kruzifix sind die ›Waffen‹ Christi, die Marterwerkzeuge, angeordnet.

ER WAR GEHORSAM
BIS ZUM TODE AM KREUZE
INRI
1763

Wanderung

Logenplatz zwischen Berner und Walliser Alpen
Mörel – Riederalp – Aletschwald – Blausee

Das Rhonetal, die größte Längsfurche im Relief der Alpen, ist so tief eingeschnitten, daß man die über seinen Flanken aufgebaute Hochgebirgswelt von der Talsohle aus zwar erahnen, aber kaum überschauen kann. Einer der wenigen exponierten Logenplätze, vor denen sich das große Welttheater der alle Maßstäbe sprengenden Kontraste und Dimensionen darbietet, ist das Ziel unseres heutigen Wanderausflugs.
Es beginnt ganz harmlos. Man fährt von Brig zwischen grün- und graugesprenkeltem Felsspalier rhoneaufwärts bis Mörel, einem kleinen Ort inmitten von Obstbäumen und Laubwäldern. Die letzten Edelkastanien künden an, daß sich hier die fruchtbare Kulturlandschaft zur strengeren Hochtalregion wandelt. Übrigens liegen in diesem Abschnitt, von der Wasserenergie der Rhone und der Massa (Abfluß des Aletschgletschers) gespeist, große Kraft- und Industriewerke. Sie sind jedoch so geschickt in das Landschaftsbild eingefügt, daß sie das Auge kaum beleidigen.
In der Ortsmitte von Mörel setzen wir uns in eine der lustigen Kleingondeln und schweben über die gigantische, abschüssige Hangfront höher und höher, an die tausend Meter, bis sich die Rhoneniederung in der blauen Tiefe verliert. Ringsumher stemmen sich Höhenrücken und Bergriesen ohne Zahl himmelwärts.
Am Seilbahnziel Riederalp gibt es die erste Überraschung: Statt des erwarteten Felsödlands breitet sich ein sanftgeschwungenes, anmutig-freundliches Hochplateau aus, mit sattgrünen, blumenübersäten Wiesenmatten, mit Sennhütten, Alpweiden, Chalets und idyllischen Seenaugen; ein sonniger Riesenbalkon inmitten von Eis- und Felswildnis, überspannt von der aus Licht und Blau gesponnenen Kuppel des Alls.
Wenn wir uns an der Parade der Walliser Viertausender sattgesehen haben, wenden wir uns nordwestwärts und erreichen auf gutem Weg in einer Viertelstunde die Riederfurka, ein sanftes Joch im dominierenden Bergrücken. Nun hebt sich der Vorhang zur nächsten Überraschung: Aletschwald und Großer Aletschgletscher. In einer Höhenlage zwischen 1600 und 2100 Meter, weit über der üblichen Baumgrenze, stehen auf einem großen Polster von Moos, Alpenrosen- und Heidelbeerfeldern Arvenund Lärchengruppen, mit wetterzerzaustem Geäst wie vielarmige Leuchter, tief darunter das grünblau glitzernde Band des Großen Aletschgletschers. 24 Kilometer lang windet sich der größte Eisstrom der Alpen vom Jungfraumassiv südwärts, bis er in 1500 Meter Höhe knapp vor dem Rhonetal endet.
Besonders eindrucksvolle Farbstimmungen präsentieren sich im Juni, wenn die Blüten der Alpenrosen den Hang mit einem hellroten Schleier überziehen, oder im Oktober, wenn das Hellgrün der Lärchen im reinsten Licht gegen Gletscherweiß und Himmelsbläue steht.
Wir folgen nordostwärts dem steigungsarmen Promenadeweg, der sich parallel zu Gletscherbett und Bergrücken durch den Aletschwald zieht. Da und dort äsen Gemsen, die wenig menschenscheu sind und mitunter den Eindruck erwecken, als seien sie sich ihrer Bedeutung als Fotomodelle voll bewußt. Im übrigen ist das Gelände Naturschutzgebiet, jedes Abreißen von Pflanzen und Blumen ist untersagt. Besondere Vorsicht erfordert der Umgang mit Feuer, schon ein weggeworfener Zigarettenrest kann in dem leicht entzündbaren Geäst verheerende Brände auslösen.
Gegen Ende des Aletschwaldes, wo eine durch Steine angehäufte Mauer die Grenze des Naturschutzgebietes markiert, wenden wir uns nach rechts und überschreiten den grasigen Höhenrücken, der Aletsch- und Rhonetal voneinander trennt. Vorbei am Blausee schlendern wir beliebig durch das übersichtliche Wiesenterrain talwärts zur Seilbahnstation Riederalp. Wer besonders gehfreudig ist, kann natürlich auch zu Fuß nach Mörel absteigen, doch sollten die Dimensionen nicht unterschätzt werden: man läuft immerhin knappe drei Stunden.

Start- und Zielpunkt: Mörel, 759 m, im oberen Rhonetal.

Abzweigung von der Reiseroute: Brig; 8 km lange, schnelle Straße nach Mörel.

Charakter: Auf- und Abfahrt mit Gondelbahn; leichte, bequeme Rundwanderung auf aussichtsreichem Höhenplateau; eine der eindrucksvollsten Szenerien der Westalpen.

Kinder: Ab 5 Jahren.

Dauer: 2 ½ Stunden.

Zeitbedarf ab Abzweigung Reiseroute: 4 Stunden.

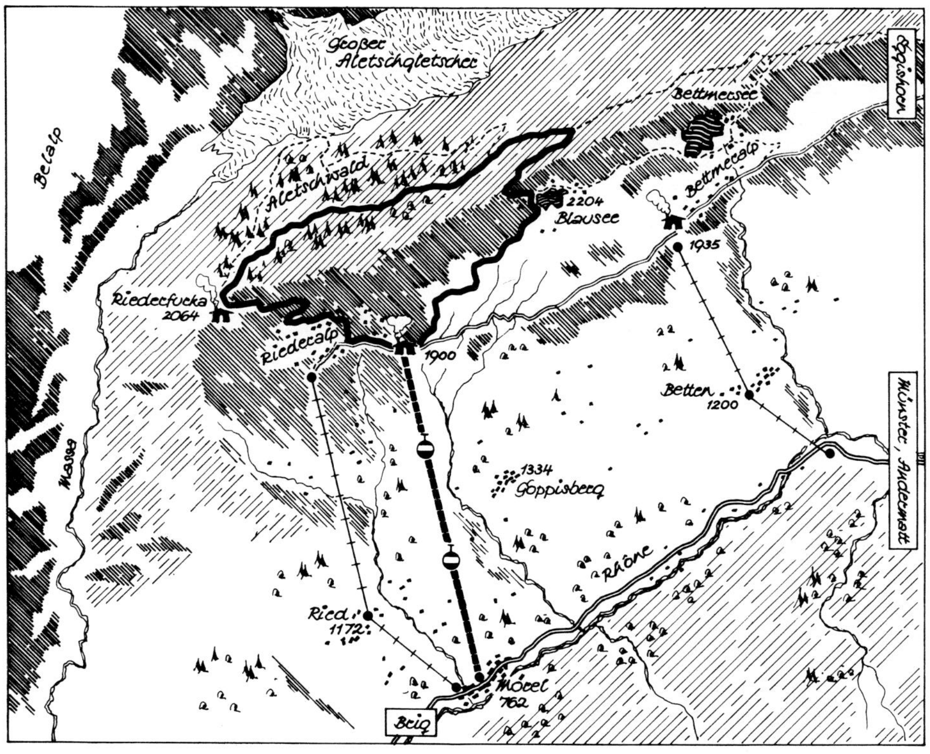

Das 4478 Meter hohe Matterhorn über Zermatt, schönstgeformter und berühmtester Berg der Alpen.

13 Zermatt – Villars

Spitzbergens Gletscher und Spaniens Weinberge

Auf unserer Reise haben wir schon manch eigentümliche und eigenwillige Region kennengelernt, wie sie einem in dieser aneinandergereihten Vielfalt nur in der Schweiz begegnet: Graubündens karge Gebirgskammern, die von südlicher Sonne verklärte Schlichtheit Tessiner Täler, das einem buntbedruckten Ferienplakat gleichende Mosaik der Mittelschweizer Seenlandschaft. Übertroffen werden all diese Eindrücke von der Eigenart und den Maßstäben des Wallis. Rainer Maria Rilke, der den letzten Abschnitt seines Lebens im Wallis verbrachte, nannte den Rhonekanton ein »kleines Spanien«; Albrecht von Haller, der Schweizer Arzt, Naturforscher und Dichter, sprach von einem »Spitzbergen«. Die landschaftliche Kontrastspanne eines ganzen Erdteils scheint hier auf begrenzten Raum zusammengedrängt. Bis unter die Fünfhundertmetergrenze fällt das Rhonetal ab, ein alpiner Vorhof subtropischer Vegetation. Doch fünfzig Gipfel der Walliser Berge ragen über viertausend Meter hoch empor, umlagert von weißen Wüsten des ewigen Eises. Voller Überraschungen, mitunter die Sinne betäubend, sind die Gegensätze: rotverbrannte Erde und blaugrün leuchtende Gletscher, versengende Mittelmeerglut und tödlicher Polarhauch, Tundrasteppen und Bergblumenmatten, sorgsam aufgebundene Weinstöcke und wetterzerzauste Arven, das Gezirpe der Zikaden in Obstplantagen und das Geheul der Schneestürme um heroisch aufgetürmte Felsgrate. Primitive Ziegenställe stehen neben kunstvollen Barockkirchen, graubemooste Steinhütten neben prächtigen Patrizierpalästen. Ein jahrhundertelang gepflegtes Netz hölzerner Bewässerungsröhren gehört hier ebenso zum Bild wie daneben gigantische Staudämme und Kraftwerke.

Gegensätze auch im Naturhaushalt. Die gewaltigen Bergmassive halten die Wolken fest, zwingen sie, die Niederschläge in der Hochgebirgszone abzuladen. Die Kesselmulde des Rhonetals wird dadurch zur Bewölkungs- und Regenlücke. Während im Raum um Sion die jährliche Regenmenge unter sechzig Zentimetern liegt, beträgt sie in den Kammlagen der Randgebirge mehr als vier Meter. Seit altersher leiten die Walliser den Wasserreichtum der Hochregionen auf den regenarmen Talboden. Das System der künstlichen Bäche, Kanäle, der »Suonen« und »Bisses«, die aneinandergereiht einen Bewässerungsstrang von mehr als 2000 Kilometern ergäben, bildet den Schlüssel für die Fruchtbarkeit des Rhonebodens, den man das »Schweizer Kalifornien« nennt.

Die Kontraste der Natur prägten auch die Menschen. Zweierlei Sprachen, verschiedene Kulturkreise, extrem unterschiedliche Lebensbedingungen verhinderten die Bildung eines einheitlichen Menschenschlages. Es gibt keinen »typischen« Walliser, allenfalls den typischen Bewohner eines begrenzten Lebensraumes, und die Mentalität des Zermatter Hoteliers ist der des Weinbauern von Monthey so wenig verwandt wie die Landschaft von Saas Fee jener von St. Gingolph am Genfer See.

Vieles wäre noch zu berichten aus dem Wallis, dessen Vielfalt ein kleines Europa in geraffter Form verkörpert. Vom feingeschwungenen Bauernbarock in den Kirchen des Goms, von den Eigenheiten und Glanzlichtern der rund dreißig Rhone-Nebentäler; vom jahrhundertelangen Kampf um das Land zwischen Burgundern, Savoyern und Wallisern, von berühmten Leuten, deren Namen mit der Geschichte des Kantons eng verbunden sind, wie dem Fürstbischof Matthias Schiner und dessen Kontrahenten, dem Volkshelden Jörg Supersaxo. Schließlich auch vom legendären Cäsar Ritz, der als 13. Kind einer armen Bergbauernfamilie aus dem Gomser Dorf Niederwald nach Paris zog und dort die weltberühmte Hoteldynastie begründete.

Viel Interessantes, auch Rätselhaftes wie die Inschrift der schlichten Steintafel an Rilkes Grab auf dem Burghügel von Raron: »Rose, oh reiner Widerspruch; Lust, niemandes Schlaf zu sein unter soviel Lidern.«

Zu begrenzt ist unsere Reisezeit, um all dem nachzuspüren. Doch sollten wir wenigstens dadurch die Eindrücke vertiefen, daß wir das »Touristen-Förderband« der schnellen Rhonetalstraße verlassen, vielleicht in einem der alten Städtchen wie Leuk oder Sion einen kleinen Rundgang absolvieren, hinaufkurven auf die Höhenstraße von Crans-Montana, um von dort das große Walliser Kolossalgemälde mit seinen gesteigerten Dimensionen in den richtigen Blickwinkel zu bekommen.

Nicht versäumen sollte man einen Abstecher in eines der Rhone-Seitentäler: Am interessantesten sind die von Sierre beziehungsweise Sion ausgehenden Südtäler Val d'Anniviers und Val d'Hérens. Zur Weiterfahrt rhoneabwärts empfiehlt sich statt der Hauptroute auch die am nördlichen Talrand parallel laufende »Walliser Weinstraße«.

Durch die Talenge von St-Maurice, wo Dent du Midi und Dent de Morcles wie Tortürme an den beiden Rhoneufern emporstreben, schlüpfen wir aus dem Wallis in die breite Mündungsebene vor dem Genfer See. Wenig nördlich davon zirkelt eine Bergstraße nach Villars hinauf, das gleich einer Aussichtsterrasse einen prächtigen Überblick auf die Landschaft um Genfer See, Rhonetal und Zentralalpen gewährt.

Reise-Lexikon

1 **Rhonetal,** langgezogenes, fruchtbares Talbecken, eines der tiefsten Alpentäler, eingeklammert zwischen die gigantischen Gebirgsstöcke der Berner und Walliser Alpen; Lebens- und Verkehrsader des Wallis. Die Rhone, nach dem Rhein der größte Alpenfluß, entspringt am Rhonegletscher, durchfließt das Wallis, den Genfer See und Südostfrankreich, und mündet nach 812 km in das Mittelmeer.

2 **Leuk,** 720 m, malerisches altes Städtchen auf einem Rebenhügel, mit Bischofsschloß (15. Jh.), spätgotischer Pfarrkirche mit romanischem Turm (12. Jh).), spätgotischem Rathaus und schönen Patrizierhäusern. Auf dem Ringacker unterhalb der Stadt die prächtigste Barockkapelle des Wallis.

3 **Leukerbad,** 1401 m, berühmter klimatischer Kurort im großartigen Talschluß unter den Plattenhörnern; 22 radioaktive Quellen (tägl. 2 Mio Liter) gegen Rheuma, Kreislaufstörungen und Hautkrankheiten; mehrere Hallen- und 3 Freiluft-Thermalbäder.

4 **Sierre** (Siders), 534 m, 12 000 Einwohner, sehenswertes altes Städtchen im Rhonetal, von Weinbergen umgeben. Das Ortsbild beherrschen mehrere schloßartige Profanbauten; die Schloßruinen von Alt-Siders gehen bis ins 13. Jahrhundert zurück. Spätgotische Kirche Notre-Dame-des-Marais (1331/1422), auf den Hügeln der Umgebung u. a. Schlößchen Muzot, in dem Rainer Maria Rilke und Paul Hindemith lebten. Unweit der Stadt talaufwärts der unheimliche Pfynwald, ein föhrenbestandenes Rundhöckergebiet. Östlich von Sierre Sprachgrenze deutsch/französisch.

5 **Crans-Montana,** 1400–1700 m, mondäner Luftkurort und berühmter Wintersportplatz. Der meilenweit ausgedehnte Doppelort liegt am Südfuß der Berner Alpen auf sonnigen Plateauterrassen über dem Rhonetal. Internationale Atmosphäre, jeder Luxus und Komfort; Bade- und Eislaufseen, Golf, umfangreiches Bergbahnsystem bis 3000 m.

6 **Val d'Anniviers** (Eifischtal), 30 km lang, eines der schönsten Seitentäler der Rhone mit prächtiger Flora und urtümlichen Bergdörfern. Besonders eigenartig ist der Lebens- und Arbeitsrhythmus der Bewohner. Sie ziehen im Frühjahr talwärts, um die Felder zu bestellen, wandern dann weiter ins Rhonetal zur Bearbeitung der Weinberge und kommen erst im Herbst nach Feld- und Weinernte in ihre hochgelegenen Dörfer zurück.

7 **Sion** (Sitten), 495 m, 22 000 Einwohner, Hauptstadt des Wallis; liegt malerisch ausgebreitet im Rhonetal, überragt von den Burghügeln Valeria und Tourbillon. Die Stadt wurde von den Römern gegründet (Segunum), viele Kirchen und Kulturbauten zeugen von der reichen Tradition. Auf dem Hügel Valeria Schloß und Wallfahrtskirche (1100 und 1260), romanisch-gotisch, älteste bespielbare Orgel der Welt (15. Jh.), wertvolles Chorgestühl, Altäre, Fresken und Grabmäler; im Schloß historische Sammlungen. Auf dem anderen Hügel Ruinen des Tourbillonschlosses (15. Jh.). In der Stadt mehrere sehenswerte Kirchen; Rathaus (1665) mit ältester christlicher Inschrift der Schweiz (377).

8 **Val d'Hérens** (Eringertal), 35 km lang, das großartigste der Rhone-Seitentäler; sehenswert die skurrilen Erdpyramiden von **Euseigne** und das einem volkskundlichen Freilichtmuseum gleichende Dorf **Evolène** mit vielen typischen Walliser Holzhäusern; eindrucksvoll der Talschluß von **Arolla** mit prächtiger Hochgebirgsszenerie.

9 **St-Pierre-de-Clages,** bedeutende romanische Kirche (vermutl. 11. Jh.) mit achteckigem Turm.

10 **Saillon,** 510 m, alter Flecken auf einem Felshügel am nördlichen Rand des Rhonetals mit den imposanten Ruinen der savoyardischen Burg und der Ringmauer (1260); einer der Hauptstützpunkte der Savoyer gegen das Sittener Bistum; 1475 von den Oberwallisern zerstört.

11 **Martigny,** 467 m, 11 000 Einwohner, das »Octodurus« der Kelten, uraltes Städtchen am Rhoneknie, Knotenpunkt der großen Alpenstraßen über Simplon, Großen St. Bernhard und Col de la Forclaz; Schloßruine La Bâtiaz, im 13. Jh. auf römischen Grundmauern erbaut; Reste des römischen Amphitheaters Le Vivier, nördlich davon Ausgrabungen von Tempel und Forum.

12 **Verbier,** 1510 m, berühmter Ferienort und Wintersportplatz in einer sonnigen Bergschale gegenüber dem 4314 m hohen Grand Combin.

13 **Großer St. Bernhard,** berühmter Alpenpaß, 2469 m, 11 %, 79 km lang, verbindet das Rhonetal mit dem italienischen Aostatal und der Lombardei. Über diese älteste Paßstraße zwischen der Schweiz und Italien zog 218 vor Christus Hannibal mit seinen Elefanten auf dem Marsch gegen Rom; tausend Jahre später trug man Karl den Großen in einer Sänfte über das Joch, und im Mai 1800 trat Napoleon von hier aus seinen Siegeszug durch Europa an. Auf der Paßhöhe das Augustinerkloster aus dem 16. Jh. mit der weltbekannten Zucht der Bernhardinerhunde, die in Bergnot geratene oder durch Lawinen verschüttete Personen aufzuspüren vermögen. In neuerer Zeit großzügig ausgebaute Autostraße mit einem 5,9 km langen, in 1913 m Höhe den Scheitelwall durchstoßenden Tunnel.

Kirche und Festungswerke auf dem Sioner Burghügel Valeria.

Zermatt	0 km	1620 m
Visp	37 km	651 m
Sierre	66 km	534 m
Sion	101 km	495 m
Martigny	129 km	467 m
Bex	147 km	411 m
Villars	164 km	1253 m

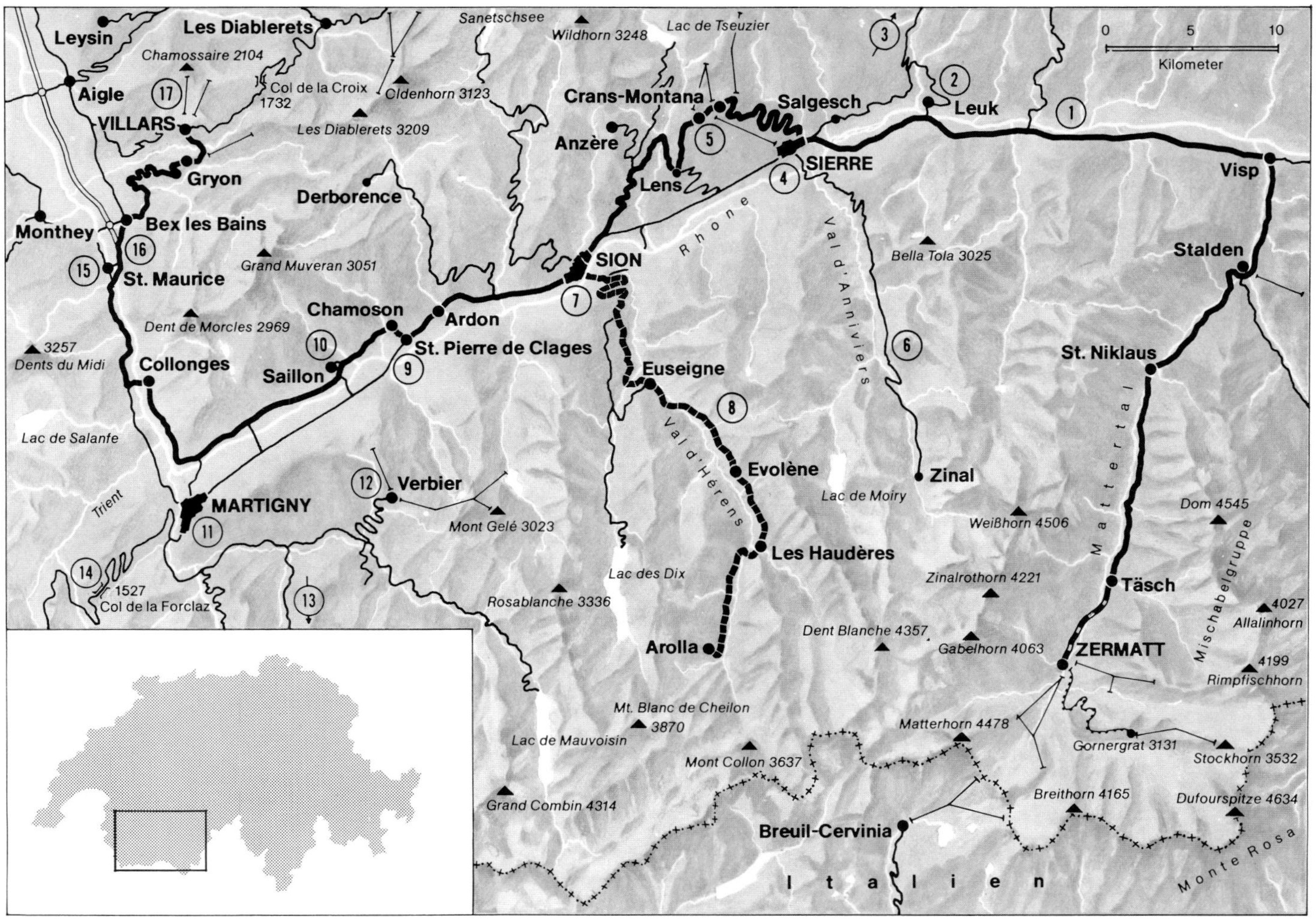

14 **Col de la Forclaz,** 1527 m, 9 %, 30 km lang; verbindet das Rhonetal mit dem französischen Chamonix. Auf der Nordrampe prächtiges Panorama.

15 **St-Maurice,** 422 m, 4000 Einwohner, uraltes Städtchen an der zwischen Dents du Midi und Dent de Morcles eingeschnittenen Talenge der Rhone, Pforte zum Wallis. Sehenswert die Augustinerabtei, das älteste Kloster der Schweiz, dessen zehn Bauperioden bis ins Jahr 350 zurückreichen. Prächtiger Kirchenschatz, bedeutende Sammlung mittelalterlicher Goldschmiedearbeiten, archäologische Sammlung. Die alte Rhonebrücke geht auf die Römer zurück, das heutige Bauwerk stammt aus dem Jahr 1491. Auf einem Felsgesims Einsiedelei Notre Dame du Scex mit Feengrotte, Wasserfällen und Tropfsteinhöhle.

16 **Bex-les-Bains,** 411 m, 5200 Einwohner, ausgedehnter Badekurort; Kochsalz- und Schwefelquellen.

17 **Villars,** 1253 m, bildet mit den Nachbarorten Chesières und Gryon ein ausgedehntes Sommerferien- und Wintersportgebiet. Reizvolles Höhengelände am Fuß des Chamossaire (2104 m), hoch über dem Rhonetal und gegenüber den Dents du Midi.

Touristische Tips

Die schönsten **Campingplätze** fanden wir in Susten bei Leuk (»Bella Tola«), Sierre-West, Sion (»Sedunum«), Maréottes (10 km nördlich Martigny im Trienttal) und in Gryon.

Wohnwagengespanne meiden die kurvenreiche Höhenroute über Crans-Montana und bleiben auf der Hauptstraße im Rhonetal.

Die **Quartier**suche bereitet in Villars kaum Schwierigkeiten, zumal man auch auf die Nachbarorte Chesières, Arveyes und Gryon ausweichen kann. Weniger zu empfehlen ist eine Nächtigung in den Orten des unteren Rhonetals; dort ist das Zimmerangebot relativ klein und die landschaftliche Kulisse nicht so reizvoll wie um Villars.

Kulinarische Spezialitäten: Die Walliser Spezialitäten, wie Fondue, Raclette usw. wurden bereits in den vorhergehenden Kapiteln erwähnt. Unter den Getränken genießen die Walliser Weine einen besonderen Rang. Am bekanntesten sind Fendant, Ermitage, Malvoisie, Arvine, Johannisberger und der in Lagen um 1000 m und darüber wachsende Heidenwein.

Seite 149: Bergschafe in den Walliser Hochlagen, beim Aufstieg zum 4506 Meter hohen Weißhorn.

Seite 150/151: Leukerbad, der berühmte Kurort mit seinen heißen Kalziumsulfatquellen; im Hintergrund das Weißhorn (4506 m).

Seite 152: Die Erdpyramiden von Euseigne im Val d'Herens.

Seite 153: Val d'Herens bei Arolla mit Mont Collon (3637 m).

Seite 154/155: Das alte Städtchen Sion, überragt von den Burghügeln Valeria und Tourbillon.

Seite 156/157: Blick von Iserables über den Talgrund der Rhône bei Riddes auf den Gipfelkamm von Grand Muveran (3051 m) und Haut de Cry (2972 m).

Wanderung

Kletterwände für Spaziergänger
Leukerbad – Gemmipaß – Daubensee

Wer auf dem Jungfraujoch, im Aletschwald und auf dem Gornergrat war, erliegt leicht dem Trugschluß, nun alle alpinen Superlative kennengelernt zu haben. Doch die Gebirgswelt der Schweizer Alpen hält immer wieder neue Überraschungen bereit. Für unsere heutige Wanderung steht der Weg von Leukerbad zum Gemmipaß auf dem Programm. Für Uneingeweihte: einer der tollkühnsten Wanderwege in den Alpen, auf 600 Meter Höhe in lotrecht aufstrebendes Felsgemäuer gesprengt. Wer noch zweifelt, schaue sich unser Bild auf der gegenüberliegenden Seite an. Trotz dieser schreckauslösenden Perspektiven, trotz Hängebrücken und Steigleitern handelt es sich um einen Wanderweg. Man muß nur trittsicher sein und auf gelegentliche (vor allem im Frühjahr und im Herbst nach Schneefall) Steinschläge achten.

Autotouristen von heute suchen oft nach einem zügigen Übergang vom Berner Oberland ins Wallis. Doch außer der Autoverladung Lötschbergtunnel führen alle Straßen in großem Bogen um die unzugänglichen Berner Alpen herum. In früheren Jahrhunderten dagegen kannte man eine Reihe von Saumwegen und Übergängen durch das Gebirgslabyrinth, deren berühmtester der Gemmipaß war. Es existiert sogar eine Art »Verkehrsvertrag« aus dem Jahr 1522 zwischen der Stadt Bern und dem Bischof von Sitten, in dem Streitfragen der Benützung schriftlich geregelt wurden. Ein kurioser Absatz aus diesem Vertragswerk: für die Passage einer Person waren 4–8 Träger vorgeschrieben. Der in den Stein gehauene Weg stammt auch nicht von rührigen Alpenvereins- oder Fremdenverkehrsinstitutionen, sondern war das Werk der den Wegzoll kassierenden Familienclans, die ihn von 1739 bis 1741 anlegen ließen. Woraus man sieht, daß gewinnorientierte Unternehmerinitiative mitunter auch dem Gemeinwohl dient.

Der eigentliche Alpenübergang führt von Kandersteg über Stock (Seilbahnauffahrt), Daubensee und Gemmipaß nach Leukerbad; ein großartiges Unternehmen von 5 bis 7 Stunden, das jedoch wegen der Entfernung zwischen Start und Zielpunkt in unseren Reiseablauf nur bedingt einzuplanen ist. Schneiden wir uns deshalb das beste Stück, den Aufstieg Leukerbad – Gemmipaß, aus dieser Tour heraus.

Schon die Zufahrt bietet ein kontrastreiches Landschaftspanorama besten Walliser Formats: zuerst das mittelalterliche, von Weinhügeln umsäumte Städtchen Leuk, dann das wildromantische Dalatal, schließlich im felsumschlossenen Talschluß das attraktive Leukerbad mit seiner Hotelkolonie und den dampfenden Thermalbecken.

Unser Weg beginnt bei der Seilbahnstation am nördlichen Ortsende und führt zunächst leicht ansteigend über Wiesen, Geröllhalden und durch Nadelwaldparzellen an den Sockel der talbeherrschenden, in prächtigen Gesteinsschichtungen aufgetürmten Wandfront der Lees- und Plattenhörner. Nach einer Traverse erreicht man einen schluchtartigen Felseinschnitt, an dessen Flanke sich der Weg in atemberaubenden Serpentinen durch Wandfluchten, in konkaven Mauerhöhlungen und auf Grasbändern zur Paßhöhe hochwindet. Außergewöhnlich die Szenerie: direkt 900 Meter unter uns die Häuserversammlung von Leukerbad, draußen die um weitere 800 Meter tiefere Rhonefurche, gegenüber die stolze Garde der Walliser Viertausender vom Mischabel bis zum Matterhorn.

Hübsch ist oben auf der Paßhöhe ein kleiner Rundgang zum Lämmernboden, wo sich die Bühne des eisbedeckten Wildstrubels öffnet, und zum herben Daubensee, dessen Wasser unterirdisch abfließt.

Statt des Talabstieges nehmen wir die bequeme Luftseilbahn nach Leukerbad. Auf der Rückfahrt wählen wir nicht den Weg über Leuk, sondern zweigen 7 Kilometer vorher in Richtung Varen-Salgesch rechts ab und gewinnen dadurch eine exzellente Panoramafahrt hoch über dem Rhonetal, die bei Sierre in die Hauptroute mündet.

Start- und Zielpunkt: Leukerbad, 1401 m.
Abzweigung von der Reiseroute: Dorf Susten bei Leuk im Rhonetal; 17 km lange, abwechslungsreiche, gute Bergstraße über Leuk – Inden nach Leukerbad.
Charakter: Aufstieg auf kühn angelegten Felswanderserpentinen; gut ausgebauter Weg, mit einigen heiklen Passagen (Hängebrücken, Leitern); außergewöhnliche alpine Bilder über Höhendifferenzen bis 4000 Meter; Abfahrt mit Luftseilbahn.
Kinder: Ab 8 Jahren, wenn trittsicher, schwindelfrei und diszipliniert.
Dauer: 2 ½ Stunden, mit Rundgang Lämmerboden–Daubensee 3 ½ Stunden.
Zeitbedarf ab Abzweigung Reiseroute: ca. 4, mit Paßrundgang 5 Stunden.

Der atemberaubend kühn in den Fels geschlagene Steig von Leukerbad zum Gemmipaß, auf dem unsere Wanderung verläuft, war im Mittelalter ein vielbenutzter und oft umstrittener Alpenübergang vom Berner Oberland ins Wallis.

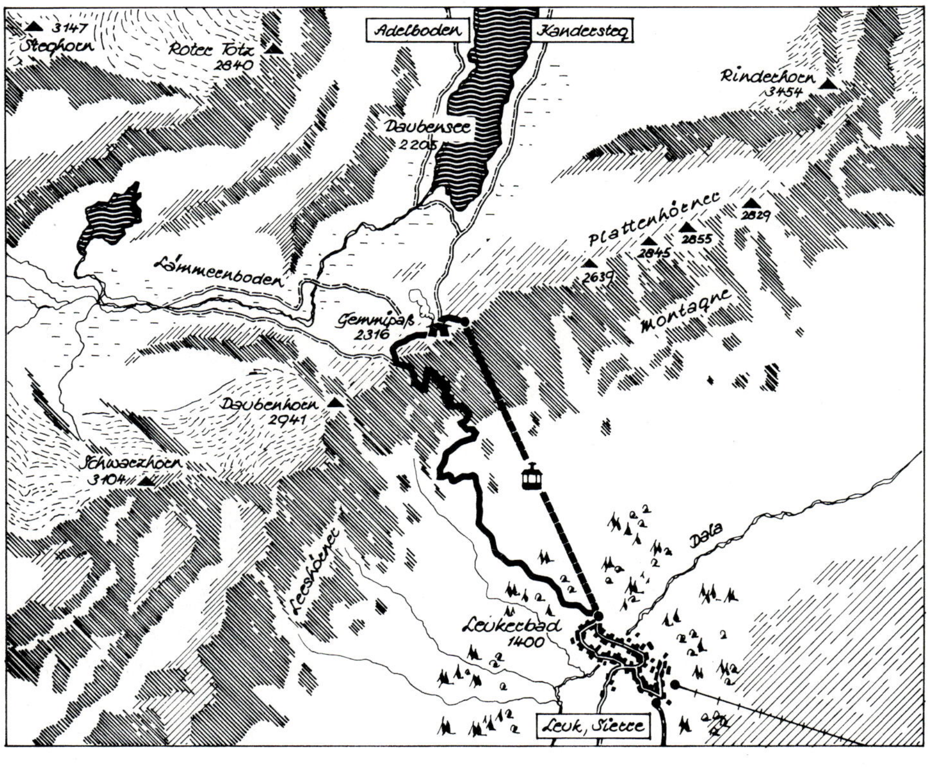

14 Villars – Genf

Durch welsche Täler zum Meer der Alpen

Durch eine Hintertüre verlassen wir das Rhonetal. Abseits der großen Touristenwege windet sich die Straße im entlegenen Hochtal der Gryonne zum Col de la Croix hinauf. Stilles Wald- und Weideland am Sockel der mächtig hochgetürmten Diablerets-Gruppe. Über den Col du Pillon fahren wir – zum drittenmal auf unserer Reise – ins Berner Oberland ein; diesmal in eines seiner westlichen »Nebenstübli«, ins Saanenland. Eine Landschaft zum Verlieben, ohne Sensationen, doch von beglückender Harmonie. In die sanftgeschwungenen Wiesenmatten braunverbrannte Bergbauernhäuser hineingetupft, behäbige Holzgehöfte mit viel ornamentalem Schnitzwerk und sinnigen Spruchinschriften. Dunkle Nadelwaldgruppen durchzeichnen und modellieren das Land, die hohen Berge dahinter rücken weit ab als Gemütskulisse. Inmitten dieser Bilderbuchlandschaft liegt das fashionable Gstaad. Nicht protzig wie St. Moritz, betriebsam wie Grindelwald oder modern wie Crans-Montana – ein einfaches, weitläufiges Bauerndorf, dessen internationale Note erst auf den zweiten Blick erkennbar wird.
Westlich von Saanen verändert sich mit dem Übergang in die welsche Schweiz schlagartig der Stil. Könnte man sich die Dörfer des Grünen Hochlandes (wie sich die Region zwischen Zweisimmen und Gsteig touristisch nennt) ebensogut im Schwarzwald oder im Bayerischen Wald vorstellen, so fühlt man sich im Ortskern von Château d'Oex in eine Kleinstadt Mittelfrankreichs versetzt. Auch die Landschaft im Tal der Sarinne wandelt sich, löst die Harmonie auf, zeigt einen Zug ins Fremdländisch-Heroische, glänzt mit überraschenden Effekten.
Gruyères verdient einen Besuch: ein mittelalterliches Freilichtmuseum auf einem freistehenden, 120 Meter hohen Felshügel, mit umfassendem Rundblick auf das großräumig entrollte Land.
Felderteppiche, unscheinbare Dörfer, wenig markante Landschaftsformen auf der Fahrt von Bulle nach Süden. Dann, allmählich und behutsam, der Einzug in die Geländearena um den Genfer See. Auf den oberen Stufen noch Nadelwälder, dann Strauchwerk, Narzissenwiesen, schließlich riesige Weinbergtreppen wie kunstvolle Architektur eines genialen Baumeisters, hinunterreichend bis an den von subtropischer Vegetation überquellenden Ufersaum – auf ganze fünf Kilometer Länge eine Reise von Nordeuropa ans Mittelmeer.
Eine neue Welt öffnet sich, südländisch-heiter, weiträumig, überstrahlt vom phantastischen Farbenspiel des Sees, das hunderterlei Stimmungen auszudrücken vermag. Am Ufer aneinandergereiht Weindörfer und Städte, im Charakter französisch wie die Sprache, der Côte d'Azur näher verwandt als dem Lago Maggiore. Auf den weitgeschwungenen Terrassenhängen über dem Wasser ist jeder Quadratmeter Boden genützt, Rebenhänge, Städte, Straßen, Gehöfte, Hangmauern, Parks, ein lückenlos ineinander verzahntes Labyrinth, über dem sich die Autobahn mit kühnem Bogen hinwegschwingt.
Zwischen Montreux und Villeneuve steht das sehenswerte Schloß Chillon, romantisches Relikt aus dem Mittelalter. In der gut erhaltenen Anlage findet man alles, was zu einer ehrwürdigen Burg gehört; schaurige Kerker, Verliese und Folterkammern, aus denen man die Toten einfachheitshalber durch ein Felsloch gleich in den See warf, darüber prunkvolle Ritter- und Waffensäle, stimmungsvolle Interieurs, Wachstuben, Wehrgänge und trutzige Türme.
Bescheiden und unaufdringlich gibt sich das französische Südufer des Genfer Sees. Bei St-Gingolph setzen die steil an das Ufer abfallenden Felsflanken zum letztenmal dramatische Akzente, dann folgt eine lange Fahrt durch »französische Provence«, unterbrochen von den buntschillernden Farbtupfen Evian und Thonon.
Genf, das stadtgewordene Europa, zieht jeden Besucher in seinen Bann. Durch Jahrhunderte war die Stadt ein Hort des Humanismus und oftmals Ausgangspunkt großer geistiger Bewegungen. Calvin stempelte es im 16. Jahrhundert zum »Rom des Protestantismus«, Jean Jacques Rousseau entwickelte hier seine Philosophie eines neuen, natürlichen Lebensgefühls, das die ganze Welt durchdrang und veränderte, Henri Dunant gründete 1863 mit dem Roten Kreuz die erste alle Nationen überspannende Organisation, der Völkerbund wählte Genf zu seinem Sitz. Prachtvoll die Uferstraßen um See und Rhone mit Europas schönsten Parkanlagen, von denen man an klaren Tagen bis zum Mont Blanc sieht. Idyllisch und verträumt die Gäßchen der Altstadt mit den entzückenden Bistros und altmodischen Trödlerläden, modern und elegant die breiten Hauptgeschäftsstraßen. Weltstädtische Eleganz, aber auch bescheidene, dem Herkömmlichen verhaftete Kleinbürgerlichkeit. Der kosmopolitische Stil der Stadt verbindet scheinbar Hamburg, Montmartre, London und Lugano in sich.

Ein lohnendes Reiseziel ist das auf einem aus der Ebene hochragenden Felshügel thronende Burgstädtchen Gruyères im Kanton Fribourg. Selbst der Souvenirladen, anderwärts Alptraum der Touristenzentren, paßt sich hier der pittoresken mittelalterlichen Atmosphäre an.

Anmutige, hügelige Weideterrassen und Waldparzellen mit Alphütten und Heustadeln begleiten unsere Wanderung im Saanenland.

Reise-Lexikon

1 **Col de la Croix,** 1732 m, 9 %, 17 km lang; gut ausgebauter, 1971 eröffneter Straßenpaß, verbindet das Rhonetal mit dem Saanenland, höchster Paßübergang des Kantons Waadt.

2 **Les Diablerets,** 3209 m, in gewaltigen Rampenschichtungen aufgebauter, vergletscherter Urgesteinskoloß, westlicher Eckpfeiler der Berner Alpen. Ein Seilbahnsystem erschließt ab Col du Pillon und Reusch den Vorgipfel Sex Rouge (2930 m) und das hochalpine Skigelände um Oldenhorn und Tsanfleuron-Gletscher (Sommerskilauf). Am Fuß des Bergmassivs in prächtiger Tallage der waadtländische Luftkurort und Wintersportplatz **Les Diablerets,** 1155 m.

3 **Col du Pillon,** 1546 m, 9 %, 46 km lang; Alpenpaß zwischen Aigle und Saanen, Wasserscheide Rhein/Rhone, auch deutsch-französische Sprachgrenze; bilderreiches Panorama rund um den Diablerets-Bergstock.

4 **Gsteig,** 1189 m, idyllisches Bergdorf an der nördlichen Rampe zum Col du Pillon; reizvolle kleine Kirche (1453).

5 **Lauenen,** 1241 m, hübsches Bauern- und Feriendorf im entlegenen Winkel des gleichnamigen Tals; schöne, ursprünglich erhaltene Holzhäuser; ein Kleinod die spätgotische Petruskirche (um 1520) in der für das Saanenland typischen Bauweise mit polygonalem, schindelbedecktem Turmdach. Lauenen ist auch Ausgangs- und Zielort unseres Wandervorschlags.

6 **Gstaad,** 1050 m, erstrangiger, nobler Sommerkurort und Wintersportplatz inmitten einer harmonisch geformten, grünen Tallandschaft, umrahmt von sanft geschwungenen Bergen. Trotz seiner Berühmtheit als Treffpunkt des internationalen Hoch- und Geldadels hat der Ort seinen natürlich-dörflichen Charme bewahrt. Die weit verstreute Chaletsiedlung bietet jeden Luxus und Komfort; mehrere Bergbahnen, prächtiges Wandergebiet. Sehenswert die kleine Wegkapelle aus dem Jahre 1402.

7 **Saanen,** 1010 m, malerisch im Taldreieck liegender Sommerferienort und Wintersportplatz; einzigartig der Dorfkern mit reich verzierten Holzhausfassaden. Bedeutende Kirche mit charakteristischem, wehrbauartigem Turm. Das aus dem Jahr 1447 stammende Gotteshaus wurde nach dem Brand von 1940 in alter Form wieder aufgebaut. In der Kirche alljährlich die berühmten Menuhin-Konzerte. Westlich von Saanen deutsch-französische Sprachgrenze.

8 **Rougemont,** 992 m, altes Dorf mit ursprünglich erhaltenen, reich verzierten Holzhäusern; ehemaliges Cluniazenserpriorat (1080) mit etwas später angebauter, romanischer Pfeilerbasilika. Gondelseilbahn zum beliebten Wander- und Skiberg Videmanette, 2166 m.

9 **Château d'Oex,** 968 m, altes Städtchen mit französischem Einschlag, Hauptort des Pays d'Enhaut, klimatischer Kurort und Wintersportplatz; mehrere Pensionate und Kinderheime; Bergbahnen, große Kunsteisanlage. Die Siedlung mit keltisch-römischem Ursprung ist bis 1115 urkundlich nachweisbar; Reste der Burg von 1289; Museum mit regionalgeschichtlicher Sammlung.

10 **Rossinière,** kleines Taldorf mit dem reich verzierten »Grand-Chalet« von 1754, einem der größten Holzhäuser der Schweiz.

11 **Gruyères,** 830 m, 1400 Einwohner; bezauberndes altes Städtchen, in prächtiger Lage auf einem Felshügel erbaut, ein »schweizerisches Rothenburg«. Imposant das als Museum eingerichtete Schloß (13./15. Jh.) der Grafen von Greyerz mit Rittersaal, Waffen- und Gemäldesammlung und vielen Räumlichkeiten im Stil der damaligen Zeit. An der Ausstattung arbeiteten bedeutende Künstler, wie Henri Charles Antoine Baron, Camille Corot, Louis Francais und die Brüder Bovy. Im Städtchen an der autofreien, platzartigen Hauptstraße schöne spätgotische Häuser, kunsthandwerklich hervorstechend jenes des Hofnarren Chalamala.

12 **Bulle,** 771 m, 7800 Einwohner, Hauptort des Greyerzerlandes; altes, schon 855 erwähntes Städtchen; schöner Marktplatz mit imposantem Schloß (1220) und Pfarrkirche (1751 klassizistisch wieder aufgebaut); bemerkenswertes lokalhistorisches Museum. In der Umgebung der 15 km lange Greyerzer Stausee und das Sommer- und Wintersportrevier auf dem Moléson (2003 m).

13 **Oron,** 700 m, sehenswertes Schloß aus dem 12. Jh. mit Möblierung aus dem 17. und 18. Jh. und alter, 16 000 Bände umfassender Bibliothek.

14 **Vevey,** 386 m, 18 000 Einwohner, altes, betriebsames Städtchen am Nordufer des Genfer Sees, das »Vibiscus« der Römer. Uralte Besiedlungsspuren, Pfahlbauten und Funde aus der Stein- und Bronzezeit. Mittelalterlicher Stadtkern mit vielen Kirchen und Kulturbauten; besuchenswert »La Grenette«, die Markthalle (1808); die Schlösser Blonay (11. Jh.) und Hauteville (1760). Musée Jenisch mit bedeutender Gemäldesammlung, u. a. mit Hauptwerken von Gustave Courbet, der 1877 hier starb; Musée du Vieux-Vevey mit frühgeschichtlichen Funden und kunsthandwerklicher Ausstellung.

15 **Genfer See** (Lac Léman), 372 m, 72 km lang, bis 14 km breit und 310 m tief; mit 582 qkm der größte See der Schweiz und des Alpenraumes, 42 qkm größer als der Bodensee. 95 km der Uferlinie gehören zur Schweiz, 72 km zu Frankreich. Man unterteilt den halbmondförmigen See, den die Rhone durchfließt, in den »Petit Lac« (Westteil zwischen Genf und Nyon), den »Grand Lac« (Mittelteil) und »Haut Lac« (Ostteil zwischen Lausanne und Villeneuve). Während der »Haut Lac« im Osten vor dem Hintergrund hoher Gebirgsketten einem Alpensee gleicht, sind die übrigen Uferlandschaften flach bis hügelig. Der See friert nie ganz zu, das milde Klima läßt an vielen Uferzonen mediterrane Vegetation gedeihen.

16 **Montreux,** 392 m, 22 000 Einwohner weltberühmter Kurort an der »Waadtländer Riviera« am Nordufer des Genfer Sees. Über der regsamen Hauptstraße längs des Seeufers baut sich amphitheatralisch die Park- und Gartenstadt auf, darüber dehnen sich Rebenhänge und Narzissenfelder aus. In der Stadt architektonisch bemerkenswerte Prunkhotels des 19. und frühen 20. Jahrhunderts; regionalgeschichtliche Sammlung im Musée du Vieux; mehrmals jährlich bekannte Musik-Festivals.
Östlich von Montreux am Seeufer das **Schloß Chillon,** ein Hauptanziehungspunkt des Tourismus. Im 9. oder 10. Jahrhundert von den Grafen von Savoyen erbaut, beherrschte es lange Zeit die Handelsstraße zwischen Burgund und Italien. Die imposante Anlage mit Burgkirche, Gerichtssaal, Ritter- und Wohnsälen, Kapelle, Wehrgang und Felskerker inspirierte Lord Byron zu seiner berühmten Dichtung »Der Gefangene von Chillon«.

17 **Villeneuve,** 3500 Einwohner, kleines bäuerliches Straßenstädtchen am Ostende des Sees; Besiedlungsspuren von Höhlenbewohnern, aus der Rentier-, Altstein- und Bronzezeit; spätgotische Kirche (vermutl. 15. Jh.). Wohnort des Malers Oskar Kokoschka.

18 **Aigle,** 404 m, 6000 Einwohner, altes Kleinstädtchen in der Mündungsebene der Rhone, beherrscht vom mächtigen Schloß, das inmitten von Weingärten steht. Der eindrucksvolle Bau im savoyardischen Stil wechselte im Lauf der Jahrhunderte mehrmals den Besitzer, heute dient er als Zeughaus und Gefängnis.

Villars	0 km	1253 m
Les Diablerets	17 km	1155 m
Saanen	41 km	1010 m
Bulle	81 km	771 m
Montreux	122 km	395 m
Genf	201 km	391 m

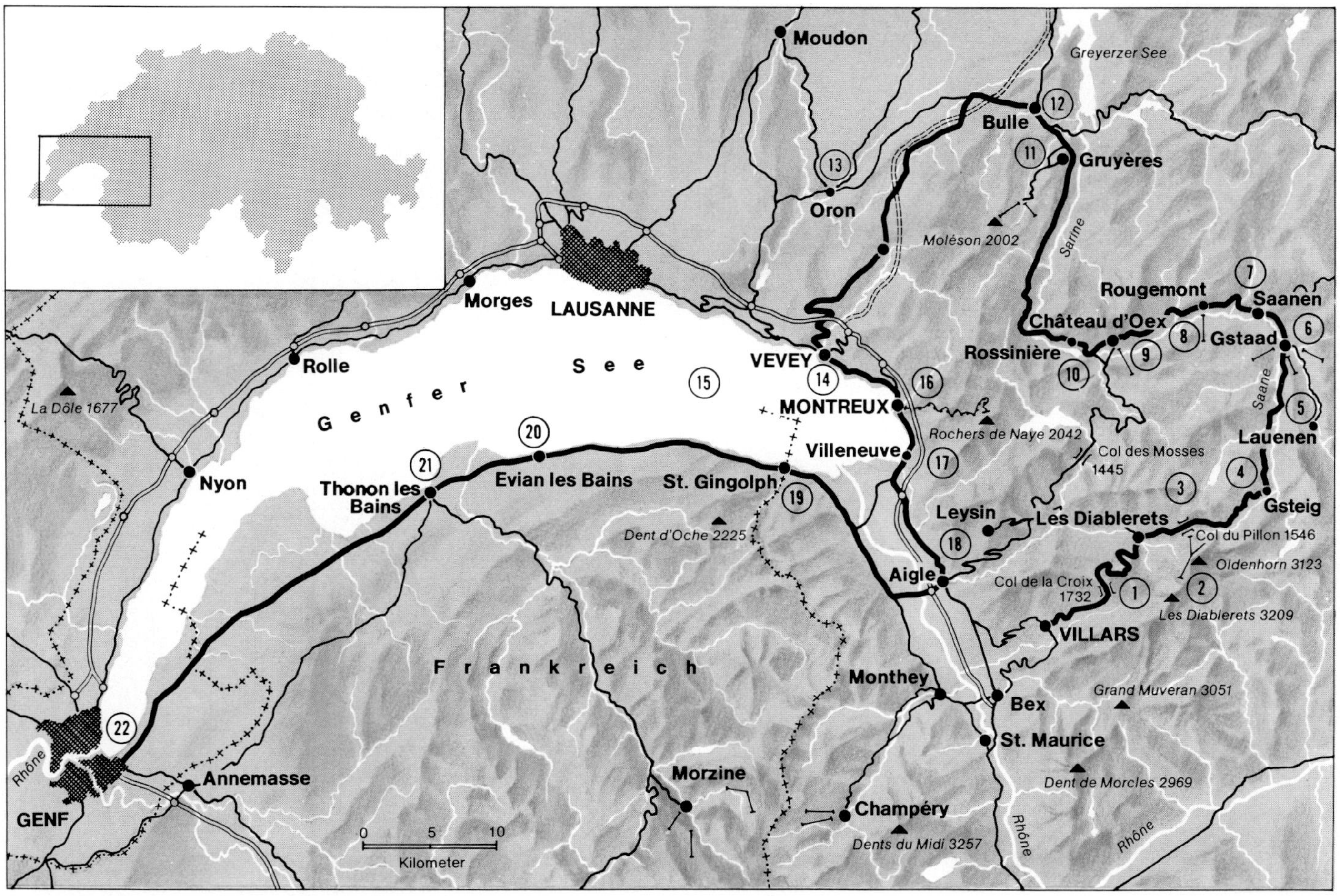

19 **St-Gingolph,** französisch-schweizerischer Grenzort am Fuß der steilen Nordhänge des Dent d'Oche (2222 m).

20 **Evian-les-Bains,** 4000 Einwohner, weltbekannter französischer Kur- und Badeort am Südufer des Genfer Sees.

21 **Thonon-les-Bains,** 15 000 Einwohner, altes französisches Gewerbestädtchen und Badekurort.

22 **Genf** (Genève), 391 m, 167 000 Einwohner, die elegante schweizerische Weltstadt am Schnittpunkt der europäischen Kultur- und Verkehrsräume; Hauptstadt des gleichnamigen Kantons; europäisches Zentrum der UNO und Sitz weiterer 150 internationaler Organisationen. Prächtige Lage am Ausfluß der Rhone aus dem Genfer See mit sieben Brücken, herrlichen Parkanlagen und dem Wahrzeichen der Stadt, der 130 m hoch aufschießenden Fontäne, »Jet d'Eau«. Bedeutende Uhrenindustrie, Weltzentrum für Finanz und Handel, europäischer Mittelpunkt des Kunst- und Antiquitätenmarktes; Hochschulen und Universität, bedeutende Museen und Theater. Seit Jahrhunderten kulturelles und geistiges Zentrum (Johann Calvin, Jean Jacques Rousseau, Stendhal, Voltaire, Lord Byron, Madame de Staël, Georges Sand u. a.). Besonders reizvoll die französischen Charme ausstrahlende Altstadt mit engen Gassen und aristokratischen Bauten, überragt von der trotz eklatanter Stilsünden eindrucksvollen Kathedrale St. Pierre, deren Anfänge auf römische Tempel zurückgehen.

Touristische Tips
Die schönsten **Campingplätze** auf dieser Etappe fanden wir in Gsteig, Saanen, in Enney am Greyerzersee und am französischen Südufer des Genfer Sees zwischen Evian und Yvoire. Im attraktiven »Riviera«-Raum um Montreux ist das Angebot dürftig, mit Einschränkung sind in diesem Bereich die Plätze in Corseux (bei Vevey) und Villeneuve (»Camping du Léman«) zu empfehlen. Für den Zielpunkt Genf bietet sich der schöne Uferplatz in Vésenaz (6 km nördlich von Genf in Richtung Thonon) an.

Wohnwagengespanne begegnen auf dieser Etappe keinen Schwierigkeiten.

Quartier sucht man für kurzfristigen Aufenthalt in Genf am besten in einer der zahlreichen Pensionen rings um den Bahnhof.

Kulinarische Spezialitäten: Im Waadtland Wurstwaren wie »Saucissons« oder Bratwürste, dann der bekannte würzige Gruyère-Käse; in Genf die »Longeole«, eine mit Kümmel gewürzte Wurstspezialität, und im ganzen Bereich natürlich die »Fondue«. Schließlich findet man am Genfer See viele Gerichte aus dem benachbarten Frankreich, zu erwähnen ist auch das reichhaltige Angebot an Fischspeisen.

Seite 163: Die Dorfkirche von Gsteig am Fuß des Col du Pillon gegen das schroffe Urgesteinsriff des 3209 Meter hohen Diablerets.

Seite 164/165: Das Greyerzer Land, aus dem der bekannte Fonduekäse stammt, liegt abseits der großen Touristenströme. Ein stimmungsvolles Bild der Wald- und Weidelandschaft mit dem 2002 Meter hohen Moleson.

»Lernet dies Volk der Hirten kennen« — an das Zitat aus Schillers Tell-Drama erinnern Menschentypen und Milieu auf diesen Bildern, die Robert Löbl auf einem Streifzug durch die Greyerzer Berge einfing. Man fühlt sich ins vorige Jahrhundert zurückversetzt — einzig die Uhr am Handgelenk bezeugt die Gegenwart (Bild S. 171).

Seite 172: Einem Vorhof des Südens gleicht das von der Sonne verwöhnte Nordufer des Genfer Sees. Die Weingärten über Vevey und Montreux; jenseits der Wasserfläche öffnet sich, flankiert von Dent de Morcles und Dents du Midi, das Rhônetal.

Seite 173: In der weiten Rhôneniederung südlich des Genfer Sees steht inmitten von Weingärten das kriegerisch-trutzige Schloß Aigle. Das tausendjährige Burgbauwerk, einst Sitz der bernischen Landvögte, dient heute als Zeughaus und Gefängnis.

Wanderung

Bergbauernlandschaft und Wasserfallkaskaden
Lauenen – Lauenensee – Geltenschuß

Nach berühmten Touristenwegen in den Berner- und Walliser Alpen mit Bildern voll frappierender Dramatik folgt heute eine Wanderung von ganz anderem Zuschnitt: ein vergnüglicher Streifzug durch einen unberührten, verträumten Winkel des Saanenlandes. Unser Wanderziel, die kaskadenartigen Wasserfälle des Geltenschusses, gelten zwar als bedeutendes Naturschauspiel, doch der Weg dahin führt über verschlungene Pfade mit beschaulichen Idyllen, ein »Kammerspiel« alpiner Romantik mit zarten, verhaltenen Tönen.
Ein kleines, asphaltiertes Sträßlein schlängelt sich von Gstaad durch einen weitgeschwungenen Talzug südwärts bis in das Vorfeld der Felsbasteien von Wildhorn und Arpelistock. Inmitten sanft ansteigender Wiesenhügel eine bäuerliche Streusiedlung aus reich verzierten Holzhäusern: Lauenen. Das Fahrzeug stellt man am Südende des Dorfes auf einem großen Parkplatz ab. Ein paar Meter davon liegt auf einem Moränenhügel das kleine, sehenswerte Kirchlein, dessen schlichter, schmuckloser Innenraum in manchem mehr Andacht zu erwecken vermag als ein prunkvoller Barockbau.
Wir wenden uns südwärts und spazieren halbrechts auf einem leicht ansteigenden Fahrweg über harmonisch geformte Wiesenmatten zum Weiler Fang. Durch schütteren Wald schlendern wir entlang des Hochbordes »Hinterm See«, vor uns flankieren die Silhouetten von Vollhorn und Mutthorn die Kerbe des Geltenbachtals, dahinter glitzern die Eiskronen von Geltenhorn und Wildhorn.
Bald öffnet sich eine Hochsenke mit dem malerischen Lauenensee, einem kleinen, stillen Gewässer zwischen Riedgras und Moor – eine Landschaft in Pastelltönen. Wenig später wird die Szene temperamentvoller. Am Südende des Seenbodens folgen wir, die Ledibrücke überschreitend, dem Ufer des Geltenbaches flußaufwärts. Zwischen Bachbett und Felsgemäuer zwängt sich ein treppenartiger Serpentinensteig bergwärts und verlangt uns einige Schweißtropfen ab. Mehrmals berührt dieser Pfad den oberen Rand des tief eingeschnittenen Baches, der sich wild tosend über die Stufen der Schlucht stürzt, um dazwischen in ausgehöhlten Felswannen zu verschnaufen. Faszinierend in diesen abgrundtiefen Sammelbecken die kristallklare Aquamarinfärbung des Wassers.
Die schluchtartige Enge weitet sich eine Etage höher zur felsumschlossenen Hochtalschale der Alp Feißenberg. Eine gewaltige Querwand riegelt im Hintergrund das Tal ab. Über diese Wand stürzt zweihundert Meter tief der Geltenschuß, einer der eindrucksvollsten Wasserfälle des Berner Oberlandes. Vor einigen Jahren war dieses Gelände umstrittenes Objekt eines geplanten Staukraftwerks, glücklicherweise wurde dieses Vorhaben nicht verwirklicht, und somit blieb die großartige Szenerie in ihrem Urzustand erhalten.
Wir wandern über den flachen, kiesigen Hochboden bis nahe an die stiebende Gischt heran – an heißen Sommertagen eine willkommene Erfrischung.
Für den Rückmarsch wählen wir eine Wegvariante, die am Ausgang des Feißenbergbodens bei einer verlassenen Alp rechts abzweigt. Er führt parallel zum Aufstiegsweg in Zick-Zack-Kehren über einen Wiesensteilhang abwärts und mündet in die Senke des Lauenensees. Ehe wir den Gasthof am nordöstlichen Seeufer erreichen, wenden wir uns, dem Abfluß des Geltenbachs folgend, nach rechts. Der abwechslungsreiche, schattige Weg läuft zur Talsohle Rohr hinunter und klingt an den Häusern von Lauenen aus.

Start- und Zielpunkt: Lauenen, 1241 m, bei Gstaad.

Abzweigung von der Reiseroute: Gstaad; 7 km lange, steigungsarme Straße nach Lauenen.

Charakter: Abwechslungsreiche Wanderung in der Bach- und Seenlandschaft am Fuß des Wildhornmassivs; im Mittelteil steiler An- und Abstieg.

Kinder: Ab 6 Jahren, wenn trittsicher.

Dauer: 4 Stunden.

Zeitbedarf ab Abzweigung Reiseroute: 4 ½ Stunden.

Geheimnisumdüstert wie ein Relikt aus der Sagenwelt steht Schloß Chillon auf einem Felssporn im Genfer See. Rittersäle und Folterkammern, fürstliche Wohngemächer und schaurige Kerkergewölbe rufen die Zeit zurück, in der savoyardische Grafen hier residierten und den Handelsweg von Burgund in die Lombardei beherrschten.

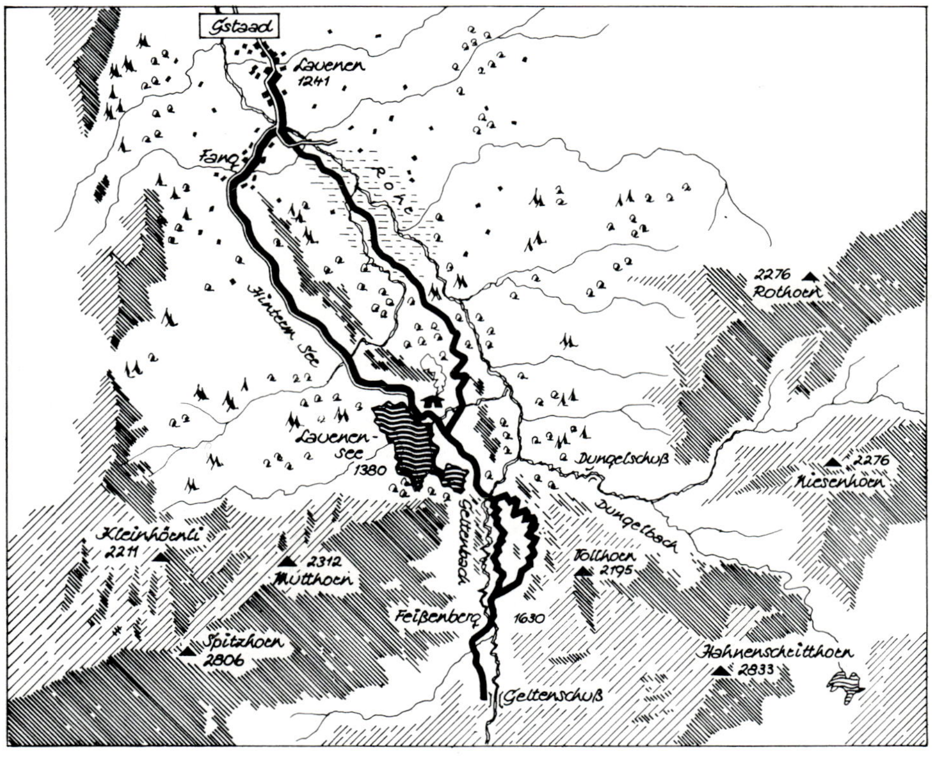

15 Genf – Murten

Auf den Spuren der Vergangenheit

Wer sich für die Historie interessiert, findet auf der heutigen Etappe viel Sehenswertes. Fast jeden Ort ziert eine stilvolle Kirche, eine romantische Burg oder ein anderes geschichtlich interessantes Bauwerk. Die Vielfalt zwingt sogar dazu, unsere Visiten auf einige Schwerpunkte zu beschränken.
Von Genf nach Lausanne benützen wir nicht die Autobahn, sondern die reizvollere, verkehrsarme Uferstraße, die »Route du Lac«. Man bummelt durch eine Park- und Gartenlandschaft nordwärts, rechts der segelbetupfte, perlmuttfarbene Wasserspiegel mit den Pastellkonturen der Berge Hochsavoyens am jenseitigen Ufer, links die in dunstige Bläue getauchten Hänge der nahen Jurakette. Ein lohnender Punkt für die Pause ist Nyon. Vom Seeufer mit dem stimmungsvollen Bootshafen zieht sich ein schöner Park mit exotischem Baum- und Pflanzenwuchs den Hang hinauf; oben bietet die mit römischen Säulen bestandene Aussichtsplattform einen weiten Panoramablick. Dahinter liegt das malerische alte Städtchen, unter dessen Mauern sich die Überreste der mit 40000 Quadratmetern größten Römersiedlung auf Schweizer Boden befinden.
Auf dem breiten, sanft modellierten Band zwischen dem Jura und dem Genfer See bestimmen die fruchtbaren Obst- und Weingärten der »Côte« das Bild, dazwischen behäbige Gutshöfe, einladende Städtchen, wie Rolle und Morges – eine klassisch-schöne Landschaft.
Lausanne nicht zu besuchen, käme einer Unterlassungssünde gleich. Hier ist Frankreich noch unmittelbarer spürbar als drüben im internationalen Genf. Die fröhliche, lebendige Atmosphäre der über drei Hügel verstreuten Stadt wirkt geradezu ansteckend. Man flaniert durch das Gassenlabyrinth der Altstadt mit ihren Studentenkneipen und Trödlerläden, spaziert über Straßenbrücken und Treppenwege zur Kathedrale hinauf, die als einziger Schweizer Kirchenbau zur Familie der großen gotischen Kathedralen unseres Kontinents zählt. Auf Lausannes Uferhügeln siedelten schon die Kelten und Römer, seit dem siebenten Jahrhundert war die Stadt Bischofssitz, nach kurzer französischer Herrschaft schloß sie sich 1803 der Eidgenossenschaft an. Heute ist Lausanne ein schillerndheiteres Stadtwesen, voller Charme und Esprit, das hinter dem modernen Make-up seine bäuerliche Herkunft nicht verleugnet.
Unsere Route verläßt den Genfer See. In Richtung Cossonay–Vallorbe fahren wir durch hügeliges Bauernland, begegnen auf Schritt und Tritt Spuren, die von der reichen Geschichte des Landes zeugen. In der Nähe der trutzigen Burg La Sarraz stoßen wir auf eine geographische Merkwürdigkeit: Der Bach Nozon spaltet sich in zwei Arme, von denen einer zum Rhein und in die Nordsee, der andere durch die Rhone zum Mittelmeer fließt. Schon der griechische Dichter Apollonios schilderte dieses Phänomen in der Argonautensage.
Eine völlig veränderte Folie am Neuenburger See. Über dem weiten, melancholisch-sanften Wasserspiegel sanft ansteigende Rebhangteppiche, klare, großräumige Linien, fern aller Gebirgsdramatik anmutige, harmonische Formen, eine pastorale Septemberlandschaft.
Bei Grandson berühren wir historischen Boden. Der Burgunderherzog Karl der Kühne belagerte 1476 diese Burg. Auf seine listigen Vorspiegelungen einer Übermacht hin ergab sich die Festung, deren Besatzung er anschließend aufhängen und ertränken ließ. Der hinterlistige Streich führte wenige Tage später zur Schlacht von Grandson, bei der 18000 Eidgenossen das Heer der 30000 Burgunder besiegten. Dies war die erste der drei entscheidenden Schlachten zur Befreiung der Schweiz von der Burgunderherrschaft, wovon ein geflügeltes Wort erzählt:
»Karl der Kühne verlor bei Grandson das Gut, bei Murten den Mut und bei Nancy das Blut.«
Neuenburg ist eine Stadt von noblem, ehrwürdigem Charakter. In ihrer wechselvollen Geschichte rangen Burgunder und Alemannen, Franzosen und Eidgenossen um den Besitz der Stadt, von 1702 bis 1848 gehörte sie sogar zu Preußen. Stets jedoch war Neuenburg mit seinen Unterrichts- und Bildungsstätten ein Vorposten der französischen Geistesart. Reizvoll die Altstadt, eine Fundgrube für historisch Interessierte. Aber auch weniger Ambitionierten empfiehlt sich ein Rundgang von den Kaianlagen durch die Geschäftsstraßen mit ihren palastähnlichen, ganz in Gelb gehaltenen Bauten, durch die winkeligen Gassen mit den alten Brunnen und Trödlerläden, wo man neben vielen anderen Eigentümlichkeiten die seltsam-liebenswerte Kombination eines Cafés mit Buchantiquariat entdecken kann.
Begeistert ist jeder Besucher von dem alten Städtchen Murten. Ein Stück lebendiges Mittelalter, umschlossen von der wehrhaften Burgmauer, mit prächtigen Bürgerhäusern, lauschigen Laubengängen, Brunnen und Stadttoren. Besonders einladend und heimelig sind die Hotelgasthöfe, halb Burgunderpaläste, halb Bräuwirtshäuser.

LA GENEVOISE

ZURICH
GÜBELIN WATCHES
TRADE
FIRST NATIONAL CITY BANK

Schaefer
SPORTS
AU SERVICE DU SPORT
CAFES-THES
Volpone
fumerie
de la rue
st françois
MILK BAR
SHETLAND
LIBERTÉ ET PATRIE

Reise-Lexikon

1 **Pregny,** kleines Dorf am Nordrand von Genf; mit dem von Voltaire bewohnten Schloß Tournay und den Schlössern der Kaiserin Josephine und der Familie Rothschild.

2 **Versoix,** 388 m, 5000 Einwohner, altes Städtchen inmitten der mit Parks und Gärten reichgeschmückten Uferlandschaft.

3 **Coppet,** 800 Einwohner. Über dem unscheinbaren Ort das berühmte Schloß (13. Jh.) des Bankiers Jacques Necker, Minister Ludwigs XVI., das im beginnenden 19. Jh. ein Mittelpunkt des europäischen Geisteslebens war. Mme de Staël empfing hier die großen Persönlichkeiten der damaligen Zeit, wie Chateaubriand, Mme Récamier, Benjamin Constant, Lord Byron, die Brüder Schlegel u. a.

4 **Nyon,** 406 m, 11 000 Einwohner, reizvolles altes Städtchen auf einem Hügel über dem See. Der Ort geht auf das von Cäsar vor 45 v. Chr. gegründete »Noviodunum«, die älteste römische Siedlung der Schweiz, zurück. Romanisch-gotische Kirche Notre-Dame (12. und 16. Jh.), heute Museum mit vorgeschichtlichen Funden und Sammlung des berühmten Nyon-Porzellans. Am Hang zwischen Seeufer und Stadt schöne Parkanlagen mit Resten römischer Säulen.

5 **Dôle,** 1677 m, bedeutendste Erhebung am Südende des Jura, der sich mit großem Bogen vom Genfer See bis in das Gebiet nördlich von Zürich spannt. Der Dôle ist Ziel unserer Wanderung auf dieser Etappe.

6 **Rolle,** 402 m, 3600 Einwohner, hübsches Kleinstädtchen mit mächtigem viertürmigen Schloß aus dem 13. Jh. (heute Schule und Bibliothek).

7 **Morges,** 381 m, 12 500 Einwohner, Mittelpunkt des Weinbaugebietes der »Côte«; imposantes Schloß (13. und 16. Jh.), heute waadtländisches Zeughaus mit historischen Waffensammlungen. Rathaus aus dem 16./17. Jh., nördlich der Stadt das eindrucksvolle Schloß von Vufflens (14./15. Jh.).

8 **St-Sulpice,** kleines Winzerdorf mit romanischer Klosterkirche aus dem 12. Jh.

9 **Lausanne,** 447 m, 150 000 Einwohner, Hauptstadt des Kantons Waadt, ein Zentrum des schweizerischen Erziehungs- und Bildungswesens. Die Stadt, die aus Siedlungen der Kelten und Römer hervorging, zieht sich malerisch vom Uferort Ouchy über sanfte Terrassenhänge bis zum 644 m hohen Signal de Sauvabelin hinauf. Besonders hübsch ist die Altstadt mit ihren Brükken, Treppenwegen und vielen idyllischen Winkeln. Über der topographisch ineinander verschachtelten Stadtszenerie thronen blickbeherrschend Schloß und Kathedrale. Die von Papst Gregor X. nach hundertjähriger Bauzeit 1275 geweihte Kathedrale gilt als das schönste gotische Bauwerk der Schweiz. Eindrucksvoll das Südportal, das Innere mit über 1000 Säulen, zahlreichen Grabmälern, wertvollem geschnitztem Chorgestühl und dem berühmten, aus 105 Einzelteilen bestehenden Rosenfenster aus dem 13. Jh. Das bischöfliche Schloß St-Maire (1406) mit monumentaler Freitreppe beherbergt heute die Kantonsregierung. Neben der Kathedrale der imposante Bau der Alten Akademie (Universität); vor dem Rathaus (1675) findet mittwochs und samstags ein bunter Wochenmarkt statt; mehrere sehenswerte Museen. Im Park Mon-Repos dient das ehemalige Landhaus Perdonnet als Sitz des Internationalen Olympischen Komitees; in Lausanne befindet sich auch das Grab von Baron Pierre de Coubertin, dem Begründer der Olympischen Spiele.

10 **Cossonay,** 562 m, 1700 Einwohner, Städtchen mit alter befestigter Stadtanlage aus dem 13. Jh.; frühgotische Kirche auf Grundmauern des 10. und 11. Jh.

11 **La Sarraz,** 485 m, 1300 Einwohner; die ursprünglich von Mauern umgebene Siedlung schart sich um die blickbeherrschende Burg. Der mit zwei imposanten Vierecktürmen ausgestattete Bau geht auf das 11. Jh. zurück und wurde nach Zerstörung durch die Eidgenossen im 15. Jh. wieder aufgebaut; heute enthält das Schloß das »Musée Romand« mit stilvollen Interieurs, einer Gemäldesammlung und einer Bibliothek.

12 **Romainmôtier,** 674 m, uraltes Städtchen in einem abgeschiedenen Juratal; romanische Kirche des ehemaligen Cluniazenserpriorats aus dem 11. Jh. (mit Vorgängerbauten aus dem 7. und 8. Jh.), eines der eindrucksstärksten Bauwerke burgundischer Kunst auf Schweizer Boden.

13 **Orbe,** 473 m, 4500 Einwohner, das römische »Urba«, im 7. Jh. die Hauptstadt des Königreichs Burgund, im Frühmittelalter eine fränkische Siedlung, seit 1180 Stadt. Über den zerstörten mittelalterlichen Befestigungsanlagen stehen noch zwei Türme des Schlosses (1259), in dem Karl der Kühne vor der Schlacht bei Grandson sein Hauptquartier hatte. Kirche Notre-Dame (1407 neu erbaut) im Flamboyant-Stil; Rathaus; schöne Bürgerhäuser-Fassaden. In Stadtnähe beim Weiler Boscéaz Ausgrabungen römischer Landhäuser mit sieben prächtigen Mosaikfußböden.

14 **Yverdon,** 435 m, 20 000 Einwohner, traditionsreiche Stadt an der Mündung der Thielle in den Neuenburger See, bekannt durch Pestalozzis Erziehungsinstitut im alten Zähringerschloß (1135), heute Museum mit ur- und frühgeschichtlicher Sammlung und Bibliothek. Vor dem Rathaus Pestalozzi-Denkmal; als Abschluß des Hauptplatzes monumentale Kirche.

Die monumentale Mauer mit den Standbildern der Genfer Reformatoren.

Genf	0 km	391 m
Lausanne	59 km	447 m
Orbe	94 km	473 m
Yverdon	106 km	435 m
Neuenburg	141 km	435 m
Murten	167 km	448 m

15 **Neuenburger See** (Lac de Neuchâtel), 429 m, 38 km lang, bis 8 km breit und 153 m tief, mit 216 qkm der größte ganz in der Schweiz liegende See (Genfer See und Bodensee grenzen an Frankreich bzw. Deutschland). Während das flache Südostufer nur verhaltenen landschaftlichen Reiz zeigt, steigen entlang der Nordwestseite üppige Weingärten zu den Jurahöhen empor und bilden mit Winzerdörfern, Bauerngehöften und einem vielfältigen Laubbaumbestand eine stimmungsvolle landschaftliche Szenerie.

16 **Grandson,** 436 m, 2300 Einwohner, aus der Schweizer Geschichte bekanntes Städtchen, mit mächtigem fünftürmigem Schloß (11. Jh.), dem größten in der Schweiz, heute Automuseum. Nördlich der Stadt siegten 1476 die Eidgenossen gegen Karl den Kühnen von Burgund in der für die Entwicklung der Eidgenossenschaft bedeutsamen Schlacht von Grandson. Sehenswert die im Zentrum der Stadt stehende romanische Kirche St-Jean-Baptiste aus dem 12. Jh.

17 **Boudry,** 491 m, 3400 Einwohner, altes Kleinstädtchen mit Schloß (1548), lokalgeschichtlichem und Weinmuseum; in der Nähe die romantischen Areuse-Schluchten.

18 **Neuenburg** (Neuchâtel), 435 m, 40 000 Einwohner, die traditionsreiche Hauptstadt des gleichnamigen Kantons, baut sich amphitheatralisch über dem Seeufer auf. Bedeutende Schul- und Unterrichtsstadt mit Universität und vielen Bildungsinstituten; wissenschaftliches Zentrum der Schweizer Uhrenindustrie. Historische Stadtkerne mit Schloß (12./16. Jh.), Kollegiatskirche Notre-Dame (12. Jh.), Rathaus (1790) und zahlreichen prächtigen Profanbauten; mehrere Museen.

19 **La Tène,** berühmte vorgeschichtliche Siedlung am Nordufer des Sees, nach der die La-Tène-Zeit (400 v. Chr. bis 1 n. Chr.) benannt wurde; interessante Pfahlbau-Ausgrabungen.

20 **Murten** (Morat), 448 m, 4500 Einwohner, bezauberndes altes Städtchen mit mittelalterlichem Ortsbild, auf einem Hügel über dem romantischen Murtensee gelegen. Die Siedlung wird umschlossen von der fast vollständig erhaltenen, mit Wehrtürmen bestückten Ringmauer; an der Hauptstraße schöne Häuserzeilen mit Laubengängen; imposantes Schloß (13. Jh.), »Berntor« (1778) mit Zeitglockenturm; Geburtshaus des Dichters Jeremias Gotthelf. Murten ist geschichtlich berühmt durch die siegreiche Schlacht der Eidgenossen gegen den Burgunderherzog Karl den Kühnen im Jahre 1476.

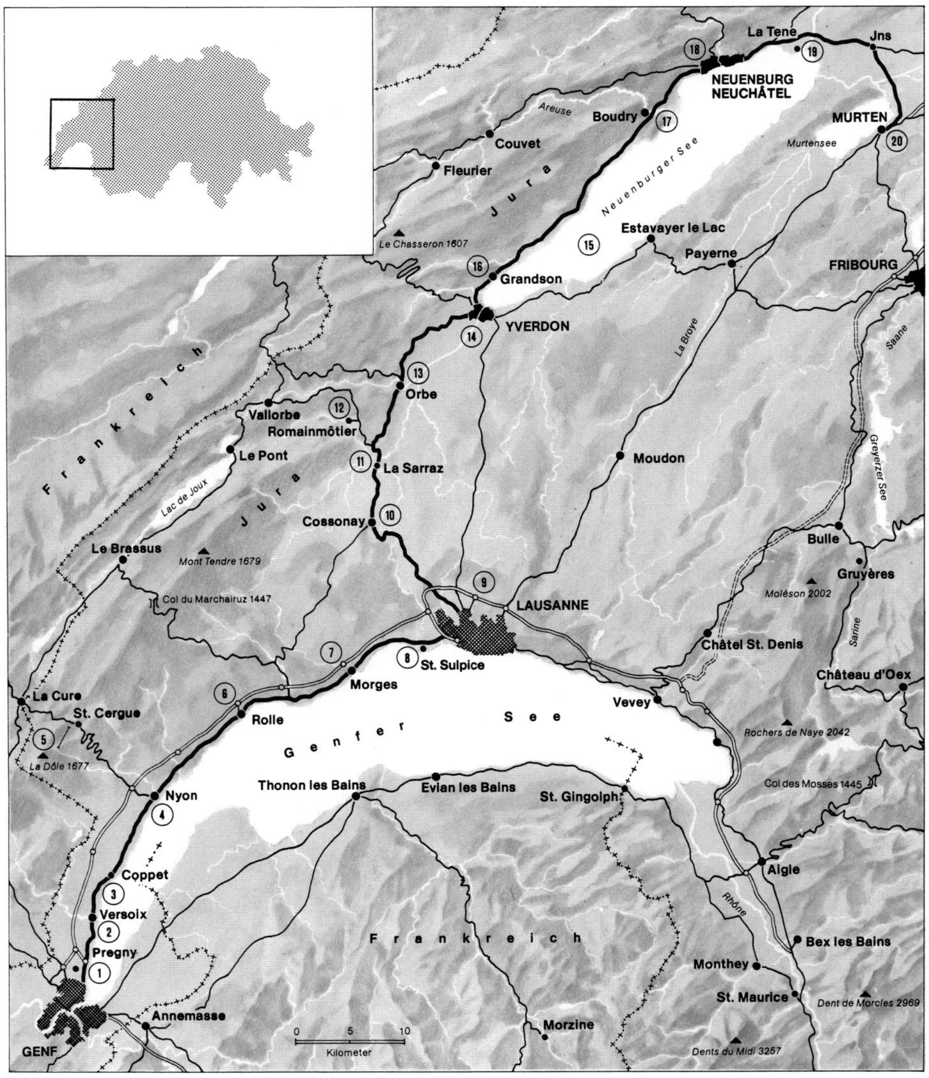

Touristische Tips

Die schönsten **Campingplätze** fanden wir am Genfer See in Nyon und Rolle, in der Nähe des Etappenziels in Yverdon, Yvonand (9 km östlich Yverdon), Grandson und Salavaux am Murtensee.

Wohnwagengespanne begegnen auf dieser Route keinen Schwierigkeiten oder Behinderungen.

Das Etappenziel Murten ist auch ein vortrefflicher **Quartier**ort. In den einladenden Hotel-Gasthöfen ist man bestens untergebracht.

Kulinarische Spezialitäten: Während die Speisekarten in den Uferorten des Genfer Sees spürbar von der französischen Küche beeinflußt sind, finden wir um den Neuenburger See mehr die währschafte Berner Kost. Eine Neuenburger Fischspezialität sind die »Bondelles«. Besonders reichhaltig ist die Auswahl in Weinsorten: am Genfer See La Côte, Lavaux, St. Saphorin, Chardonne, Yvorne und Aigle, um den Neuenburger See der Auvernier, Cressier und der kräftige rote Cartaillod.

Seite 177: Genf, Quai du Mont Blanc.

Seite 178: Palais des Nations in Genf, Sitz der Europa-Abteilung der UN.

Seite 179: Genf, weltstädtisch-elegant an den Seeuferstraßen; auf dem Altstadthügel die Kathedrale St. Pierre.

Seite 180: Westportal der Kathedrale von Lausanne, im spätgotischen Flamboyantstil.

Seite 181: In der Altstadt von Lausanne.

Seite 184: Romainmôtier, die ehemalige Cluniazenserkirche.

Seite 185: Das Burgtor von Colombier am Neuenburger See.

Seite 186/187: Die Universitätsstadt Neuenburg/Neuchâtel mit dem burgundischen Schloß aus dem zwölften Jahrhundert und der frühgotischen Kollegiatskirche Notre-Dame.

aurora

Hotel
HOTEL BAR
SBS UBS SBG
PHARMAC
BERNTOR

Wanderung

Auf den höchsten Juragipfel
St-Cergue – La Dôle – La Barillette

Mit einem bunten Reigen brillanter Wanderungen haben wir nun fast die ganze Schweiz auch zu Fuß durchstreift. Vielleicht ist mancher versucht, mit der bisherigen Sammlung landschaftlicher Superlative sein Wandersoll zu beenden. Man sollte es nicht tun.
Der heutige Vorschlag schließt eine neue Kammer des Schweizer Hauses auf, wie wir sie ähnlich in keinem anderen Landesteil entdecken können. Mit Bildern voll eigentümlicher, fremdartiger Stimmungen, abgerückt von der alpinen Dramatik, die nun zum Hintergrund eines umfassenden Panoramagemäldes wird.
Auf unserer Fahrt längs des Seeufers von Genf nach Lausanne begleiten uns links die von bläulichem Dunst umhüllten Höhenzüge des Waadtländer Jura. Deren höchster Gipfel, der 1677 Meter hohe Dôle, ist unser Tagesziel. In Nyon verlassen wir den Genfer See nordwestwärts, überqueren die Autobahn, durchfahren die weitgespannte Talfläche, die Anklänge an die klassische Landschaft der römischen Campagna zeigt. Am Rand der Ebene verschluckt dichter Laubwald die Straße, eine Kehrenfolge führt hinauf zum Ferienort St-Cergue, der sich anmutig in einem Geländebecken sonnt. Wir fahren durch den Ort in Richtung Morez (Frankreich); nach knapp zwei Kilometern, im Chaletdorf La Chenallette, biegen wir links zur Höhensiedlung La St-Cergue ab. In der Nähe der Lift-Talstation Archette stellen wir das Auto ab.

Im ersten Abschnitt windet sich ein Fahrweg leicht ansteigend über Wiesenlichtungen südwestwärts; eine riesige, freistehende Tanne ist Orientierungspunkt. Abwechslungsreich steigt der Weg über Weideterrassen, deren Qualitäten als winterliche Skipisten auch in der grünen Jahreszeit unverkennbar sind, zum Höhepunkt Le Vuarne, 1319 m, hinauf. Interessant ist die Flora dieser Bergregion mit vielen Pflanzen westlicher Herkunft, wie sie in anderen Landesteilen völlig fehlen. Alles in allem zeigen Landschaft und Siedlungsart eine reizvoll eigenwillige Note mit französischem, schweizerischem und Tiroler Kolorit.
Wir wandern südwestwärts dem Talschluß der Bergschale zu und steigen zum Joch empor. Halbrechts gehts hinauf zur Skihütte des Skiclubs Nyon, von dort den Grat entlang zum Gipfel des Dôle. Die prachtvolle Aussicht umfaßt den ganzen Südwesten der Schweiz, begeisternd ist die ungeheuere Weite des Blickfeldes. Vor uns breitet sich der glitzernde Wasserspiegel des Genfer Sees aus, dahinter präsentieren sich stolz die schneebedeckten Massive der Dents du Midi und der Mont Blanc-Gruppe, der Waadtländer, Berner und Walliser Alpen. Nach Westen zu dehnen sich wie ein sturmgepeitschtes Meer die unzählbaren Wellentäler des französischen Jura bis an den fernen Horizont.
Den Gipfelabstieg über die steile, 200 Meter hohe Ostfront bewältigen wir am besten per Liftsessel, der uns im Bergkessel der Alp Chalet-de-la-Dôle entläßt. Die landläufige Vorstellung von einer Alp muß man hier allerdings korrigieren, es handelt sich mehr um ein touristisch-wissenschaftliches Bergzentrum mit Autoparkplätzen, Ausflugslokalen, Observatorium und sonstigen technischen Anlagen. Wir folgen nun auf etwa zweieinhalb Kilometern der Autostraße hinüber nach La Barillette, der nach Osten vorgeschobenen Kanzel des Höhenplateaus, deutlich markiert durch einen imposanten Fernsehturm. Auf einigen Kehren steigen wir nordostwärts zur 1443 Meter hoch gelegenen Bergstation des Sessellifts ab und schweben über Wiesen- und Laubwaldhänge zum Startpunkt Archette zurück.

Start- und Zielpunkt: Feriensiedlung La St-Cergue, 1100 m, westlich des Luftkurortes und Wintersportplatzes St-Cergue im Waadtländer Jura.

Abzweigung von der Reiseroute: Nyon am Genfer See; 16 km nordwestwärts nach St-Cergue und weitere 2 km zum Startpunkt.

Charakter: Reizvolle Jura-Rundwanderung über den Gipfel des Dôle; Abstiegsverkürzung mit Lifthilfen; prächtige Panoramaschau über das Gebiet um den Genfer See.

Kinder: Ab 6 Jahren, wenn genügend ausdauernd.

Dauer: 3 Stunden.

Zeitbedarf ab Abzweigung Reiseroute: 4 1/2 Stunden.

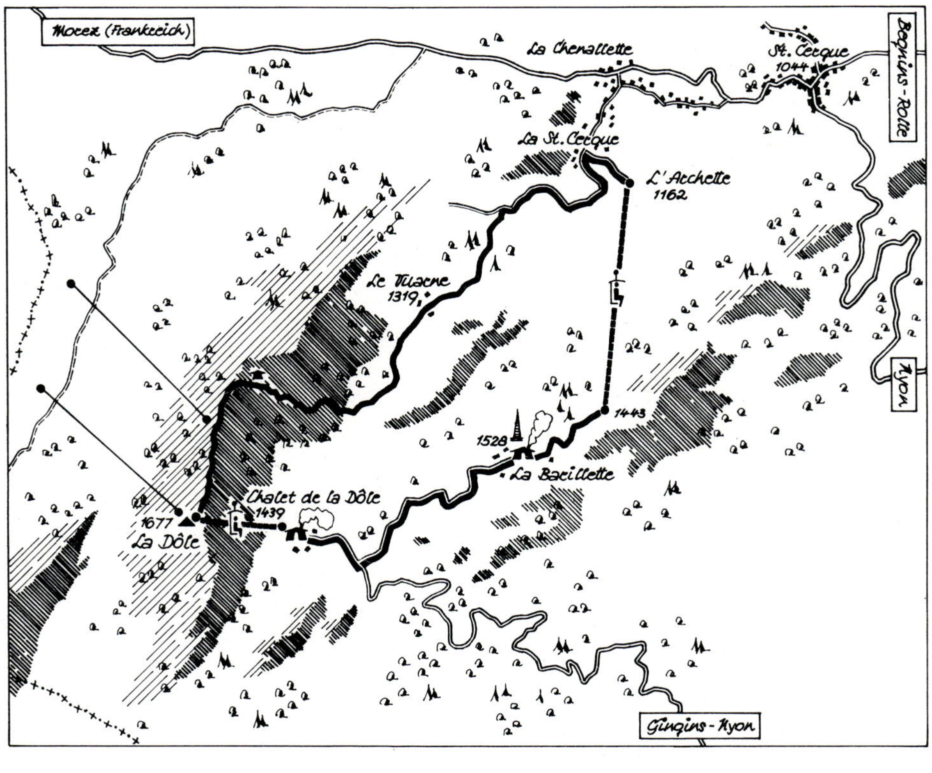

Murten mit Tortürmen, Brunnen, Laubengängen und malerischen Hausfassaden aus dem 15. bis 18. Jahrhundert.

16 Murten – Basel

Durch die »Uhr«-Kantone und die »vergessene« Juralandschaft

Die letzte Etappe unserer Rundreise, die durch den Nordwesten des Landes führt, zeigt abermals ein neues, bisher unbekanntes Gesicht der Schweiz. Abseits der alpinen Szenerie berühren wir die von reger Aktivität durchpulste Industrielandschaft des Aaretals, besuchen prunkvolle Bürgerstädte und lassen unsere Fahrt durch die melancholisch-herbe, entlegene Juraregion ausklingen.
Zunächst sind wir noch im geschichtsträchtigen Bereich. Vor den Mauern Murtens schlugen 1476 die Eidgenossen das Burgunderheer unter Karl dem Kühnen und legten mit diesem Sieg einen der Grundsteine für die heutige Staatsform der Schweiz. Wenige Kilometer südlich davon, in Avenches, müssen die Gedanken noch um weitere eineinhalb Jahrtausende zurückgreifen. Damals lag hier das römische »Aventicum«, die glorreiche Hauptstadt der Helvetier. Dieser keltische Stamm war so mächtig, daß er sogar dem Römerreich eine gewisse Souveränität abtrotzte. Kaiser Vespasianus erhob die Stadt im Jahr 74 zur römischen Bürgerkolonie, viele Helvetier besaßen das römische Bürgerrecht. Von dieser glanzvollen Vergangenheit zeugen die Überreste der teilweise restaurierten römischen Bauten, darunter als besonders imponierend der 2,6 Quadratkilometer Fläche umschließende Mauerring, der den themistokleischen Ring des antiken Athen an Größe beträchtlich übertrifft. Wiederholte Alemannenüberfälle zerstörten schließlich die blühende Stadt.
Zeitlich und emotionell viel näher liegt uns das Stadtwesen von Bern. Hier erzählt die Vergangenheit nicht von Schlachtenlärm und Verwüstung, sondern von Baufreudigkeit und Kunstsinn seiner wohlhabenden Bürger. Hier versöhnt uns mit allen Stilsünden die liebenswerte Altstadt, ein einzigartiger Gemütskatalog der »guten, alten Zeit«. Beim Bummel durch die langgezogenen, heimeligen Gassen ist sogar der Regenschirm überflüssig, denn alle Gehsteige verlaufen unter idyllischen Laubengängen (übrigens die längsten Europas). Besonders hübsch sind die mit Erkern und Balkonen reich verzierten Fassaden der aus grüngelbem Sandstein erbauten Häuserzeilen, und der überall prangende Blumenschmuck. Unter den vielen alten Tortürmen hat es besonders der goldverzierte »Zytgloggeturm« von 1191 mit seinem (kurz vor jeder vollen Stunde ablaufenden) Figurenspiel allen Besuchern angetan. Nicht weit davon steht das ehrwürdige Münster, dessen strenggotischer Stil an die Verwandtschaft mit Köln, Wien und Straßburg erinnert.
Von Bern nach Solothurn führt die Strecke – wahlweise auf der Autobahn oder Landstraße – durch fruchtbares, hügeliges Bauernland ohne aufregende Akzente. Bemerkenswert in dieser Gegend, vor allem um Jegenstorf, sind die gediegenen, Wohlhabenheit verratenden Bauernhäuser mit ihren weit vorgezogenen, vorne nach Schwarzwälder Bauart gleich einer Schirmmütze abgewinkelten Dächern.
Das herrschaftliche Solothurn war 300 Jahre lang Amtssitz der französischen Gesandten, der »Ambassadeure«, bei der Eidgenossenschaft, die nicht nur haufenweise Schweizer Söldner für Frankreichs Armeen anwarben, sondern auch unverkennbar den Baucharakter der Stadt beeinflußten.
Unter anderem wurde der heute noch teilweise erhaltene Befestigungsgürtel nach französischem Vorbild angelegt. Italienischen Einfluß hingegen verrät die klassizistische St.-Ursus-Kathedrale mit ihrer monumentalen Freitreppen-Anlage.
Von Biel, das inmitten der nach allen Seiten auswuchernden Industriesiedlung die Kleinodien seines mittelalterlichen Ortskerns sorgsam pflegt, strebt unsere Route aus dem betriebsamen Aaretal in den abgeschiedenen Jura hinauf. Das in Höhen bis 1600 Meter reichende Faltengebirge zieht sich, gegliedert in viele Parallelketten, als weitgespannter Geländewall bogenförmig vom Genfer See bis in den Raum zwischen Zürich und dem Rhein. Charakteristisch sind die zwischen den verkarsteten Höhenrücken eingeschnittenen Täler und die »Klusen«, schluchtartige Flußdurchbrüche der Längsriegel. Schlagartig ändern sich die Bilder: lauschige, laubbaumgefüllte Täler, rötliche Kalkfelsabbrüche, weitgeschwungene Wiesenmatten, eine Landschaft von eigenartigem, melancholisch-herbem Reiz, doch »unschweizerisch«, mit an den Böhmerwald oder das Fichtelgebirge anklingenden Motiven. Trotz der in einzelnen Städten, wie La Chaux-de-Fonds, Le Locle und Delémont blühenden Uhrenindustrie täuscht die Dürftigkeit der Dörfer nicht darüber hinweg, daß wir uns im ärmlichen »Hinterstübli« der Schweiz befinden. Offensichtlich wurzelten die zur Bildung eines eigenen Kantons führenden Parolen »Los von Bern« in sozialer Unzufriedenheit.
Abseits der großen Touristenströme zirkelt die Straße durch das anmutige Weideterrain der Freiberge, schwingt sich zur aussichtsreichen »Corniche de Jura« hinauf, berührt das urfranzösische Porrentruy und schlängelt sich unter Laubbaumbaldachinen den Windungen der Lützel entlang nach Laufen hinaus. Wo sich das malerische Birstal zur oberrheinischen Tiefebene ausweitet und die Hochhaussilhouetten von Basel am Horizont auftauchen, schließt sich der Ring unserer Reise durch die Schweiz.

Reise-Lexikon

1 **Avenches,** 438 m, 2000 Einwohner, mittelalterliches, auf einem Hügel gelegenes Städtchen mit spätgotischem Schloß, 1565–1568 im Frührenaissancestil umgebaut. Südwestlich der heutigen Siedlung lag das römische **Aventicum**, die helvetische Hauptstadt des Landes, nach zweihundertjähriger Blütezeit von den Alemannen 260 n. Chr. zerstört. Ausgrabungen des turmbewehrten Mauerrings, des 8000 Personen fassenden Amphitheaters und der 13 m hohen Säule des »Cigognier«; Museum mit wertvollen Funden, u. a. mit der berühmten goldenen Büste des Kaisers Marc Aurel (161–180 n. Chr.).

2 **Bern,** 540 m, 180 000 (mit Randbezirken 270 000) Einwohner, die ehrwürdige Bundeshauptstadt der Schweiz, Krone der Schweizer Städte. Besonders eindrucksvoll die auf einem daumenförmigen Felshügel erbaute, nach drei Seiten von der Aareschleife umschlossene Altstadt, durch Jahrhunderte zu einem städtebaulichen Schmuckkästchen gestaltet. Bezaubernd die kilometerlangen Laubengänge, in denen sich Laden an Laden reiht, die charakteristischen Stadttore und Zeitglockentürme, die pittoresken Brunnen und reich geschmückten Patrizierhäuser. Sehenswert das imposante spätgotische Münster (1421) mit dem höchsten Turm der Schweiz (100 m); das Bundeshaus, ein voluminöser Bautrakt mit reichem malerischem und plastischem Schmuck; die barocke Heiliggeistkirche (1726-1729); das stilvolle Rathaus (1406–1416); mehrere berühmte Museen; Universität; Stadttheater.

3 **Jegenstorf,** 522 m, 2600 Einwohner, mit stattlichem Schloß (1111/1720), heute Museum für Berner Wohnkultur; spätgotische Kirche (1515) mit wertvollen Glasgemälden; schöne Bauernhäuser.

4 **Solothurn,** 432 m, 20 000 Einwohner, die kunstsinnige Hauptstadt des gleichnamigen Kantons, das »Salodurum« der Römer, im fruchtbaren Aaretal am Fuß des Weißensteins gelegen. Die »Ambassadorenstadt« rühmt sich, neben Trier die älteste Stadt nördlich der Alpen zu sein. Städtebauliche Dominante ist die eindrucksvolle St. Ursus-Kathedrale, Hauptwerk des italienischen Frühklassizismus in der Schweiz, erbaut 1763–1773 vom Tessiner Baumeister Gaetano Matteo Pisoni und seinem Neffen Paolo Antonio Pisoni. Reizvoll die (autofreie) Altstadt mit schönen Fassaden, skurrilen Brunnen, Zeitglockenturm, Teilen der Stadtmauer mit Toren und Türmen. Städt. Museum; Zeughaus mit der bedeutendsten Waffensammlung der Schweiz; historisches Museum im Schloß Blumenstein.

5 **Aare,** 296 km lang, Nebenfluß des Rheins; entspringt am Grimselpaß aus dem Aaregletscher, durchfließt Haslital, Brienzer- und Thunersee und die Städte Bern, Solothurn, Olten und Aarau.

6 **Weißenstein,** 1284 m, markanter Aussichtsberg im Zug der Jura-Höhenkette; Bergbahn ab Oberdorf bei Solothurn. Der Weißenstein ist Ziel unserer Wanderung zu dieser Etappe.

7 **Grenchen,** 440 m, 21 000 Einwohner, bedeutende Stadt der Uhrenindustrie.

8 **Biel,** 437 m, 70 000 Einwohner, betriebsame Stadt am Nordostende des gleichnamigen Sees, bedeutendes Industrie- und Handelszentrum der Uhrenherstellung. Sehenswert der 1936 renovierte Stadtkern mit mittelalterlichem Charakter, schönen Hausfassaden und Brunnen, malerischen Gassen und Winkeln. Gotische Stadtkirche (1451) mit Fresken und Glasmalereien; spätgotisches Rathaus (1534) im Flamboyant-Stil; Museum Schwab mit ur- und frühgeschichtlicher Sammlung. Biel ist eine der wenigen zweisprachigen Schweizer Städte, auch die Schulen unterrichten in Deutsch und Französisch.

9 **Bieler See,** 429 m, 42 qkm, zwischen Jurakette und Hügellandschaft eingebetteter See, von Weinbergen umrahmt. Im Süden schiebt sich eine schmale Landzunge weit in den See vor, an dessen Ende die idyllische St. Peters-Insel mit Klostergasthof liegt; 1765 vorübergehend Aufent-

Die Justitia auf dem Gerechtigkeitsbrunnen in Bern.

Murten	0 km	448 m
Bern	28 km	540 m
Solothurn	63 km	432 m
Biel	88 km	437 m
Saignelégier	124 km	980 m
Porrentruy	163 km	423 m
Basel	223 km	278 m

haltsort von Jean Jacques Rousseau. Bei Naturfreunden genießt die St. Peters-Insel einen Ruf als Vogelparadies. Am Südufer des Bieler Sees die reizvollen mittelalterlichen Flecken **Le Landeron** und **Erlach.**

10 **Freiberge** (Franches Montagnes), parkähnliche, charakteristische Juralandschaft von eigenartigem Reiz: auf sanft modellierten Hochflächen dehnen sich große Weidematten aus, die durch mächtige einzelne Tannen belebt werden. Berühmte Pferdezucht; sommerliches Paradies für Wanderer und Reiter.

11 **Saignelégier,** 980 m, 3000 Einwohner; Hauptort der Franches-Montagnes, Zentrum der Pferdezucht; jährlich in der zweiten Augustwoche großer Pferdemarkt mit volkstümlichen Pferderennen der Buben und Mädchen.

12 **St-Ursanne,** 440 m, 1300 Einwohner, altes, unverfälschtes Städtchen am Grenzfluß Doubs; Stadt- und Brückentore aus dem 16. und 17. Jahrhundert; sehenswerte Stiftskirche romanischen Ursprungs mit gotischen und barocken Ergänzungen; frühgotischer Kreuzgang; Steinbrücke von 1728 über den Doubs.

13 **Porrentruy,** 423 m, 8000 Einwohner, alte Residenzstadt in der Ajoie mit typisch französischem Einschlag. Mächtiges Schloß der Basler Fürstbischöfe aus dem 13. Jh.; Jesuitenkirche (1591–1604) mit Wessobrunner Stuckdekoration; Rathaus mit architektonisch interessanter Fassade.

14 **Laufen,** 355 m, 4500 Einwohner, von Ringmauern umschlossenes altes Städtchen im malerischen Birstal.

Touristische Tips

Die schönsten **Campingplätze** fanden wir am Wohlensee bei Bern, in La Neuveville und Le Landeron am Südende des Bieler Sees, in Delémont und in Reinach bei Basel (»Waldhort«).

Wohnwagengespanne begegnen auf dieser Route keinen Schwierigkeiten.

Quartier ist zwar in Basel ausreichend angeboten, doch überwiegend in den (nicht billigen) Hotels der Innenstadt. Man nächtigt günstiger in Reinach.

Kulinarische Spezialitäten: Im Bereich des Kantons Bern die bäuerlich-bodenständige Kost, wie »Berner Platte« und »Berner Rösti«, und natürlich die mit dem Bären verzierten »Berner Lebkuchen«. Typische Gerichte des Basler Landes sind »Schweinspfeffer mit Spätzli«, »Rheinsalm à la Bâloise« und der »Pot au feu« (Suppenfleischtopf); Süßspeisen wie »Basler Leckerli« und das vielfältige Backwerk.

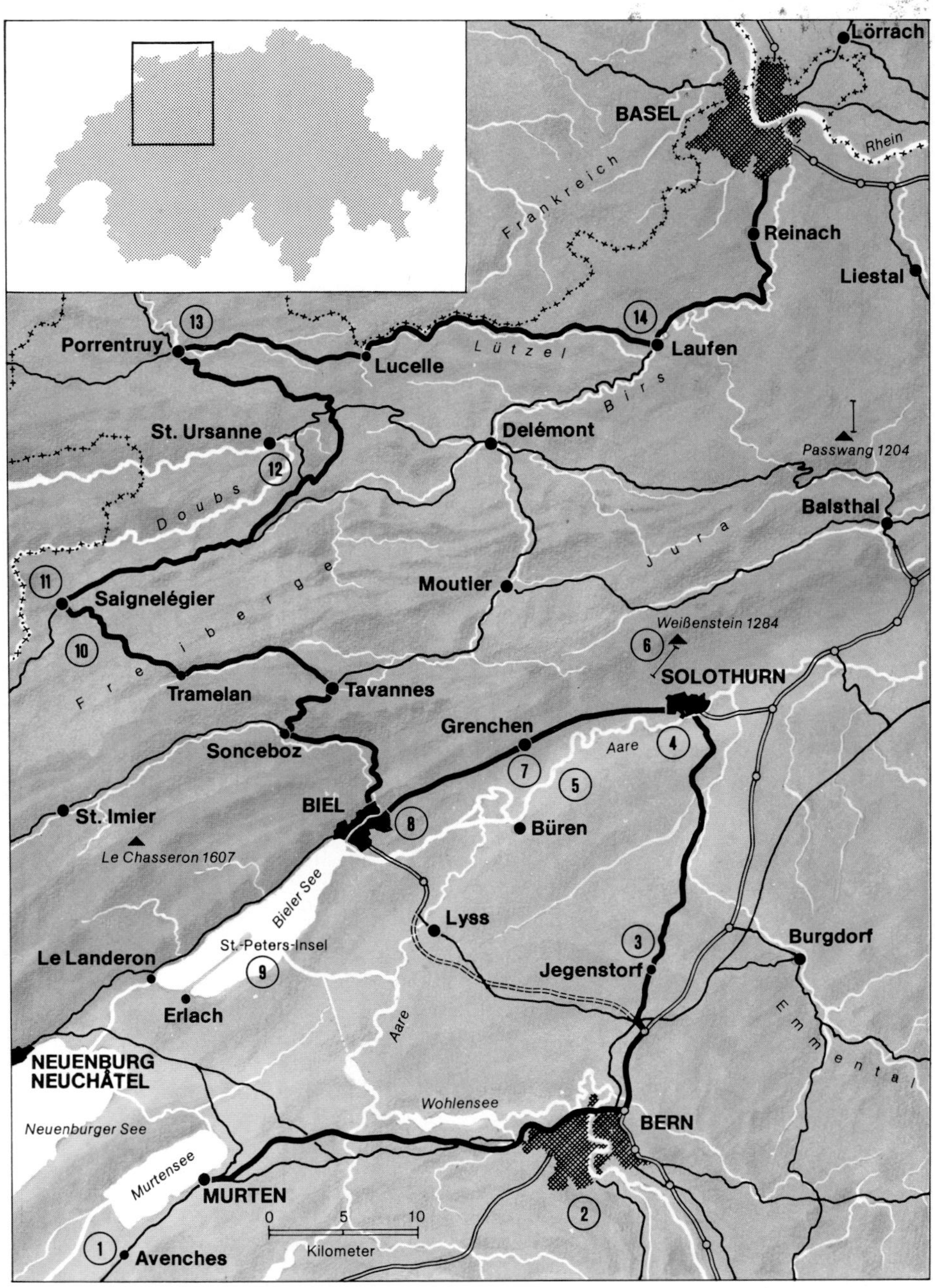

Seite 191: Rings um die Ufer des Bieler Sees breitet sich eine Landschaft von schlichter, verhaltener Schönheit aus. Weinhänge am Nordostufer mit Blick zur weit in den See vorstoßenden Landzunge der St. Peters-Insel.

Seite 194: Bern, der Zähringerbrunnen, einer der elf Berner Brunnen, die im liebenswert-biederen Stil Figuren und Ereignisse aus der Stadtgeschichte darstellen. Dahinter der Zytgloggeturm von 1191, auf dem kurz vor jeder vollen Stunde Chronos und der Narr, Hahn und Bären ihr possierliches Spiel treiben.

Seite 195: Bern, die Schweizer Bundeshauptstadt, bewahrt im Kern ein mittelalterliches Stadtbild von seltener Geschlossenheit. Blick vom Münsterturm auf die Altstadt mit den kilometerlangen Laubengängen; im Vordergrund der Mosesbrunnen.

Seite 196: Die malerische ›Ambassadorenstadt‹ Solothurn im Aaretal. Die Inschrift unter der astronomischen Uhr des Zeitglockenturms aus dem zwölften Jahrhundert will sogar wissen, daß Solothurn neben Trier die älteste Stadt nördlich der Alpen sei.

Seite 197: St. Ursanne im Tal des Doubs, mit der romanisch-gotischen Stiftskirche. Auf der Brücke vor einem der drei Stadttore eine Figur des böhmischen Brücken-Heiligen Johannes Nepomuk von 1729.

CAPITO

RESTAURANT
HUGI
OMEGA

Wanderung

Wanderfinale mit Panoramaschau
Solothurn – Oberdorf – Weißenstein

Unser letzter Wandertag ist angebrochen. Nicht von ungefähr fiel die Wahl des heutigen Ziels auf den Weißenstein, gilt dieser Juragipfel über dem Aaretal doch als einer der berühmtesten Aussichtsbalkone mit dem umfassendsten »Blick in die Schweiz«. Wie kaum anderswo entrollt sich vor dem knappe 1300 Meter hohen Bergkamm gleich einem riesigen Teppich das Mosaik der Schweizer Landschaft. Die komplexe Panoramaschau wird somit zum krönenden Abschluß unseres Wanderzyklus.

Es erfordert etwas Seelenstärke, das Angebot einer bequemen Sesselliftauffahrt ebenso zu ignorieren wie die (wegen ihrer 25 Prozent Steigung) unbequeme Bergstraße, doch der Fußmarsch ist kurzweilig, unbeschwerlich und mit einer Fülle von Eindrücken überaus lohnend.

Wir nehmen, Solothurn in westlicher Richtung verlassend, die beschilderte Abzweigung ins zwei Kilometer entfernte Oberdorf, einem kleinen Flecken, der sich an den Fuß der bewaldeten Jurahangfront schmiegt. Das Auto stellen wir am Liftparkplatz oder in dessen Nähe ab, folgen ein paar Minuten der Bergstraße und zweigen dann links auf den Wanderweg ab. Paradoxerweise findet alpine Felsdramatik hier im Tale Statt. Gleich zum Auftakt durchschreiten wir die Sohle einer jener für den Jura charakteristischen »Klusen«, das sind cañonartige Felsdurchbrüche zwischen den parallelen Längstälern, von Wasserläufen in Jahrtausenden in den Stein gesägt. Die respektablen rötlichen Wandfluchten setzen Kontraste in die von Laubgehölz überwucherten, versöhnlich-harmonischen Geländeformen. Aus der breiten Schlucht biegen wir rechts ab in eine wasserarme Bergbachrinne, an deren Rand der hübsche Weg unter dichtem Blätterdach schnurgerade bergwärts steigt. Nach einer guten halben Stunde öffnet sich der Wald zur ersten Höhenterrasse, einer plateauartigen Wiesenlichtung (Nesselboden). Wir treffen hier auf die Autostraße, folgen dieser ein kurzes Stück, dann zweigt der Wanderpfad links ab und führt durch das Laubgehölz steil bergan. Zwischen dem Geäst bieten sich immer wieder reizvolle Durchblicke auf Solothurn und das Aaretal. Schließlich löst sich oben aus dem Wald die baumfreie Gipfelkuppe, ein weitgeschwungenes, sanft geformtes Pilzdach, das nur zum Aaretal hin etwas abrupt abfällt. An der obersten Scheitelrampe steht ein Gebäudekomplex, das »Kurhaus Weißenstein«. Auf der Hotelterrasse läßt sichs gemütlich rasten und speisen und den großartigen Ausblick genießen. Ein einzigartiger Bilderboden spannt sich zu unseren Füßen vom betriebsamen Aaretal über die Stadt Solothurn hinweg ins Schweizer Mittelland mit seiner Felder- und Waldgeometrie hinein bis zur umrahmenden Silhouettenkette der Alpen, die sich am Horizont entlang vom Säntis bis zum Mont Blanc zieht. Im amüsanten Planspiel lassen sich viele der auf unserer Reise besuchten Punkte bestimmen, wie die verklärt aufschimmernden Spiegel von Bieler und Neuenburger See, die Zacken des Pilatus über Luzern oder die majestätische Front der Berner Alpen um Jungfrau und Eiger. Nun sind sie alle schon ein wenig Vergangenheit und ein Hauch von Abschiedswehmut beschleicht das Gemüt.

Doch Nostalgieanwandlungen werden rasch verscheucht, wenn es auf den Rückweg geht. Vielleicht empfiehlt sich, wenn nicht gerade Wochenende ist, auf der oberen Hälfte die Autostraße, die sich als reizvolle Panoramarampe um den Bergstock zieht. Auf dem unteren Teilstück tauchen wir wieder in den lauschigen Weg längs des Wildbachbettes hinunter, den wir schon vom Anstieg her kennen. Gehfaule Genießer schwingen sich neben dem Gipfelrestaurant in den Lift und lassen sich im Sessel zum Talpunkt schaukeln.

Start- und Zielpunkt: Oberdorf, 658 m, am Fuß des Weißensteins.

Abzweigung von der Reiseroute: Solothurn; Ausfahrt in Richtung Grenchen-Biel, noch im Stadtbereich Abzweigung nach rechts und 2 km nach Oberdorf.

Charakter: Gut ausgebaute, ständig ansteigende Wanderwege durch den waldreichen Jura auf den Gipfelkamm des 1284 m hohen Weißenstein; umfassende Panoramaschau; Abstieg wahlweise auf dem Hinweg oder Abfahrt per Lift.

Kinder: Ab 5 Jahren, wenn genügend ausdauernd.

Dauer: 3 ½ Stunden; bei Sesselliftabfahrt 2 ½ Stunden.

Zeitbedarf ab Abzweigung Reiseroute: 4 bzw. 3 Stunden.

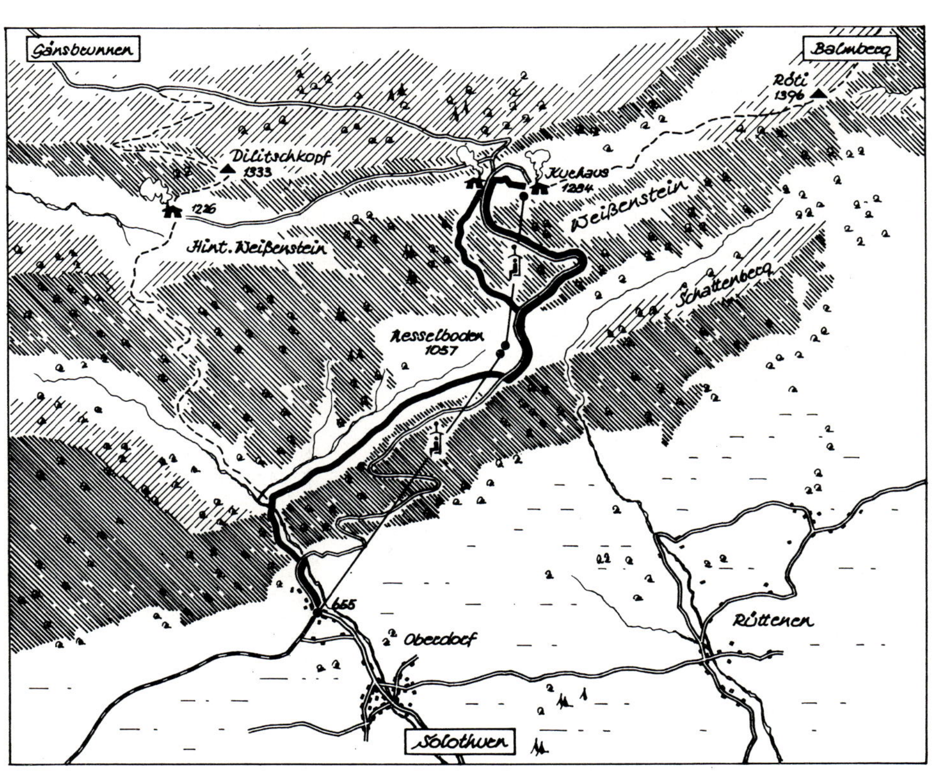

Viel Zeit läßt sich der Doubs, Grenzfluß zwischen der Schweiz und Frankreich, auf seinem Weg durch den Jura, dessen helle Kalkfelsen wie antike Mauerruinen die Ufer säumen.

Orts- und Bildregister

B vor Zahlen verweist auf Abbildungen

Die Geschichte der Eidgenossenschaft

1291 Nach dem Tod des Habsburger Königs Rudolf I. schließen die Kantone Uri, Schwyz und Unterwalden den Ewigen Bund zur Wahrung ihrer Freiheitsrechte gegen die Machtpolitik der Habsburger.

1315 Die Habsburger versuchen, die Selbständigkeit der Waldstätten zu unterdrücken. In der Schlacht am Morgarten werden sie von den Eidgenossen entscheidend geschlagen.

1386 bis 1388 Erneute Anstrengungen Habsburgs, die Eidgenossen wieder zu unterjochen, scheitern in den Schlachten von Sempach und Näfels.

1394 Im Zwanzigjährigen Frieden verzichten die Habsburger auf ihre Hoheitsrechte über die Gebiete der Eidgenossen.

1436 bis 1450 Zürich empfindet die Stärke der Waldstätten als Bedrohung und verbindet sich mit Österreich. Es kommt zum Alten Zürichkrieg mit Schlachten an der Sihl, bei Ragaz und an der Birs. Der Bubenische Schiedsspruch beendet die Streitigkeiten, indem er das Bündnis Zürichs mit Österreich für unzulässig erklärt.

1474 bis 1477 Die Bedrohung durch die Burgunder unter Herzog Karl dem Kühnen zwingen die Eidgenossen zum Bündnis mit Österreich. In den Schlachten bei Grandson, Murten und Nancy wird das Burgunderheer vernichtend geschlagen.

1499 Gebietsreformpläne Maximilians I. zum Nachteil der Eidgenossenschaft lösen den Schwabenkrieg aus. Er endet mit einem schweizerischen Sieg und bringt im Frieden von Basel die endgültige Trennung vom Deutschen Reich.

1513 Die Eidgenossenschaft umfaßt dreizehn (alte) Orte.

1515 Unstimmigkeiten mit Frankreich lösen eine kriegerische Expansionspolitik der Eidgenossen aus. Sie führt im Kampf gegen die Franzosen zur Niederlage von Marignano.

1516 Im Ewigen Frieden verpflichten sich die Eidgenossen zur Neutralität (im Sinn der damaligen Auslegung).

1529 Die Reformation bringt Unruhe ins Land, führt zur konfessionellen Spaltung und löst zwischen 1529 und 1712 vier Religionskriege innerhalb des Landes aus.